la c
lit

antología
de la poesía
hispanoamericana
actual
*

selección, prólogo y notas de
julio ortega

siglo **veintiuno** editores

siglo veintiuno editores, sa de cv
CERRO DEL AGUA 248, DELEGACIÓN COYOACÁN, 04310 MÉXICO, D.F.

siglo veintiuno de españa editores, sa
C/PLAZA 5, MADRID 33, ESPAÑA

siglo veintiuno argentina editores, sa

siglo veintiuno de colombia, ltda
AV. 3a. 17-73 PRIMER PISO, BOGOTÁ, D.E. COLOMBIA

edición al cuidado de presentación pinero y martí soler

primera edición, 1987

© siglo xxi editores, s.a. de c.v.

isbn 968-23-1403-8

ÍNDICE GENERAL

[V]

II

VIII

III

XIV

XVII

XVIII

AGRADECIMIENTOS

Esta antología no hubiese sido posible sin la generosa ayuda de muchos amigos que me proveyeron de nombres que considerar, antologías que revisar y libros recientes que tener en cuenta. No pocos poetas me han hecho llegar sus textos, publicados o inéditos; los he leído con pulcritud, y me han sido sumamente útiles los haya o no incluido al final. Después de cuatro años de una investigación no pocas veces abrumadora pude llegar a una primera selección que incluía veinte poetas más y casi el doble de páginas. Pero no es mi propósito un mero museo pacificado por las representatividades nacionales y las tendencias tópicas. Sin embargo, la tarea de atravesar una y otra vez el bosque poético hispanoamericano en una y otra dirección me permitió, al menos en esta actualidad que se fija, levantar un mapa creo que bastante exacto de la palabra poética nuestra, aunque soy el primero en reconocer que hay aquí varias voces ausentes, y no sólo por la necesaria limitación del formato, también porque preferí sacrificar una entonación similar a nombre de otra disímil. Confío que estas voces suenen distintivas al lector, ya que duplicarlas empobrecería su relación con la riqueza de un canto sostenido. He contado con ayuda del Instituto de Investigación (URI) y del Instituto de Estudios Latinoamericanos (ILAS) de la Universidad de Texas en Austin para el trabajo bibliográfico. Arnaldo Orfila Reynal, director de Siglo XXI, merece especial reconocimiento por su larga paciencia con este proyecto de más larga ejecución.

Las antologías suelen ser de autores, aunque las hay también de textos. Ésta, en cambio, quiere ser una antología de la lectura: una selección de poesía hispanoamericana actual cuyo sentido radica en la actividad del lector, en esa lectura que organiza los textos como un proyecto de su propia aventura y goce creadores. Hecha para ser leída en esa intimidad combinatoria, esta antología busca al lector como su centro; y eso significa, en primer término, que todos los criterios de la selección están a su servicio, y no al servicio de un programa literario y, mucho menos, supeditados al mero gusto del antólogo. En segundo término, ello supone que ésta no es una antología arbitraria.

Por otra parte, la calidad de presente, de actualidad en desplazamiento, que tiene la lectura hace que esta antología no se supedite ni al medio ni a la historia, ni siquiera a las tendencias literarias. Quiere ser fiel a esa experiencia única que es la lectura de poesía, a su escenario de un habla compartida, que la convierte en un ritual primitivo tanto como en una operación disolvente de los códigos restrictivos. Esa habla construye un espacio suplementario —alterno, disfuncional, nunca saturado ni completo— donde reconocemos nuestra identidad figurativa, esa máscara inquieta de lo imaginario. En esta lengua y en esta América esa identidad está hecha en buena parte de estas voces que se abren en la nuestra. Al final, esta antología tendría que ser una partitura del leer; el antólogo un lector invitado, y el lector una voz con bravura.

Una antología que no se base en las nociones tradicionales que privilegian la figura del poeta pero que tampoco tribute al fetichismo lingüístico de los textos espera convocar al lector en las propiedades de su lectura: poner en circulación el habla que se modula entre las apelaciones e indagaciones de esta textura comunicativa. La lectura que trama esa circulación debería mostrarnos cuánto dice más la poesía nuestra y qué próxima es a nuestras vidas concretas. Porque aun cuando algunas zonas de su textura puedan ser opacas o herméticas, todo en ella se desplaza hacia el punto de fusión de la lectura, con la energía de su poder reordenador, con su inteligencia dialogante y su carácter apelativo, convocatorio.

¿Cómo precisar estas instancias de lectura en que se produce peculiarmente esta poesía que aguarda por el lector para completar su ciclo? En los poetas nacidos en torno a la primera década del siglo esta lectura múltiple acontece como una verdadera definición estética; Paz, Lezama, Molina, Girri son tan distintos que coinciden en la necesidad de la diferencia, a través de las marcas que los hacen, en la lectura, verdaderas matrices del habla poética. Ese carácter modelador de la lectura viene también del rigor sistemático con que sus obras son a su vez grandes descodificaciones de la tradición moderna, la que a su modo reconducen con la energía comunicativa de un registro variable e inquieto que fluye con brío en la voz distintiva que los anuncia. En estos poetas, y no en vano, es notoria la noción de la poesía como la palabra de la tribu: palabra crítica y celebratoria cuyo poder de conocimiento se da independientemente de los discursos socializados e institucionales. El lenguaje tribal va del mito del origen (fundación) al mito del fin (disolución); y las transiciones confieren al poema su dramaticidad, sus furias y agonías. Mientras César Moro ve el mundo moderno como un menoscabo, y se refugia en la exaltación del canto amoroso haciendo de la poesía la última certidumbre del habla, Francisco Matos Paoli oficia desde su propia experiencia de la locura, haciendo de la poesía la serie fragmentaria del monólogo balbuciente, dicho ante la poesía misma, desde la cárcel del desposeído de otra patria que no sea la voz tribal. Gonzalo Rojas, por su parte, habla desde un espacio desamparado, indagando con voz desnuda y a la vez fracturada, herida en el centro del discurso insuficiente, abierta por su propia demanda intransigente ante la mudez esencial con la que se enfrenta armado de sílabas y silabeos. Ante Machu Picchu, característicamente, Martín Adán pregunta por sí mismo, no por la historia ni por la eternidad sino por la mudez pétrea que el lenguaje horada como otra propiedad del tiempo. Vicente Gerbasi trata al lenguaje como otra manifestación de

4

la naturaleza disímil y excesiva que nos cierne, mientras que Oscar Cerruto lo trata como a una materia mineral que debe ganar desde dentro una forma elaborada y aun más firme. El brujo de la tribu recorre también la ciudad, con su pupila corrosiva, buscando habitar en ella desde una voz sumaria, cuya ironía es también una discordia interior; en Efraín Huerta esas voces ásperas son de ida y vuelta; en Nicanor Parra emerge un sesgo tragicómico, y la voz viene del desparpajo popular, incisiva y obsesiva, parte ella misma del rumor urbano. En ambos, como también en Fernández Moreno, el habla de lo cotidiano es una máscara espectacular, otra forma del simulacro por el cual el jardín tribal ha sido sustituido por el artificio moderno.

Desde esa transición hablan los poetas nacidos en la década de los veinte, mientras pierden las evidencias del origen y asumen la discordia descarnada de la fragmentación desasida de lo contemporáneo. Por eso, la comunicación ya no parte del modelo retórico sino de lo inmediato en detrimento, desde el cambiante escenario en que el canto es remplazado por un diálogo más civil, por las formas de una conversación tentativa. El poeta ya no es el sacerdote asido a su palabra reveladora, sino el marginal habitante de un habla común en la que deberá actuar a nombre del esclarecimiento. Así, Francisco Madariaga nombra los últimos vestigios de la provincia paradisiaca desde un registro intenso y agudo, en versículos y anotaciones hechas al pie de la página grande del cantoral perdido. Carlos Germán Belli, en cambio, utiliza el léxico y las formas de esa página de la tradición arcádica para comunicarnos el desgarramiento urbano, las promesas incumplidas de la modernidad en nuestros medios sociales hechos de violencia, pobreza y extravío; el poeta habla aquí como el hombre natural que ha sido desamparado por la sociedad represora, a la que responde con los restos de su naufragio, con el discurso de la tradición donde las formas de la poesía son un canto completo. Desde la tradición, Álvaro Mutis recorre una geografía imaginaria con un habla a la vez nostálgica y urgida, vibrante y solitaria; su escenario no es sólo natural o sólo urbano, sino que está hecho por la aventura de un sujeto que deambula en el mundo como en un discurso vehemente; esa aventura de ver y **descifrar**, es también una suerte de heroísmo final, de emblemática y solitaria travesía entre la belleza parcial y la memoria descifrada; en el habla de Mutis hay un íntimo desasosiego que se demora en los lujos de las formas libres, en gestación perpetua, en ese suntuoso mundo que se crea en la lectura celebratoria a que nos invita. También Rubén Bonifaz Nuño habla desde la norma clásica, y lo hace auscultando entre objetos que se suman como en un paisaje de bodegones, de interiores y desvanes, huellas de un mundo que ha perdido la lógica de sus asociaciones; esa figuración arde detrás de los temas del poema formalmente impecable, de pronto perturbado por su registro de mirada alucinada. De esa mirada analítica Roberto Juarroz ha hecho un espacio de cotejos, disyunciones y experiencias casi alquímicas, no por el producto buscado sino por los elementos puestos en combinación probatoria; los objetos se aproximan y componen no un paisaje sino una pregunta; con el rigor de un teorema, Juarroz diseña esos campos visuales de enigmática resonancia que nos confrontan con las restas de que estamos hechos. Como una divagación del sujeto que ausculta las evidencias del cambio entre el placer y el extravío, entre el amparo y el deterioro, la palabra de Juan Sánchez Peláez viene cargada de su propio origen, como un monólogo casual que la experiencia sedimenta; su poesía es residual: formaciones parciales después de lo vivido y perdido, y ese carácter le confiere su calidad salmódica, casi elegiaca. Otro poeta de la inteligencia del discurso, de su precisión clásica para registrar los mínimos extravíos tanto como las mayores pérdidas es Carlos Martínez Rivas, cuya virtuosidad expresiva tiene la tensión latina de la línea clara pero también la flexibilidad rítmica de la conversación vivificante; su poesía emerge de una dicción madura, como una señal de nuestra civilidad, casi con la gentileza de las formas refinadas y durables que nos hacen amar mejor lo cotidiano. En este proceso desacralizador del poeta y sus funciones, Idea Vilariño habla ya el lenguaje pleno del lector; sólo que dice en voz alta las cosas que no solemos pronunciar, y que son el desgarrado nombrar de la soledad, el desamor y el sinsentido. Lacónica, descarnada, esta voz rehúsa los beneficios del discurso y, más bien, lo deshace hasta su mínima expresión suficiente; los suyos son poemas que parecen informes de un oráculo desgarrado, que convierte al enigma en lugar común al declarar la inexorable destrucción: el poeta no escribe poemas, escribe la verdad en la poesía de todos los días. No menos experto en responsos es Jaime Sabines, cuya voz áspera e inmediata parte del testimonio, de la confesión, de la instancia doliente del acto de hablar entre la destrucción común. En Cintio Vitier, en Armanda Berenguer, en Blanca Varela, las palabras poseen una precisión independiente del mundo, una inteligencia repentina, un gesto de arrebato instantáneo, una entonación de humanidad palpada y pulsada. Rafael Cadenas anota variaciones transitivas que van del paisaje novelesco a la fulguración entrevista; Alejandro Romualdo cree en la función denunciante del poema; Eielson se refugia en la fragmentación imaginativa; Jaime Sáenz registra los monólogos nocturnos del deterioro; Tomás Segovia prolonga un canto amoroso de registros reverberantes. Pero más que una voz estrictamente personal, estos poetas nos ceden todas las palabras para rehacer con ellas la parte que nos toca en la poesía, la parte que amplía los marcos mismos de nuestra lectura con la diversidad extraordinaria de un ocurrir poético que se disemina, en su escenario cambiante, luego de entregarnos su mensaje en fuga, su cifra parcial, diferida, fragmentaria. Quizá Ernesto Cardenal representa, en su momento comunicante más persuasivo, esta modulación de la lectura que viene de la tradición, pasa por nuestra actualidad y se disuelve en las evidencias de nuestra realidad diaria. El lenguaje en Cardenal es un instrumento de esclarecer y reordenar: su poesía está hecha de polaridades en disputa, de resonancias latinas y norteamericanas, del coloquio dúctil de la charla, de la retórica sagrada, de la oratoria publicitaria y política, de una serie de registros del habla urbana moderna; pero está hecha, sobre todo, de la noción de que las palabras nos dicen, representan y orientan; de la fe en la inteligencia del lenguaje como el instrumento capaz de hacer más nuestro y más humano el mundo leído como una discordia desde esta orilla hispánica, desde esta suma de desastres latinoamericanos. Esa poderosa humanización transcurre en su poesía con un aliento fresco, alegre, hecho de viva habla inmediata. La poesía es una lectura en disputa con otros medios incautadores: la lucha por la información define el rango social de nuestra cultura, y su salud está en su convicción hablada, en su oralización compartida, en su capacidad para decirlo todo con las palabras exactas. La poesía viene del mundo y vuelve a él; a través del lector, por un instante, hace de esa transición una forma del orden superior que nos debemos.

Y, sin embargo, ese mundo remodelado por el discurso es mucho menos transparente y más dramático, aunque capaz de rendirse también a las epifanías del lenguaje en las entonaciones dominantes en la secuencia siguiente, la de los poetas nacidos en la década de los treinta. La voz de Enrique Lihn es característica de los tiempos urbanizados por una información más compleja, pero también marcados por el trabajo del deterioro social, el malestar psíquico, la descomunicación y los afectos perdidos. No en vano la poesía adquiere otro escenario: el del habla oblicua que ya no cree en su poder esclarecedor, que se oye como una cita repetida, que está hecha de retazos de otras voces, y que encubre una y otra vez su propio malestar, el de representar a un sujeto de registros maniáticos y disgregados. El fragmentarismo se va, así, apoderando del discurso de Lihn, que se mueve como una nebulosa psíquica, sin seguridades ni convicciones definitivas, anotando la variación de su química refractaria de un mundo desquiciado y repetido. Alejandra Pizarnik todavía cree en la introspección sin cálculo de la palabra poética, en su conocer prelógico, pero el malestar es la materia final del poema, su paradójica perfección. Gerardo Deniz convierte a ese escenario en un espectáculo grotesco, y lo hace con humor corrosivo, casi con deleite baudelairiano. Esa lucidez está asimismo en Gabriel Zaid, en su laconismo agudo, y lo está al mismo tiempo como claridad reveladora y desintegración del objeto. Todavía la poesía puede ser una forma elegante de enunciar el malestar, como en Pablo Armando Fernández, o el medio de explorar un espacio común que supere al malestar, como en Roberto Fernández Retamar; sólo que los tiempos son de penuria, y la contradicción una de sus formas dominantes, como ocurre en los poemas de Heberto Padilla, donde el malestar recobra su clari-

8

dad escéptica. Para Pablo Guevara el malestar es identificable: su origen es social y político, una maquinaria de destrucción del individuo; su poesía lo dice con poderosa persuación, desde el centro más sensible de la urbe, desde sus víctimas. Otras entonaciones subliman con la poesía estas alarmas: Marco Antonio Montes de Oca lo hace con un brillo imaginativo inigualado. Pero incluso en el canto expansivo de Juan Carlos Becerra resuena, repentino, un temblor apagado por la voz.

La última sección de esta antología, dedicada a los poetas nacidos en las décadas de los cuarenta y los cincuenta, se abre hacia el futuro de una lectura que sólo responde por el presente, aunque el presente sólo es legible en sus virtualidades. Esta sección es, por ello, la más actual y, por lo mismo, la más virtual. Sólo puedo convocar aquí a un número reducido de voces, de un conjunto no sólo numeroso sino diverso y estimulante. Pero estas voces hablan con suficiente claridad y convicción como para distinguirlas por sus nuevos registros y dicción. Empiezo esta sección con José Emilio Pacheco por su calidad instrumentadora del cambio poético que se precipita hacia las formas más abiertas del coloquio, pero no en la mera desnudez oral sino a través de un repertorio de formas del decir, que son pautas del leer. Ésta es una poesía distintivamente hecha desde la lectura: lee el mundo y lee los textos como una misma escritura descifrada, y en esa actividad la poesía está hecha de muchas otras lecturas, como un objeto resonante y colectivo que se debe a la temporalidad de la lengua y a la inteligencia en que nos comunicamos. Antonio Cisneros es otra voz distintiva en este grupo; su extraordinaria habilidad para modular el verso coloquial es notoria en esa captura precisa de la temporalidad que reverbera en el poema, ganada para los contrapuntos de la lectura, a la vez crítica y gozosa. Raúl Zurita recobra el dramatismo oral del salmo, la retórica de la mística, la ironía del coloquio popular, el empaque de la prédica nacional, para inscribir en las hablas su desgarrado grito interior. Después de las exploraciones comunicantes, los más jóvenes ensayan en el espacio impugnador del texto rehacer el mundo desde la escritura, desde su precipitado sígnico no dependiente de sus códigos sino, más bien, liberado por el placer del grafema y el espacio gestual ocupado. Esta **partitura** es otra, un nuevo desnudamiento del signo, libre del logos comunicante, en busca de su lector cifrado, con lo cual se subraya, por lo demás, el hecho de que las varias lecturas no suponen un archilector sino varios lectores, librados a su suerte y hechos en su particular abecedario. Que estos marcos del leer se amplíen demuestra no sólo que la lectura no es un fenómeno natural sino que ella se desplaza por la letra como su noción más libre: trama y destrama, funda y desfonda, arma y desarma de acuerdo con sus nuevos márgenes, en movimiento circulatorio y respiratorio, incorporador y proliferante, siempre distinta en su ocurrencia y siempre resonante en su escenario de lo visto y oído.

Por lo mismo, varios criterios actúan en esta selección. Ha sido necesario superar la división por países, arbitraria de por sí, y optar como marco de lectura por el de las promociones, dando una década para cada una. Este marco es un poco menos arbitrario que el de las literaturas nacionales, pero no por la similar edad de los poetas sino por la coincidencia de sus experiencias literarias, su mayor o menor proximidad a los movimientos dominantes de cada período, y aun por las tensiones entre uno y otro modelo dentro del período. Como para rebasar las limitaciones de esta convención, empiezo con César Moro, nacido en 1904 y termino la sección con Octavio Paz: el primero viene de la vanguardia pero se inserta en la más viva actualidad de nuestra lectura, el segundo desborda las convenciones y se aproxima desde su eje cambiante a las más recientes experiencias. También podríamos decir que Vallejo y Neruda nos son muy actuales, como lo es toda verdadera poesía; pero precisamente esta antología requiere empezar después de Vallejo y Neruda, en ese punto de la lectura donde los dejamos para recomenzar con nuestra propia construcción del presente de la poesía. Rebasar los límites de la década es necesario también en los casos de Ernesto Cardenal, cuya actualidad de lectura es patente, y de Enrique Lihn, con quien inicio el tercer movimiento de este libro como para marcarlo con su entonación más característica; termino esa secuencia, en cambio, con Pablo Guevara como para pasarle las apelaciones a la década siguiente, donde ya José

Emilio Pacheco, el primero del cuarto movimiento, viene del anterior por edad pero sigue de largo por transitivo y transeúnte, por su ejercicio descentrador y como minimalista, que devuelve el habla poética a la dicción diaria en que nos reconocemos.

No menos convencional es el número de poetas incluido: podría, con más páginas, incluir otros veinte en todo derecho. Pero las antologías no son actos de reparación ni de sola evaluación: no están aquí para hacer justicia, salvo que pretendan imponer un programa estético recusando los otros programas, lo que no es el caso. Pero es un hecho que, entre nosotros, entre tantas malas distribuciones y tan pocos bienes disponibles, las antologías reparten disputas, polémicas y enemistades: esperamos de ellas no una propuesta de lectura sino la justicia distributiva. La distribución nacional, en la que recae incluso una antología tan pertinente como la de Aldo Pellegrini, genera otros malentendidos: no están todos los poetas nacionales de importancia, nunca podrían estarlo. Al final, tales antologías suelen definirse por sus exclusiones y no por sus inclusiones. Por ello, más que de la polémica esta antología quisiera ser parte de la literatura: actuar dentro de ella como una instancia posible de su transición, cambio y dirección, esto es, como un corte transversal que deja ver la textura viva de las voces sumadas. Al mismo tiempo, ser parte de la literatura significaría abrir una cierta referencialidad interna: aludir al movimiento general de la poesía, y hacerlo desde ella, como su reflejo; y también como el lugar donde esa poesía se muestra con todo su esplendor y variedad, en su fecunda ocurrencia. De allí que otro criterio haya sido la calidad intrínseca de los poemas elegidos: cada poema debería ser una experiencia memorable a la lectura, ya sea por su fervor creativo como por su verdad incisiva, por su expansión de empatías como por su concentración de negaciones. Cada poema debería ser una experiencia radical de lectura: una demanda por el fervor o la agudeza de la palabra, por su propia libertad entre los códigos que la manipulan.

Otros criterios, más obvios, tienen que ver con cierta proporcionalidad de poetas de una u otra entonación, de uno u otro origen estético, de una u otra área cultural

11

y literaria. Ello asegura, creo, mayor diferencialidad a los poetas incluidos, pero sobre todo una vivacidad inmediata a la propuesta de la lectura en secuencias contrastantes, que se suman y se bifurcan, que se aproximan y se equivalen. Esa animación de la lectura propuesta es fundamental a una antología que cita al lector consigo mismo: con su capacidad de entusiasmo, de compromiso y de cambio. Mantener al lector en ese estado de exaltación es el propósito evidente de este libro. De ese modo, su fidelidad a la poesía se habrá cumplido, tanto como su pertenencia a la corriente viva de la literatura que hacemos y nos hace.

I

CÉSAR MORO

Lima, 1903-1956. Su nombre es Alfredo Quispez Asín. Escribió casi toda su obra poética en francés, pero no por mera renuncia a su lengua original sino buscando su propio lenguaje. Estas mediaciones (otra persona, otro idioma) deben sumarse también a su adhesión temprana al surrealismo, en el cual participó activamente sin perder la entonación lúdica de su personal vida del arte. Pero su surrealismo lo apartaría luego de Breton a quien, como Dumal, reprochaba ser más literato que poeta, una distinción que le hizo también recusar a Huidobro. Su profunda rebeldía, que en él era una moral del artista marginal y radical, confiere a su obra un propósito puramente poético, en su más fecundo sentido, hecho de simpatía y alegría creadoras. El Eros es el centro de esta obra que no ignora los dramas de la soledad y el desamparo, lo que supone el tránsito del lujo verbal al fragmento y al silencio. En vida sólo publicó algunas plaquettes *de corto tiraje, ya desaparecidas. Su amigo André Coyné editó buena parte de su prosa y poesía, póstumamente. Una antología de su obra es la que preparé con el título* La tortuga ecuestre y otros textos *(1976). En 1980 se publicó en Lima el primer tomo de su* Obra poética, *en edición bilingüe.*

EL MUNDO ILUSTRADO

Igual que tu ventana que no existe
Como una sombra de mano en un instrumento fantasma
Igual que las venas y el recorrido intenso de tu sangre
Con la misma igualdad con la continuidad preciosa que
        me asegura idealmente tu existencia
A una distancia
A la distancia
A pesar de la distancia

Con tu frente y tu rostro
Y toda tu presencia sin cerrar los ojos
Y el paisaje que brota de tu presencia cuando la ciudad
        no era no podía ser sino el reflejo inútil de tu
        presencia de hecatombe
Para mejor mojar las plumas de las aves
Cae esta lluvia de muy alto
Y me encierra dentro de ti a mí solo
Dentro y lejos de ti
Como un camino que se pierde en otro continente

EL FUEGO Y LA POESÍA

> En el agua dorada el sol quemante refleja la
> mano del cenit.

I

Amo el amor
El martes y no el miércoles
Amo el amor de los estados desunidos
El amor de unos doscientos cincuenta años
Bajo la influencia nociva del judaísmo sobre la vida
        monástica
De las aves de azúcar de heno de hielo de alumbre o de
        bolsillo
Amo el amor de faz sangrienta con dos inmensas puertas
        al vacío
El amor como apareció en doscientas cincuenta entregas
        durante cinco años
El amor de economía quebrantada
Como el país más expansionista
Sobre millares de seres desnudos tratados como bestias
Para adoptar esas sencillas armas del amor
Donde el crimen pernocta y bebe el agua clara
De la sangre más caliente del día

II

Amo el amor de ramaje denso
Salvaje al igual de una medusa

16

El amor-hecatombe
Esfera diurna en que la primavera total
Se columpia derramando sangre
El amor de anillos. de lluvia
De rocas transparentes
De montañas que vuelan y se esfuman
Y se convierten en minúsculos guijarros
El amor como una puñalada
Como un naufragio
La pérdida total del habla del aliento
El reino de la sombra espesa
Con los ojos salientes y asesinos
La saliva larguísima
La rabia de perderse
El frenético despertar en medio de la noche
Bajo la tempestad que nos desnuda
Y el rayo lejano transformando los árboles
En leños de cabellos que pronuncian tu nombre
Los días y las horas de desnudez eterna

III

Amo la rabia de perderte
Tu ausencia en el caballo de los días
Tu sombra y la idea de tu sombra
Que se recorta sobre un campo de agua
Tus ojos de cernícalo en las manos del tiempo
Que me deshace y te recrea
El tiempo que amanece dejándome más solo
Al salir de mi sueño que un animal antediluviano perdido
      en la sombra de los días
Como una bestia desdentada que persigue su presa
Como el milano sobre el cielo evolucionando con una
      precisión de relojería
Te veo en una selva fragorosa y yo cerniéndome sobre ti
Con una fatalidad de bomba de dinamita
Repartiéndome tus venas y bebiendo tu sangre
Luchando con el día lacerando el alba
Zafando el cuerpo de la muerte
Y al fin es mío el tiempo
Y la noche me alcanza
Y el sueño que me anula te devora

Y puedo asimilarte como un fruto maduro
Como una piedra sobre una isla que se hunde

CARTA DE AMOR

[Traducción de Emilio Adolfo Westphalen]

Pienso en las holoturias angustiosas que a menudo nos
        rodeaban al acercarse el alba
cuando tus pies más cálidos que nidos
ardían en la noche
con una luz azul y centelleante

Pienso en tu cuerpo que hacía del lecho el cielo y las
        montañas supremas
de la única realidad
con sus valles y sus sombras
con la humedad y los mármoles y el agua negra reflejando
        todas las estrellas
en cada ojo

¿No era tu sonrisa el bosque resonante de mi infancia
no eras tú el manantial
la piedra desde siglos escogida para reclinar mi cabeza?
Pienso tu rostro
inmóvil brasa de donde parten la vía láctea
y ese pesar inmenso que me vuelve más loco que una
        araña encendida agitada sobre el mar

Intratable cuando te recuerdo la voz humana me es odiosa
siempre el rumor vegetal de tus palabras me aísla en la
        noche total
donde brillas con negrura más negra que la noche
Toda idea de lo negro es débil para expresar la larga
        ululación de negro sobre negro resplandeciendo
        ardientemente

No olvidaré nunca
Pero quién habla de olvido
en la prisión en que tu ausencia me deja

en la soledad en que este poema me abandona
en el destierro en que cada hora me encuentra

No despertaré más
No resistiré ya el asalto de las grandes olas
que vienen del paisaje dichoso que tú habitas
Afuera bajo el frío nocturno me paseo
sobre aquella tabla tan alto colocada y de donde se cae
      de golpe

Yerto bajo el terror de sueños sucesivos agitado en el
      viento
de años de ensueño
advertido de lo que termina por encontrarse muerto
en el umbral de castillos desiertos
en el sitio y a la hora convenidos pero inhallables
en las llanuras fértiles del paroxismo
y del objetivo único
pongo toda mi destreza en deletrear
aquel nombre adorado
siguiendo sus transformaciones alucinantes
Ya una espada atraviesa de lado a lado una bestia
o bien una paloma cae ensangrentada a mis pies
convertidos en roca de coral soporte de despojos
de aves carnívoras

Un grito repetido en cada teatro vacío a la hora del
      espectáculo
indescriptible
Un hilo de agua danzando ante la cortina de terciopelo
      rojo
frente a las llamas de las candilejas

Desaparecidos los bancos de la platea
acumulo tesoros de madera muerta y de hojas vivaces de
      plata corrosiva
Ya no se contentan con aplaudir aullando
mil familias momificadas vuelven innoble el paso de una
      ardilla

Decoración amada donde veía equilibrarse una lluvia fina
      en rápida carrera hacia el armiño
de una pelliza abandonada en el calor de un fuego de alba

que intentaba hacer llegar al rey sus quejas
así de par en par abro la ventana sobre las nubes vacías
reclamando a las tinieblas que inunden mi rostro
que borren la tinta indeleble
el horror del sueño
a través de patios abandonados a las pálidas vegetaciones
        maniacas

En vano pido la sed al fuego
en vano hiero las murallas
a lo lejos caen los telones precarios del olvido
exhaustos
ante el paisaje que retuerce la tempestad

[México, D.F., diciembre de 1942.]

EL AGUA EN LA NOCHE

[Traducción de Ricardo Silva Santisteban]

II

Mariposa infalible
Luz nocturna
A mi insomnio favorable salida
Miel de la agria urna del día
Horno extinto y voluble
Muerto bajo el sol
Mácula de sombra
Sobre el muro
Grieta de la noche
Sin estrella
Vienes a mi morada
Fantasma familiar del silencio
A abrir el nuevo ciclo
En el duro reino solitario

VII

Atravieso tormentas maravillosas
Orgulloso de hundirme en la desesperanza

Pues sonríes triturando mi corazón
Veo la llama de tus ojos
Brillan en otra parte
La tierra prodigiosa las estrellas
Ríes de tu misma risa
De tu fuerza rodeada de caricias
Desbordante de amor serio

IX

Ser o no ser
La amargura glacial ornada de oro
El tañido de una lágrima a pleno sol

El dolor atroz en la lucidez
La idea fija el objeto fijo
Hiedra de sombra eco de espejo

Ser lo nocturno del hombre al filo de la vejez
La madurez irisada podrida
Morganática
La que no otorga plenos derechos
A la salud bebida de un trago en el turbio vaso materialista
No ser el abandono
Ni la espera metafísica el invierno colosal del pensamiento
No ser aquel que deviene

Ser la piedra la ceguera la sordera
El frío del lugar desamparado
Puertas abiertas a la noche

Los pasos se alejan
La lluvia cae
Una a una las estrellas cierran los ojos inmortales
A la noche del mundo

X

Debiendo escribirte hasta el fin de mi vida
Para ilustrar el peso muerto de los días
Que viviré sin ti

Ebrio de la onda secreta
Irradiando en la naturaleza el oriente enfermizo de una
        perla negra
Parto sin cesar a cada golpe de sangre para unirme a ti
El fuego de la memoria triturando una vida
La caricia de la lentitud sobre la pronta separación
Te amo
El insomnio atroz la noche de plomo
¿A cuál sueño más pesado que la distancia
Exigir el desenlace?

Luz en el vuelo de tus párpados
Fuente viva donde me asombro de la dicha
Aleteando el aire puro
Tu sombra de obelisco
Y Tú al final del camino de vidrio

Te seguiría en la tormenta
Hasta llegar al aliento

DIOSCUROMAQUIA
                        [Traducción de Américo Ferrari]

DESTINY

Anillado marfil donde verse presa
De los Dioses   ensueño
A las puertas de los dióscuros
Si asalta el mar tu rostro
El muro de plata bañado de luna
Torre movediza

La divinidad da un paso y habla
Palabras remendadas
De cierto oráculo en cierta lengua
Imprevisible

Para ti todo poder
Torre ciclón
Donde la esperanza muere de incógnito

Torcida la lengua
Desorbitados los ojos

Que te rehagan
Para una vida dependiente
Para el reflejo y la sombra
De la torre en el agua
De los días

SILEX OF DESTINY

Rizos de marfil viviente la presa
Del dios venerado
Caros oros de las duplicidades divinas
Sediento su rostro
Murmura en torno
A la luna muriente

El adivino convulsivo
Modula los arpegios
Uncido a los naranjos de poder

Vivir allá conocido
De aquel teclado y de tus piernas
Oh sol
Perdido el aliento
Mamando de los cielos

Arte desidioso
Podrido vaciado inclinándose
Al alba de los silbidos
Donde el nadar mata la sombra
En ágil nácar

JOSÉ LEZAMA LIMA

La Habana, 1912-1976. Probablemente uno de nuestros escritores más fieles, en el sentido de que fue un artista oficiante y un fundador cultural, tanto por su capacidad de renovación como por su magnífico sentido de pertenencia y de universalidad. Lezama es nuestra suma teleológica, y también el teórico menos traumático de la cultura hispanoamericana, a la que entendió como una solución de continuidades, siempre como una realización, nunca como un problema y mucho menos como una "problemática". Su obra poética se inicia con Muerte de Narciso *(1937), sigue con* Enemigo rumor *(1941),* Aventuras sigilosas *(1945),* La fijeza *(1949),* Dador *(1960), y el póstumo* Fragmentos a su imán *(1977). El tomo* Poesía completa *(1970) incluye textos no recogidos en libros. No son menos importantes sus libros de ensayos,* Analecta del reloj *(1953),* Tratados en La Habana *(1958),* La expresión americana *(1957),* La cantidad hechizada *(1970), y varias otras antologías y compilaciones.* Paradiso *(1966) es una de las grandes novelas latinoamericanas; también una biografía diferida en torno al aprendizaje poético. Barroca, hermética, elusiva, pero al mismo tiempo poderosamente sensoria, lúdica y terrestre, su poesía apenas ha empezado a ser estudiada con detenimiento.*

LAS SIETE ALEGORÍAS

La primera alegoría
es el puerco con los dientes de estrellas,
los dientes vuelan a su cielo de nubes bajas,
el puerco se extasía riendo de su desdoblamiento.
Al lacón, lacónicas preguntas.
A tan capitosa sentencia eructos de aceituna.

La segunda alegoría
es la Diosa Blanca fornicando con un canguro.

Él le da la hincada absoluta,
con gloria y dolor que es la hincada lasciva.
Lo lascivo son los labios
por un cristal en el rocío de la Navidad.
Sin embargo, el inca no era muy voluptuoso.

Después la otra alegoría, la que se apoya.
La Rueda de Rocío.
El ojo se hace tan transparente
que parece que nos quedamos ciegos,
pero la Rueda sigue agrandando el ojo
y el rocío dilata las hojas como orejas de elefantes.

Otro descansillo lo ocupa la tetralegoría.
Brilla cuanto más se reduce,
cuando ya es un punto es la semilla metálica.
Une el resplandor y la lisura de la superficie.
Se reproduce en gotas de resplandor.

Parir una de esas semillas
justifica la pareja.
Pero ese punto que no se ve y brilla
es el fruto del uno indual.
La lluvia cae sobre un casco romano.
La gota resplandor en el cuenco de la lanza de Palas,
muestra la desnudez de su brazo
y con él penetra en las circunvoluciones de Júpiter.

Saltan las aguas sopladas por la gran boca.
De esa boca sale el espíritu que ordena
la sucesión de las olas.
Es la quinta alegoría,
como otra cuerda de la guitarra.
La alegoría del Agua Ígnea.
Un agua salta,
quema las conchas y las raíces.
Tiene de la hoguera y del pez,
pero se detiene y nombra el aire,
llevándolo de choza en choza,
quemando el bosque después de las danzas
que se esconden detrás de cada árbol.
Cada árbol será después una hoguera que habla.

Donde el fuego se retira
salta la primera astilla del mármol.
El Agua Ígnea demuestra que la imagen
existió primero que el hombre,
y que el hombre adquirirá ¿dónde?
el disfraz final del Agua Ígnea

Teseo trae la luz,
el sextante alegórico.
La luz es el primer animal visible de lo invisible.
Es la luz que se manifiesta,
la evidencia como un brazo
que penetra en el pez de la noche.
Oh luz manifestada
que iguala al ojo con el sol.
Un grupo de encinas
derribadas oculta las prolongaciones
de la luz sobre la repisa fría
con objetos inmutables.
Es lo primero que se manifiesta
y será lo último manifestado.
Teseo frente al monstruo cuadrado
trae la luz evidente
y la manifestada.
Las repisas brillan
y se hunden a los hachazos

Volvemos a la tetralegoría,
a la Simiente Metálica.
La luz buscando la raíz
de las encinas.
Buscando la resina como un óleo,
tocado por la respiración manifestada
con la luz manifiesta.
La Simiente Metálica buscada por Licario.
Con la luz resinosa,
regalada por la raíz golpeada por el hacha,
comienza el frenesí de las danzas corales.
La ciudad bailando
en el desfile de las antorchas fálicas.

[Febrero y 1973, *Fragmentos a su imán*.]

EL PABELLÓN DEL VACÍO

Voy con el tornillo
preguntando en la pared,
un sonido sin color
un color tapado con un manto.
Pero vacilo y momentáneamente
ciego, apenas puedo sentirme.
De pronto, recuerdo,
con las uñas voy abriendo
el *tokonoma* en la pared.
Necesito un pequeño vacío,
allí me voy reduciendo
para reaparecer de nuevo,
palparme y poner la frente en su lugar.
Un pequeño vacío en la pared.

Estoy en un café
multiplicador del hastío,
el insistente *daiquirí*
vuelve como una cara inservible
para morir, para la primavera.
Recorro con las manos
la solapa que me parece fría.
No espero a nadie
e insisto en que alguien tiene que llegar.
De pronto, con la uña
trazo un pequeño hueco en la mesa.
Ya tengo el *tokonoma*, el vacío,
la compañía insuperable,
la conversación en una esquina de Alejandría.
Estoy con él en una ronda
de patinadores por el Prado.
Era un niño que respiraba
todo el rocío tenaz del cielo,
ya con el vacío, como un gato
que nos rodea todo el cuerpo,
con un silencio lleno de luces.

Tener cerca de lo que nos rodea
y cerca de nuestro cuerpo,
la idea fija de que nuestra alma

y su envoltura caben
en un pequeño vacío en la pared
o en un papel de seda raspado con la uña.
Me voy reduciendo,
soy un punto que desaparece y vuelve
y quepo entero en el *tokonoma*.
Me hago invisible
y en el reverso recobro mi cuerpo
nadando en una playa,
rodeado de bachilleres con estandartes de nieve,
de matemáticos y de jugadores de pelota
describiendo un helado de mamey.
El vacío es más pequeño que un naipe
y puede ser grande como el cielo,
pero lo podemos hacer con nuestra uña
en el borde de una taza de café
o en el cielo que cae por nuestro hombro.

El principio se une con el *tokonoma*,
en el vacío se puede esconder un canguro
sin perder su saltante júbilo.
La aparición de una cueva
es misteriosa y va desenrollando su terrible.
Esconderse allí es temblar,
los cuernos de los cazadores resuenan
en el bosque congelado.
Pero el vacío es calmoso,
lo podemos atraer con un hilo
e inaugurarlo en la insignificancia.
Araño en la pared con la uña,
la cal va cayendo
como si fuese un pedazo de la concha
de la tortuga celeste.
¿La aridez en el vacío
es el primer y último camino?
Me duermo, en el *tokonoma*
evaporo el otro que sigue caminando.

[1 de abril y 1976, *Fragmentos a su imán.*]

AH, QUE TÚ ESCAPES

Ah, que tú escapes en el instante
en el que ya habías alcanzado tu definición mejor.
Ah, mi amiga, que tú no quieras creer
las preguntas de esa estrella recién cortada,
que va mojando sus puntas en otra estrella enemiga.
Ah, si pudiera ser cierto que a la hora del baño,
cuando en una misma agua discursiva
se bañan el inmóvil paisaje y los animales más finos:
antílopes, serpientes de pasos breves, de pasos evaporados,
parecen entre sueños, sin ansias levantar
los más extensos cabellos y el agua más recordada.
Ah, mi amiga, si en el puro mármol de los adioses
hubieras dejado la estatua que nos podía acompañar,
pues el viento, el viento gracioso,
se extiende como un gato para dejarse definir.

UNA OSCURA PRADERA ME CONVIDA

Una oscura pradera me convida,
sus manteles estables y ceñidos,
giran en mí, en mi balcón se aduermen.
Dominan su extensión, su indefinida
cúpula de alabastro se recrea.
Sobre las aguas del espejo,
breve la voz en mitad de cien caminos,
mi memoria prepara su sorpresa:
gamo en el cielo, rocío, llamarada.
Sin sentir que me llaman
penetro en la pradera despacioso,
ufano en nuevo laberinto derretido.
Allí se ven, ilustres restos,
cien cabezas, cornetas, mil funciones
abren su cielo, su girasol callando.
Extraña la sorpresa en este cielo,
donde sin querer vuelven pisadas
y suenan las voces en su centro henchido.
Una oscura pradera va pasando.
Entre los dos, viento o fino papel,

el viento, herido viento de esta muerte
mágica, una y despedida.
Un pájaro y otro ya no tiemblan.

NOCHE INSULAR: JARDINES INVISIBLES

Más que lebrel, ligero y dividido
al esparcir su dulce acometida,
los miembros suyos, anillos y fragmentos,
ruedan, desobediente son,
al tiempo enemistado.
Su vago verde gira
en la estación más breve del rocío
que no revela al cuerpo
su oscura caja de cristales.
El mundo suave despereza
su casta acometida,
y los hombres contados y furiosos,
como animales de unidad ruinosa,
dulcemente peinados, sobre nubes.

Cantidades rosadas de ventanas
crecidas en estío,
no preguntan ni endulzan ni enamoran,
ni sus posibles sueños divinizan
los números hinchados, hipogrifos
que adormecen sonámbulas tijeras,
blancas guedejas de guitarras,
caballos que la lluvia ciñe
de llaves breves y de llamas suaves.

Lenta y maestra la ventana al fuego,
en la extensión más ciega del imperio,
vuelve tocando el sigiloso juego
del arenado timbre de las jarras.
No podrá hinchar a las campanas
la rica tela de su pesadumbre,
y su duro tesón, tienda
con los grotescos signos del destierro,
como estatua por ríos conducida,

disolviéndose va, ciega labrándose,
o ironizando sus préstamos de gloria.

El halcón que el agua no acorrala
extiende su amarillo helado,
su rumor de pronto despertado
como el rocío que borra las pisadas
y agranda los signos manuales
del hastío, la ira y el desdén.
Justa la seriedad del agua arrebatada,
sus pasiones ganando su recreo.
Su rumor nadando por el techo
de la mansión siniestra agujereada.

Ofreciendo a la brisa sus torneos,
el halcón remueve la ofrenda de su llama,
su amarillo helado.
Mudo, cerrado huerto
donde la cifra empieza el desvarío.
Oh cautelosa, diosa mía del mar,
tus silenciosas grutas abandona,
llueve en todas las grutas tus silencios
que la nieve derrite suavemente
como la flor por el sueño invadida.
Oh flor rota, escama dolorida,
envolturas de crujidos lentísimos,
en vuestros mundos de pasión alterada,
quedad como la sombra que al cuerpo
abandonando se entretiene eternamente
entre el río y el eco.

Verdes insectos portando sus fanales
se pierden en la voraz linterna silenciosa.
Cenizas, donceles de rencor apagado,
sus dolorosos silencios, sus errantes
espirales de ceniza y de cieno,
pierden suavemente entregados
en escamas y en frente acariciada.
Aún sin existir el marfil dignifica
el cansancio como los cuadrados negros
de un cielo ligero.
La esbeltez eterna del gamo

suena sus flautas invisibles,
como el insecto de suciedad verdeoro.
El agua con sus piernas escuetas
piensa entre rocas sencillas,
y se abraza con el humo siniestro
que crece sin sonido.
Joven amargo, oh cauteloso,
en tus jardines de humedad conocida
trocado en ciervo el joven
que de noche arrancaba las flores
con sus balanzas para el agua nocturna.
Escarcha envolvente su gemido.
Tú, el seductor, airado can
de liviana llama entretejido,
perro de llamas y maldito,
entre rocas nevadas y frentes de desazón
verdinegra, suavemente paseando.
Tocando en lentas gotas dulces
la piel deshecha en remolinos humeantes.

La misma pequeñez de la luz
adivina los más lejanos rostros.
La luz vendrá mansa y trenzando
el aire con el agua apenas recordada.
Aún el surtidor sin su espada ligera.
Brevedad de esta luz, delicadeza suma.
En tus palacios de cúpulas rodadas,
los jardines y su gravedad de húmeda orquesta
respiran con el plumón de viajeros pintados.
Perdidos en las ciudades marinas
los corceles suspiran acariciadas definiciones,
ciegos portadores de limones y almejas.
No es en vuestros cordajes de morados violines
donde la noche golpea.
Inadvertidas nubes y el hombre invisible,
jardines lentamente iniciando
el débil ruiseñor hilando los carbunclos
de la entreabierta siesta
y el parado río de la muerte.

La mar violeta añora el nacimiento de los dioses,
ya que nacer es aquí una fiesta innombrable,

un redoble de cortejos y tritones reinando.
La mar inmóvil y el aire sin sus aves,
dulce horror el nacimiento de la ciudad
apenas recordada.
Las uvas y el caracol de escritura sombría
contemplan desfilar prisioneros
en sus paseos de límites siniestros,
pintados efebos en su lejano ruido,
ángeles mustios tras sus flautas,
brevemente sonando sus cadenas.

Entrad desnudos en vuestros lechos marmóreos.
Vivid y recordad como los viajeros pintados,
ciudades giratorias, líquidos jardines verdinegros,
mar envolvente, violeta, luz apresada,
delicadeza suma, aire gracioso, ligero,
como los animales de sueño irreemplazable,
¿o acaso como angélico jinete de la luz
prefieres habitar el canto desprendido
de la nube increada nadando en el espejo,
o del invisible rostro que mora entre el peine y el lago?

La luz grata,
penetradora de los cuerpos bruñidos,
cristal que el fuego fortalece,
envía sus agradables sumas de rocío.
En esos mundos blandos el hombre despereza,
como el rocío del que parten corceles,
extiende el jazmín y las nubes bosteza.
Dioses si no ordenan, olvidan,
separan el rocío del verdor mortecino.
Pero la última noche venerable
guardaba al pez arrastrado, su agonía
de agujas carmesíes,
como marinero de blandas cenizas
y altivez rosada.

Entre tubos de vidrio o girasol
disminuye su cielo despedido,
su lengua apuntadora
de canarios y antílopes cifrados,
con dulces marcas y avisado cuello.

Sus breves conductas redoradas
por colecciones de sedientas fresas,
porcelana o bambú, signo de grulla
relamida, ave llama, gualda,
ave mojada, brevemente mecida.
Jardines de laca limitados
por el cielo que pinta
lo que la mano dulcemente borra.
Noble medida del tiempo acariciado.
En su son durmiente las horas revolaban
y palomas y arenas lo cubrían.

Una caricia de ese eterno musgo,
mansas caderas de ese suave oleaje,
el planeta lejano las gobierna
con su aliento de plata acompañante.
Álzase en el coro la voz reclamada.
Trencen las ninfas la muerte y la gracia
que diminuto rocío al dios se ofrecen.
Dance la luz ocultando su rostro.
Y vuelvan crepúsculos y flautas
dividiendo en el aire sus sonrisas.
Iníciense los címbalos y ahuyentan
oscuros animales de frente lloviznada;
a la noche mintiendo inexpresiva
groseros animales sentados en la piedra,
robustos candelabros y cuernos
de culpable metal y son huido.
Desterrando agrietado el arco mensajero
la transparencia del sonido muere.
El verdeoro de las flautas rompe
entretejidos antílopes de nieve corpulenta
y abreviados pasos que a la nube atormentan.
¿Puede acaso el granizo armándose
en el sueño, siguiendo sus heridas
preguntar en la nube o el rostro?
Dance la luz reconciliando
al hombre con sus dioses desdeñosos.
Ambos sonrientes, diciendo
los vencimientos de la muerte universal
y la calidad tranquila de la luz.

HAI KAI EN GERUNDIO

El toro de Guisando
no pregunta cómo ni cuándo,
va creciendo y temblando

¿Cómo?
Acariciando el lomo
del escarabajo de plomo,
oro en el reflejo de oro contra el domo.

¿Cuándo?
En el muro raspando,
no sé si voy estando
o estoy ya entre los aludidos
de Menandro.

¿Cómo? ¿Cuándo?
Estoy entre los toros de Guisando,
estoy también entre los que preguntan
cómo y cuándo.
Creciendo y raspando,
temblando.

AURELIO ARTURO

Colombia, 1906. Su breve obra poética está signada por una limpidez expresiva que, sin embargo, no se agota en el "purismo" excluyente sino que recobra del mundo signos plenos y resonantes de elegante y palpitante presencia. Sus libros son Morada al sur *(1975),* Obra e imagen *(1977) y* Un país que sueña: 10 poemas *(1982).*

MORADA AL SUR

IV

Duerme ahora en la cámara de la lanza rota en las batallas.
Manos de cera vuelan sobre tu frente donde murmuran
las abejas doradas de la fiebre, duerme.
El río sube por los arbustos, por las lianas, se acerca,
y su voz es tan vasta y su voz es tan llena.
Y le dices, repites: ¿Eres mi padre? Llenas el mundo
de tu aliento saludable, llenas la atmósfera.
—Soy el profundo río de los mantos suntuosos.
Duerme quince años fulgentes, la noche ya ha cosido
suavemente tus párpados, como dos hojas más, a su follaje
        negro.

* * *

No eran jardines, no eran atmósferas delirantes. Tú te
        acuerdas
de esa tierra protegida por un ala perpetua de palomas.
Tantas, tantas mujeres bellas, fuertes, no, no eran
brisas visibles, no eran aromas palpables, la luz que venía
con tan cambiantes trajes, entre linos, entre rosas
ardientes.
¿Era tu dulce tierra cantando, tu carne milagrosa, tu
        sangre?
Todos los cedros callan, todos los robles callan.
Y junto al árbol rojo donde el cielo se posa,

36

hay un caballo negro con soles en las ancas,
y en cuyo ojo líquido habita una centella.
Hay un caballo, el mío, y oigo una voz que dice:
"Es el potro más bello en tierras de tu padre."

* * *

En el umbral gastado persiste un viento fiel,
repitiendo una sílaba que brilla por instantes.
Una hoja fina aún lleva su delgada frescura
de un extremo a otro extremo del año.
"Torna, torna a esta tierra donde es dulce la vida."

CANCIÓN DE LA NOCHE CALLADA

En la noche balsámica, en la noche,
cuando suben las hojas hasta ser las estrellas,
oigo crecer las mujeres en la penumbra malva
y caer de sus párpados la sombra gota a gota.

Oigo engrosar sus brazos en las hondas penumbras
y podría oír el quebrarse de una espiga en el campo.

Una palabra canta en mi corazón, susurrante
hoja verde sin fin cayendo. En la noche balsámica,
cuando la sombra es el crecer desmesurado de los árboles,
me besa un largo sueño de viajes prodigiosos
y hay en mi corazón una gran luz de sol y maravilla.

En medio de una noche con rumor de floresta
como el ruido levísimo del caer de una estrella,
yo desperté en un sueño de espigas de oro trémulo
junto del cuerpo núbil de una mujer morena
y dulce, como a la orilla de un valle dormido.

Y en la noche de hojas y estrellas murmurantes,
yo amé un país y es de su limo oscuro
parva porción el corazón acerbo;

yo amé un país que me es una doncella,
un rumor hondo, un fluir sin fin, un árbol suave.

Yo amé un país y de él traje una estrella
que me es herida en el costado, y traje
un grito de mujer entre mi carne.

En la noche balsámica, noche joven y suave,
cuando las altas hojas ya son de luz, eternas. . .

Mas si tu cuerpo es tierra donde la sombra crece,
si ya en tus ojos caen sin fin estrellas grandes,
¿qué encontraré en los valles que rizan alas breves?
¿qué lumbre buscaré sin días y sin noches?

RAPSODIA DE SAULO

Trabajar era bueno en el sur, cortar los árboles,
hacer canoas de los troncos.
Ir por los ríos en el sur, decir canciones,
era bueno. Trabajar entre ricas maderas.

(Un hombre de la riba, unas manos hábiles,
un hombre de ágiles remos por el río opulento,
me habló de las maderas balsámicas, de sus efluvios. . .
Un hombre viejo en el sur, contando historias.)

Trabajar era bueno. Sobre troncos
la vida, sobre la espuma, cantando las crecientes.
¿Trabajar un pretexto para no irse del río,
para ser también el río, el rumor de la orilla?

Juan Gálvez, José Narváez, Pioquinto Sierra,
como robles entre robles. . . Era grato,
con vosotros cantar o maldecir, en los bosques
abatir avecillas como hojas del cielo.

Y Pablo Garcés, Julio Balcázar, los Ulloas,
tantos que allí se esforzaban entre los días.

Trajimos sin pensarlo en el habla los valles,
los ríos, su resbalante rumor abriendo noches,
un silencio que picotean los verdes paisajes,
un silencio cruzado por un ave delgada como hoja,

Mas los que no volvieron viven más hondamente,
los muertos viven en nuestras canciones.

Trabajar. . . Ese río me baña el corazón.
En el sur. Vi rebaños de nubes y mujeres más leves
que esa brisa que mece la siesta de los árboles.
Pude ver, os lo juro, era en el bello sur.

Grata fue la rudeza. Y las blancas aldeas,
tenían tan suaves brisas: pueblecillos de río,
en sus umbrales las mujeres sabían sonreír y dar un beso.

Grata fue la rudeza y ese hálito de hombría y de resinas.
Me llena el corazón de luz de un suave rostro
y un dulce nombre, que en mi ruta cayó como una rosa.

Aldea, paloma de mi hombro, yo que silbé por los caminos,
yo que canté, un hombre rudo, buscaré tus helechos,
acariciaré tu trenza oscura —un hombre bronco—,
tus perros lamerán otra vez mis manos toscas.

Yo canté por los caminos, un hombre de la orilla,
un hombre de ligeras canoas por los ríos salvajes.

[Interludio]

NODRIZA

Mi nodriza era negra y como estrellas de plata
le brillaban los ojos húmedos en la sombra:
su saliva melodiosa y sus manos palomas mágicas.
¿O era ella la noche, con su par de lunas moradas?
¿Por qué ya no me arrullas, oh noche mía amorosa,
en el valle de yerbas tibias de tu regazo?

En mi silencio a veces aflora fugitiva
una palabra tuya, húmeda de tu aliento,
y cantan las primaveras y su fiebre dormida
quema mi corazón en ese solo pétalo.

Una noche lejana se llegó hasta mi lecho,
una silueta hermosa, esbelta, y en la frente
me besó largamente, como tú; ¿o era acaso
una brisa furtiva que desde tus relatos
venía en puntas de pie y entre sedas ardientes?

Tú que hiciste a mi lado un trecho de la vía,
¿te acuerdas de ese viento lento, dulce aura,
de canciones y rosas en un país de aromas,
te acuerdas de esos viajes bordeados de fábulas?

JOAQUÍN PASOS

Nicaragua, 1915-1947. Breve suma *(1947)* y Misterio indio
(1939-1955) reúnen la obra de este extraordinariamente ta-
lentoso poeta, que se distingue de inmediato por la ambi-
ción y riqueza de su proyecto. Junto a su vigor lírico arde
en el poema la inteligencia de la percepción asociadora,
que combina planos en una trama compleja, con estreme-
cimiento cósmico y aprehensión intensa de los detalles.
La densidad de sus poemas y su calidad emotiva son una
demanda por una lengua poética indagatoria y a la vez
próxima, abismada y perentoria.

LOS INDIOS VIEJOS

Los hombres viejos, muy viejos, están sentados
junto a sus cabras, junto a sus pequeños animales mansos.
Los hombres viejos están sentados junto a un río
que siempre va despacio.
Ante ellos el aire detiene su marcha,
el viento pasa, contemplándolos,
los toca con cuidado
para no desbaratarles sus corazones de ceniza.

Los hombres viejos sacan al campo sus pecados,
éste es su único trabajo.
Los sueltan durante el día, pasan el día olvidando,
y en la tarde salen a lazarlos
para dormir con ellos calentándose.

INDIA CAÍDA EN EL MERCADO

Pobre india doblada por el ataque
todo su cuerpo flaco ha quedado quieto

todo su cuerpo sufrido está pequeño, pequeño
todo su cuerpo tronchado es un pajarito muerto.
Su corazón —¡ah corazón despierto!— pájaro libre, pájaro
    suelto,
Carlos, ha dormido un momento.
Ella se desmayó, la desmayaron.
Al lavarle el estómago los médicos
lo encontraron vacío, lleno de hambre,
de hambre y de misterio.
Muy doloroso cuadro, Carlos.
Muy doloroso y sumamente amado.
Han volteado su cara —¡ah oscura palidez!—. Con el
    derrame
las yugulares están secas y la sangre
huyó secretamente, ¡ah,
la viera su madre!
Cerca, Carlos, cerca del occipucio
una moña chiquita se desgaja
y deja ver en la nuca una cruz blanca.
Tan cerca de la muerte y tan lejana,
su vida vale mucho, vale nada.
Los lustradores esperaban
obscenidades al levantar la falda
pero ella tiene una desnudez muy médica,
un lunar en la espalda,
y da la impresión de un ave herida
cuando cae su brazo como un ala.

Abran, abran
todas las gentes malas sus entrañas
y no encontrarán nada.
Ella tiene un ataque,
que no lo sabe nadie.
Un ataque malo,
Carlos.

CORAL DE LOS MENDIGOS

—Ricos, vosotros los ricos que tenéis la maldición.

—Pobres, nosotros los pobres que tenemos la bendición.

—Rico: saca provecho de tu dinero.

—Rico: sabe negociar tu oro.

Rico: cómpranos nuestro tesoro.
Rico: lo primero compra primero.

—Enfrente de vuestra riqueza, Dios nos hizo ricos.

—Enfrente de nuestra pobreza, Dios os hizo pobres.

Ahora podemos negociar,
vosotros los ricos que necesitáis
nosotros los pobres que necesitamos.

—Aquí va la mercancía del pobre,
aquí va el tesoro de los pobres
la mercancía que entrega nuestro Señor
el tesoro que paga nuestro Señor.

—Ésta es la venta de la pobretería
en esta tienda trabaja la Virgen María.

—Rico, abre tus arcas a tu hermano mendigo.

—Sembrador, abre tu granero al mendigo.
Dad de comer al mendigo.

—Una limosna por amor de Dios.

—Una limosna por amor de Dios.

—Una limosna por amor de Dios.

Pedimos una limosna por amor de Dios.
Nosotros los mendigos, pedimos una limosna por amor
de Dios.

Nosotros los desposeídos, los que no tenemos alimentos
ni vestidos,
pedimos por amor de Dios.

—Exigimos una limosna por temor de Dios.

—Una limosna por temor de Dios.

Una limosna por temor de Dios.
Una limosna por temor de Dios.

—Yo vengo del Norte, huyendo de la guerra.

—Yo vengo del Sur, donde está seca la tierra.

—Yo vengo del Oriente, con la vista apagada.

—Yo vengo del Poniente; no tengo nada, nada.

—Mi cabeza está ardiendo con el fuego del llano.

—No es fuego, son tus ansias, hermano.

—Mis ojos en la sombra sólo ven desventuras.

—No es la sombra, son tus luces oscuras.

—Mi boca hambrienta tiene sed.

—No es el hambre, no es la sed. Nuestras figuras son apenas figuras del que vino por el mismo camino. Por eso es divino el polvo de nuestros pies, y divino nuestro destino.

MARTÍN ADÁN

Lima, 1908-1984. Seudónimo de Rafael de la Fuente Bena-
vides, uno de los grandes poetas de la lengua castellana,
de su autorreflexión barroca. Su extenso trabajo poético
está compilado en Obra poética *(1980). De un temprano*
vanguardismo, donde hizo coincidir a Joyce y Gómez de
la Serna en una pequeña obra maestra, La casa de cartón
(1928), pasó a un juego formal de variaciones temáticas y
métricas, y en su libro más característico, Travesía de ex-
tramares *(1950), al empleo diestro del soneto, armado sobre*
el aparato retórico de la música de Chopin y del discurso
simbolista; su barroquismo lujoso es indagatorio y cele-
bratorio. Luego, los ciclos de La mano desasida *(un canto*
en torno a Machu Picchu) y Diario de poeta *demostraron*
su poder poético, su vocación metafísica, su socavamiento
verbal de la tradición, su pasión por conocer desde la in-
temperie desasida de su oficio sin premio posible.

QUARTA RIPRESA

Bien sabe la rosa en qué mano se posa.

REFRÁN DE CASTILLA

Viera estar rosal florido,
cogí rosas con sospiro:
vengo del rosale.

GIL VICENTE

—La que nace, es la rosa inesperada:
La que muere, es la rosa consentida;
Sólo al no parecer pasa la vida,
Porque viento letal es la mirada.

—¡Cuánta segura rosa no es en nada!...
¡Si no es sino la rosa presentida!...

45

¡Si Dios sopla a la rosa y a la vida
Por el ojo del ciego. . . rosa amada!. . .

—Triste y tierna, la rosa verdadera
Es el triste y el tierno sin figura,
Ninguna imagen a la luz primera.

—Deseándola deshójase el deseo. . .
Y quien la viere olvida, y ella dura. . .
¡Ay, que es así la Rosa, y no la veo!. . .

SESTA RIPRESA

Quid aeternis minorem consiliis animum fatigas?
HORACIO

"Why indeed?" the angel said.

AIKEN

—La rosa que amo es la del esciente,
La de sí misma, al aire de este mundo;
Que lo que es, en ella lo confundo
Con lo que fui de rosa, y no de mente.

—Si en la de alma espanta el vehemente
Designio, sin deseo y sin segundo,
En otra vence el incitar facundo
De un ser cabal, deseable, viviente. . .

—Así el engaño y el pavor temidos,
Cuando la rosa que movió la mano
Golpea adentro, al interior humano. . .

—Que obra alguno, divino por pequeño,
Que no soy, y que sabe, por los sidos
Dioses que fui, ordenarme asá el ensueño.

OTTAVA RIPRESA

How many loved your moment of glad grace,
And loved your beauty with false love and true,
But one man loved the pilgrim soul in you,
And loved the sorrows of your changing face. . .

YEATS

Je sais qu'une âme implique un geste
D'où vibre une sonorité
Qu'harmonieusement atteste
La très adéquate clarté.

GIDE

—No eres la teoría, que tu espina
Hincó muy hondo; ni eres de probanza
De la rosa a la Rosa, que tu lanza
Abrió camino así que descamina.

—Eres la Rosa misma, sibilina
Maestra que dificulta la esperanza
De la rosa perfecta, que no alcanza
A aprender de la rosa que alucina.

—¡Rosa de rosa, idéntica y sensible,
A tu ejemplo, profano y mudadero,
El Poeta hace la rosa que es terrible!

—¡Que eres la rosa eterna que en tu rama
Rapta al que, prevenido prisionero,
Roza la rosa del amor que no ama!

DECLAMATO COME IN CODA
(In Promptu, dopo V op. 10.)

> A fathomless and boundless deep,
> There we wander, there we weep.
>
> BLAKE

> Amen. So be it. Welcome, O life!
>
> JOYCE

(—Tierra del Paraíso desandado,
Región de sombra albar y pie elidido,
Por donde torno del total olvido,
Ciego gozo, a mi goce, esciente y diado!...

¡Ay, por qué me desuno de increado?...
¡Ay, por qué desvivirme, mal nacido?...
¡Si he de atinar abés, a qué el sentido?...
¡Si he de morir asaz, a qué otro hado?...

—¡Que tan sólo escuchar a mi no oída
Voz... mero oír por inaudito modo...
Ente de la viveza asegurada...!

—¡Ay que bajo mi estrella, adormilada,
Vivaz he de seguir buscando en todo
Algo porque morir, como es la vida...)

Así eres tú, Rubén. Tú eres mi yo entero,
No uno que me hallé o perdí en mi vida,
Eres como la flor que se mira y olvida
Y que es uno que soy sin diciembre ni enero.

Pasará el que me estoy, pasará lo que quiero,
Pero tú te estarás a vida que convida
Como se está la Muerte, convidando a vivida
Agonía de ser... el que vivo, el que muero...

¡Hay memoria de allá? ¿Te acuerdas de Francisco
García Calderón, que te está ahora, pleno,
Tan muerto como tú, a tu hueso, al aprisco?...

¡Porque somos corderos de Dios, sus animales!...
¡Y él reía, Rubén, de tu estarte sereno,
Ante el París confuso de las putas iguales!...

JULIO

¿Cómo andará el Humano sin su vida
De ahora, sin su cuerpo, sin su vino,
Sin su sangre en largura de camino!...
¡Y aún conciencia propia y removida!...

¿Cómo andará el Humano a lo divino
Y siempre humano, en su desconocida
Realidad insuperable, unicida,
Vivaz noria, a su paso de cansino!

¡Por ya eviterno paso a cada instante!...
¡A innumerable soledad estante
En cada sombra que se le avecina!...

¡Bestia transfigurada, ya sin muerte
De vida!... ¡todo real, que todo advierte
De condición mortal y alma divina!

LA MANO DESASIDA
[*Fragmento*]

¿Qué palabra simple y precisa inventaré
Para hablarte, Mi Piedra?
¿Que yo no me seré mi todo yo,
La raíz profunda de mi ser y quimera?
¡Tú crees estar arriba, honda en tu cielo,
Y me estás tan enquistada en mi vida muerta!...

¡Ay, Machu Picchu, pobre rostro mío,
Mi alma de piedra,
Exacta y rompidísima,
Innumerable e idéntica,
Vuelo del alma mineral,
Esencia de conciencia de relabrada fuerza!. . .
¡Ay, Machu Picchu, hueso mío de presencia
Cuándo estarás de mí defuera!. . .

Yo me llegué a ti,
Con la mirada exhausta y repleta
Del que vio el astro
Que yo mismo ya era.
¡Dios humanísimo,
Casa sin puerta,
Prendido como yo de la roca
Que afiló con su ciencia,
El releer del troglodita
Y la malicia de la abuela!
¡Burla perpetua a los que creen saberle, y llegan
A cada minuto
Con su cicerón y su Kodak y su maleta!
¡Burla divina
Como es todo dios que no se disgrega!
Toda superficie y realidad,
Está presente y latente.
El hombre y menester que ya olvidaste
Y el tiempo tuyo, el ascua que te queme si te enciende
Que te atormente.
Todo está, porque es una sola
Y nació de su propio vientre,
y lo que no es ya y no es nada
Sino Yo Mismo, mi crearme y mi creerme.

¡Cree, Arquitectura!
¡Cree, cree!. . .
El Ángel no bajó: que es sueño o cirro
Tu piedra es mano humana, feble, lueñe. . .
Estarás manando siglos y rindiendo rocas
Rompida fuente de fatal vertiente
Muda, repetida la palabra.

El decir, ¿quién lo **dice**... ¡madre honda de mis sienes!
Sino la memoria, la malicia, la malaria?...
¿Quién echa al Diablo de sí mismo
Sino la Nonata?...

¿Reconoces tu grito
Que huye sordo y ciego, por entre pasiones y algas?
Que no obra sino el vago origen ciego
Y el espíritu primordial de la nostalgia.
Soy el alma y el cuerpo
Y roca y río,
Y nada y todo, que si no, no fueran
Ni el cielo ni el abismo.
Y yo escucho al borracho,
Que repite su destino,
Y al turista que sube por tu pierna,
Y te llega al ombligo,
Y no nace otra vez, y no es ninguno
Sino mi paso y mi peligro.
¿Cuándo seré en tu piedra,
Hondo, muy hondo, así para mi lirio?
¡Amor, solo en su lecho!...
¡Este estarme a dudar, mi dicha, mi instinto!...

Si no era nada sino en mí mi sima,
Si no era nada sino mi peligro,
Si no era nada allá sino mi paso,
¡Que vengan todos, con su hedor y siglo!
¡Que venga el extranjero que me extraña!
¡Que venga el mal hallado!
¡Que baje el buey subido desde arriba
El de belfo verde desde humano vicio!
Y que ronca y remira porque nace
De vientre ajeno, que jamás es mío.
¡Aquí estoy muriéndome!
¡Así es toda vida!
¡De buey que rumia y que remira
Y de yo que agoniza y agonizo!

¡Sí, por donde llegaste hasta tu ser, El que eres!
¿Por mí? ¿Por qué número de estar y vigilia?

¿Adónde fuiste fuerza y duro de aluvión
Que ya no te cupo tu interminable medida;

Yo mismo, náufrago de tierra,
Náufrago de polvo y ceniza?

Sí, era todo, sí, pero la cosa
Estuvo entonces entre las palabras,
Donde yo no sabía si yo era
Frente al número de la nada.
Y el cholo, el hedor, el sombrero,
Y alguna inimputable mirada.
Y lo sin razón, en absoluto, aquello
Que nunca fue ni será nada.
Y el fraile aquel de las grandes ojeras,
Que viene de cobrar por su misa,
Y los melones, que aún me enternecen,
Y la Realidad todavía.
Y tú, el ejemplo, exacto, aterrador,
Esqueleto de la maravilla.

Cuando el Tiempo se detenga un tiempo,
Y esté escuchando la niña,
Y cuando todo sea el ojo limpio,
Y el agua limpia;
Y cuando todo no sea nada,
Sino mi peso sobre mi sonrisa,
Entonces echarás el cimiento sensible, la raíz y el humano,
Machu Picchu, fronda y aire de mi vida.

JUAN CUNHA

Uruguay, 1910. Nacido en la provincia rural, donde pasó su infancia y adolescencia, Cunha mantendría a lo largo de su extensa obra poética una poderosa fidelidad a su medio rural tradicional, que no sólo contrapuso a la modernidad fantasmática de la ciudad, sino que sostiene su poética misma. En efecto, su palabra nace de un sentido de pertenencia que la hace referencial y motivada, a la vez que la liga al habla y la forma de la tradición, en sus vertientes arcádica y popular. De ese modo, Cunha devuelve la métrica clásica a la voz rural. Entre sus libros están El pájaro que vino de la noche *(1929),* En pie de arpa *(1950),* Sueño y retorno de un campesino *(1951),* Pequeña antología *(1957),* Gestión terrestre *(1959),* A eso de la tarde *(1961),* Pastor perdido *(1966),* De cosa en cosa; sonetos *(1968),* Palabra cabra desmanda *(1971),* Enveses y otros reveses *(1981).*

DE COSA EN COSA

1

    Bueno y para empezar digo la casa
Ya que estoy a decir de cosa en cosa
Y claro lo primero pues la choza
Por cortita no menos por escasa

    Es donde uno regresa como abraza
Se distiende de a poco se desglosa
Mejor dicho se ducha se desbroza
Bueno y vamos a ver lo que nos pasa

    Donde uno se refugie si regresa
Donde ponga la voz y la cabeza
Y el alma que es azul y asustadiza

Si al volver de la diaria escaramuza
Parece que recién si uno se usa
Y se le cae a uno la ceniza

4

La planta que uno planta y uno riega
En su jardín exiguo de terraza
Es la pobre plantita de entrecasa
Mas una que otra flor nunca te niega

En su maceta una por una agrega
Su hojita verde no por eso escasa
Que alguna vez ya ves hasta rebasa
El chico recipiente en que navega

Así del corazón pocos te nacen
Pastitos que las bestias ya ni pacen
En un destierro ya de largas datas

Gajos de la nativa lejanía
Si el viento agreste allá los sacudía
Vegetan sin su aliento aquí en tus latas

DÉCIMAS FINALES

I

No tengo lo que perdí
Lo que perdí no lo tengo
Y puesto que no me avengo
A perderlo porque sí
Vengo a ver vengo a decir
A protestar si es del caso
Que cómo tanto fracaso
Tanta pérdida en un día
Como es perder la alegría
Hora a hora y paso a paso

II

Fue una vez como les dije
Lo que no sé cuándo fue
O mejor dicho lo sé
Pero y es lo que me aflige
Me confundo y se colige
Que entre olvido y desmemoria
Se me ha perdido la gloria
Y a tal altura y desgracia
No tiene ninguna gracia
Lo que le reste a mi historia

III

Tuve pues como les digo
Y el caso es que ya no sé
Qué me queda o se me fue
En este mundo enemigo
Pues aclarar no consigo
Entre penas y protesta
Qué resta de tanta resta
Ni qué me vaya quedando
A este paso y suspirando
Porque nadie me contesta

V

Supe cantar con el alba
Y a los primeros albores
Olí yo no sé qué olores
De no sé qué cielos malva
Pero esto ni me salva
Ni me sirve de remedio
Ante el diario asedio
De tanta sombra enemiga
Y no es preciso que diga
Que entre todo esto anda el tedio

La pena que me acompaña
Esta pena de entrecasa
Es la que ya me rebasa
Y mucho lo que me daña
Por lo tanto ni me extraña
Lo vaya invadiendo todo
Y atado codo con codo
Me tenga en su calabozo
Si es como estar en un pozo
Donde no encuentro acomodo

XI

Mi campo lo trastrocaron
Aquel de mis años mozos
Los tiempos con sus destrozos
Todo lo desfiguraron
Y a mí ya ven me dejaron
Embretado en esta calle
Yo les contaré en detalle
De esta mi vida sin suelo
Que es todita desconsuelo
Desde que dejé mi valle

XIII

A veces muy de mañana
Me acuerdo de mi tropilla
Cuando silbando uno ensilla
Digo ensilló y cuánta gana
De volver a mi lejana
Tierra se me da de pronto
Que se me hace que monto
Pues mi viejo Malacara
Mas no que se me dispara
Y yo quedo haciendo el tonto

XV

Le echo la culpa a la ausencia
A tanto largo destierro
A este mi largo encierro
Y consecuente dolencia
Que lejos de la querencia
Entre un muro y otro muro
Se me ha borrado les juro
Gran parte de mi paisaje
Diría todo el que traje
Y un poco más si me apuro

XVI

Gracias te quede aquí un trazo
Y allí conserve su brillo
Un verde algún amarillo
Los oros de algún ocaso
Lo poco que en algún caso
Te dure de cualquier forma
Que aunque apenas te conforma
Y apenitas te dé vida
Será lo que no se olvida
Y en todo caso te informa

XVIII

Y es el olor de mi tierra
Del monte hasta la cuchilla
Del árbol a la gramilla
De la cañada a la sierra
Si tanto muro me encierra
En este ambular perdido
Hasta ahora he conseguido
Por arriba o por abajo
Escapar por cierto atajo
De mí nomás conocido

XXVII

Ya he atacado al patrón
En otra oportunidad
Por su dureza y crueldad
Con tanto infeliz peón
Vi mensuales sí señor
Con sueldos de cinco pesos
Y entre otros muchos excesos
Jornadas de luz a luz
Y ese sudor del mensú
Bebíanselo los Cresos

XXXIII

Si vine para mirar
Lo que vi quise explicarme
Así que antes de marcharme
Me vi obligado a acusar
Pues que pude constatar
Y vaya por la primicia
Que hubo y habrá injusticia
Si está mal hecho el reparto
Lo digo ahora que parto
Vi en todo usura y codicia

EMILIO ADOLFO WESTPHALEN

Lima, 1911. Sus dos únicos libros de poemas, Las ínsulas extrañas *(1933) y* Abolición de la muerte *(1935), recogidos con otros poemas en* Otra imagen deleznable *(1980), convocan hoy a una lectura decantada por el paso de las vanguardias para hacer ver mejor su calidad específica, que recorre la tradición poética, desde san Juan de la Cruz hasta las asociaciones del surrealismo, transparentando su canto amoroso radical y rebelde, su afirmación de la palabra como epifanía.*

LA MAÑANA ALZA EL RÍO. . .

La mañana alza el río la cabellera
Después la niebla la noche
El cielo los ojos
Me miran los ojos el cielo
Despertar sin vértebras sin estructura
La piel está en su eternidad
Se suaviza hasta perderse en la memoria
Existía no existía
Por el camino de los ojos por el camino del cielo
Qué tierno el estío llora en tu boca
Llueve gozo beatitud
El mar acerca su amor
Teme la rosa el pie la piel
El mar aleja su amor
El mar
Cuántas barcas
Las olas dicen amor
La niebla otra vez otra barca
Los remos el amor no se mueve
Sabe cerrar los ojos dormir el aire no los ojos
La ola alcanza los ojos
Duermen junto al río la cabellera

Sin peligro de naufragio en los ojos
Calma tardanza el cielo
O los ojos
Fuego fuego fuego fuego
En el cielo cielo fuego cielo
Cómo rueda el silencio
Por sobre el cielo el fuego el amor el silencio
Qué suplicio baña la frente el silencio
Detrás de la ausencia mirabas sin fuego
Es ausencia noche
Pero los ojos el fuego
Caricia estío los ojos la boca
El fuego nace en los ojos
El amor nace en los ojos el cielo el fuego
El fuego el amor el silencio

UNA CABEZA HUMANA VIENE...

Una cabeza humana viene lenta desde el olvido
Tenso se detiene el aire
Vienen lentas sus miradas
Un lirio trae la noche a cuestas
Cómo pesa el olvido
La noche es extensa
El lirio una cabeza humana que sabe el amor
Más débil no es sino la sombra
Los ojos no niegan
El lirio es alto de antigua angustia
Sonrisa de antigua angustia
Con dispar siniestro con impar
Tus labios saben dibujar una estrella sin equívoco
He vuelto de esa atareada estancia y de una temerosa
Tú no tienes temor
Eres alta de varias angustias
Casi llega al amor tu brazo extendido
Yo tengo una guitarra con sueño de varios siglos
Dolor de manos
Notas truncas que se callaban podían dar al mundo lo que
        faltaba
Mi mano se alza más bajo

Coje la última estrella de tu paso y tu silencio
Nada igualaba tu presencia con un silencio olvidado en
    tu cabellera
Si hablabas nacía otro silencio
Si callabas el cielo contestaba
Me he hecho recuerdo de hombre para oírte
Recuerdo de muchos hombres
Presencia de fuego para oírte
Detenida la carrera
Atravesados los cuerpos y disminuidos
Pero estás en la gloria de la eterna noche
La lluvia crecía hasta tus labios
No me dices en cuál cielo tienes tu morada
En cuál olvido tu cabeza humana
En cuál amor mi amor de varios siglos
Cuento la noche
Esta vez tus labios se iban con la música
Otra vez la música olvidó los labios
Oye si me esperaras detrás de ese tiempo
Cuando no huyen los lirios
Ni pesa el cuerpo de una muchacha sobre el relente de
    las horas
Ya me duele tu fatiga de no querer volver
Tú sabías que te iba a ocultar el silencio el temor el tiempo
    tu cuerpo
Que te iba a ocultar tu cuerpo
Ya no encuentro tu recuerdo
Otra noche sube por tu silencio
Nada para los ojos
Nada para las manos
Nada para el dolor
Nada para el amor
Por qué te había de ocultar el silencio
Por qué te habían de perder mis manos y mis ojos
Por qué te habían de perder mi amor y mi amor
Otra noche baja por tu silencio

HE DEJADO DESCANSAR. . .

He dejado descansar tristemente mi cabeza

En esta sombra que cae del ruido de tus pasos
Vuelta a la otra margen
Grandiosa como la noche para negarte
He dejado mis albas y los árboles arraigados en mi
      garganta
He dejado hasta la estrella que corría entre mis huesos
He abandonado mi cuerpo
Como el naufragio abandona las barcas
O como la memoria al bajar las mareas
Algunos ojos extraños sobre las playas
He abandonado mi cuerpo
Como un guante para dejar la mano libre
Si hay que estrechar la gozosa pulpa de una estrella
No me oyes más leve que las hojas
Porque me he librado de todas las ramas
Y ni el aire me encadena
Ni las aguas pueden contra mi sino
No me oyes venir más fuerte que la noche
Y las puertas que no resisten a mi soplo
Y las ciudades que callan para que no las aperciba
Y el bosque que se abre como una mañana
Que quiere estrechar el mundo entre sus brazos
Bella ave que has de caer en el paraíso
Ya los telones han caído sobre tu huida
Ya mis brazos han cerrado las murallas
Y las ramas inclinado para impedirte el paso
Corza frágil teme la tierra
Teme el ruido de tus pasos sobre mi pecho
Ya los cercos están enlazados
Ya tu frente ha de caer bajo el peso de mi ansia
Ya tus ojos han de cerrarse sobre los míos
Y tu dulzura brotarte como cuernos nuevos
Y tu bondad extenderse como la sombra que me rodea
Mi cabeza he dejado rodar
Mi corazón he dejado caer
Ya nada me queda para estar más seguro de alcanzarte
Porque llevas prisa y tiemblas como la noche
La otra margen acaso no he de alcanzar
Ya que no tengo manos que se cojan
De lo que está acordado para el perecimiento
Ni pies que pesen sobre tanto olvido
De huesos muertos y flores muertas

La otra margen acaso no he de alcanzar
Si ya hemos leído la última hoja
Y la música ha empezado a trenzar la luz en que has de
    caer
Y los ríos te cierran el camino
Y las flores te llaman con mi voz
Rosa grande ya es hora de detenerte
El estío suena como un deshielo por los corazones
Y las alboradas tiemblan como los árboles al despertarse
Las salidas están guardadas
Rosa grande ¿no has de caer?

ALÍ CHUMACERO

Acaponeta, Nayarit, México, 1918. Páramo de sueños *(1940 y 1944),* Imágenes desterradas *(1948),* y Palabras en reposo *(1956), reunidos en* Poesía completa *(1981), son los libros de este poeta de palabra austera pero abierta hacia una significación fecunda. El conocimiento, por su vía amorosa y poética, preside esta obra hecha de deslumbramientos, reflexiones y nostalgias. Como al aliento feliz de Aleixandre y Valéry, Chumacero hizo de la pasión una lucidez expresiva.*

POEMA DE AMOROSA RAÍZ

Antes que el viento fuera mar volcado,
que la noche se unciera su vestido de luto
y que estrellas y luna fincaran sobre el cielo
la albura de sus cuerpos.

Antes que luz, que sombra y que montaña
miraran levantarse las almas de sus cúspides;
primero que algo fuera flotando bajo el aire;
tiempo antes que el principio.

Cuando aún no nacía la esperanza
ni vagaban los ángeles en su firme blancura;
cuando el agua no estaba ni en la ciencia de Dios;
antes, antes, muy antes.

Cuando aún no había flores en las sendas
porque las sendas no eran ni las flores estaban;
cuando azul no era el cielo ni rojas las hormigas,
ya éramos tú y yo.

LOS OJOS VERDES

Solemnidad de tigre incierto, ahí en sus ojos
vaga la tentación y un náufrago
se duerme sobre jades pretéritos que aguardan
el día inesperado del asombro
en épocas holladas por las caballerías.

Ira del rostro, la violencia
es río que despeña en la quietud el valle,
azoro donde el tiempo se abandona
a una corriente análoga a lo inmóvil, bañada
en el reposo al repetir
la misma frase desde la sílaba primera.

Sólo el sonar bajo del agua insiste
con incesante brío, y el huracán acampa
en la demora, desterrado
que a la distancia deja un mundo de fatiga.

Si acaso comprendiéramos, epílogo
sería el pensamiento o música profana,
acorde que interrumpe ocios
como la uva aloja en vértigo el color
y la penumbra alienta a la mirada.

Vayamos con unción a la taberna donde
aroma el humo que precede,
bajemos al prostíbulo a olvidar esperando:
porque al fin contemplamos la belleza.

MONÓLOGO DEL VIUDO

Abro la puerta, vuelvo a la misericordia
de mi casa donde el rumor defiende
la penumbra y el hijo que no fue
sabe a naufragio, a ola o fervoroso lienzo
que en ácidos estíos
el rostro desvanece. Arcaico reposar
de dioses muertos llena las estancias,

y bajo el aire aspira **la conciencia**
la ráfaga que ayer mi frente aún buscaba
en el descenso turbio.

No podría nombrar sábanas, cirios, humo
ni la humildad y compasión y calma
a orillas de la tarde, no podría
decir "sus manos", "mi tristeza", "nuestra tierra"
porque todo en su nombre
de heridas se ilumina. Como señal de espuma
o epitafio, cortinas, lecho, alfombras
y destrucción hacia el desdén transcurren,
mientras vence la cal que a su desnudo niega
la sombra del espacio.

Ahora empieza el tiempo, el agrio sonreír
del huésped que en insomnio, al desvelar
su ira, canta en la ciudad impura
el calcinado són y al labio purifican
fuegos de incertidumbre
que fluyen sin respuesta. Astro o delfín, allá
bajo la onda el pie desaparece,
y túnicas tornadas en emblemas
hunden su ardiente procesión y con ceniza
la frente me señalan.

ALABANZA SECRETA

Sobre el azar alzaba su cabello
súbito resplandor, y en avaricia alucinante
hendía el porvenir como regresa el héroe,
después de la batalla, dando al escudo sones de cansancio.

Órbita del asombro, su mirar
ornaba el viento fervoroso del "sí" antes de ser,
en el venal recinto de los labios, hoguera
sosegada por fácil devoción acrecentando escombros

Entonces de su pecho a indiferencia
las olas ascendían tristes cual la fidelidad,

a lo variable ajenas, pálidas frente al muro
en donde pétreos nombres revivían hazañas olvidadas.

Muchos cruzaron la tormenta, muchos
amanecían a su lado: azufre victorioso
en inmortal historia acontecido, bestias
rendidas para siempre al usurpar la cima del asedio.

Acaso la soberbia apaciguaba
el deplorable aliento entre la noche, la agonía
abriendo en dos las aguas del orden sometido
a la heredad polvosa, casi pavor análogo a la duda.

Pero, sierpe segada, ebria de orgullo
hería la avidez como si estar desnuda fuera
perenne despojarse del pecado mortal,
iluminada al ver el júbilo opacando el movimiento.

Inmóvil a la orilla del torrente,
yo era el aprendiz de la violencia, el sorprendido
olivo y el laurel mudable, porque a solas
solía renacer cuando salía de aquel inmundo cuarto.

Despierta Débora en ocaso o eclipse
erguido, ondea ahora hablando a media voz, por fin
inmune al implacable sudor fluyendo en sed
para el sediento o cólera labrada en el antiguo ariete.

Perdida entre la gente, derrotado
color en la penumbra, suelta el esquife hacia la nada,
mas su imagen un cántico profiere, brisa o trueno
pretérito sonando en el solar airado del cautivo.

SALÓN DE BAILE

Música y noche arden renovando el espacio, inundan
sobre el cieno las áridas pupilas, relámpagos caídos
al bronce que precede la cima del letargo.

De orilla a orilla flota la penumbra
siempre reconocible, aquella que veían y hoy miramos

y habrán de contemplar en el dintel
donde una estrella elude la catástrofe, airosa
ante el insomnio donde nacen la música y la noche
como si un viento o la canción dejaran restos de su
      humedad.

Puesta la boca sobre el polvo por si hay esperanza
o por si acaso, en el placer la arcilla anima la memoria
y la conservación violenta de la especie.

Porque amados del himno y las tinieblas, aprendiendo a
      morir,
los cuerpos desafían el sosiego:
descienden sierpes, águilas retornan con áspero sopor,
y en lucha contra nadie tejen la sábana que aguarda
como la faz al golpear un paño oscuro
hace permanecer el miedo en una fatiga inagotable.

Sudores y rumor desvían las imágenes,
asedian la avidez frente al girar del vino que refleja
la turba de mujeres cantando bajo el sótano.

A humo reducidos los ojos de la esclava,
alud que en vano ruega, ahí holgará la estirpe confundida
por bárbaros naufragios, desoyendo
la espuma de la afrenta, el turbio eco al compartir
con islas que desolan armonías
la sofocante forma del lecho vencedor.

Desde su estanque taciturno increpan los borrachos
el bello acontecer de la ceniza, y luego entre las mesas
la tiranía agolpa un muro de puñales.

Sobre la roca inerte se disipa el nombre que grabó
la cautelosa bestia: asolada la máscara
en la sombra, tranquilo escombro que antes del desplome
ignora la espesura colmada de la herrumbre,
en su orfandad exige, implora, accede
al signo de la vid propicia a la simiente.

Cuando cede la música al fervor de la apariencia, grises
como las sílabas que olvida el coro,
casi predestinados se encaminan los rostros a lo eterno.

Vuelve la espada a su lugar, arrastra
hacia el asombro de Caín el dócil resplandor
del movimiento, impulsos y distancias mezclan la misma
        ola
y sólo en su heredad persisten los borrachos,
vulnerables columnas que prefieren
del silencio elegido la sapiencia de la desesperanza.

EL PROSCRITO

Agua reverdecida, la palabra
que fue apariencias turba nuevamente: catástrofe
encima de la cal, ávida vid que apresurada cae
de vuelo a onda a eterna superficie
hendiendo el demorado ardor de la quietud.

Donde el hastío los naufragios cubre, su exhalación
        levanta
en vendaval y sílabas la sombra
en torno del corcel desfallecida; asciende
y con fragor los rostros atraviesa: bandera que en delirio
despereza de escoria la centuria
afín al delator que pudre la alabanza.

      Solo te quedarás, precario amante hablando
      al sol insomne, y la desdicha
      un hueco hará en la alcoba al despertar
      sin un resuello cerca ni ver cómo la infancia
      alienta el vaho que prosigue.

      El vacío quizá, la desnudez
      contaminada, el sábado perenne, la vileza
      febril de acariciar los hijos
      de la hermana menor, diente con diente
      anegarán el lecho de cortinas cerradas
      tras el rumor de las visitas.

Mártir sin pueblo, pasaré la tarde anclado en la espesura,
inerme ante la ley pero forjando
estíos sobre el vasto acontecer que aloja

testimonios, ardiendo en cantos como arenas donde silba
el soplo que rescata a la serpiente.

De la armonía bajaré a escuchar lejanas
mansedumbres: "Mi esposa, mis criaturas", mecánica
    indolencia
que el miedo trueca en vanidad de trigre
saltando seriamente de orfandad a consuelo:
ni altares ni sepulcros, sólo dioses en cuya piel acecha
la tempestad en muro blanqueado.

Encomiéndate a Dios, regresa a casa
a compartir la adversa atmósfera vencida
porque el trigo no cae en tierra
y nada haría perdurar ahora
hierros que en la pradera devastan la cordura.

Rostro para una vida larga,
comparece a la mesa de los justos
a hacerles compañía, y deja la mansión
adonde hollados por el polvo
llegan ruidos del último banquete
como dormita el viento absorto en la llanura.

Yacen todos con honra, circundados de hiel
bajo la herrumbre de aplazados días, en cotidianas órbitas
sin antes ni después, con el pesar
que al salteador aturde, oculto en el recodo
del camino, sin furia ni piedad, confiado a la esperanza.

Disipan, en sarcófagos, laureles
y el nombre que heredaron pone coto a las hordas;
no saben del desastre nacido de un mirar que se desvía
porque el amargo amor de su costumbre
aloja el pez de las escamas apagadas.
Si abrieran el portal, piadosamente los contemplaría.

ÓSCAR CERRUTO

La Paz, 1912-1981. Uno de los escritores bolivianos más importantes de este siglo, Cerruto fue diplomático y periodista. Como narrador publicó Aluvión de fuego *(1935), una de las novelas fundamentales sobre la guerra del Chaco.* Cerco de penumbras *(1976) es una colección de cuentos. Su obra poética (*Cifra de las rosas, Patria de sal cautiva, Estrella segregada, Reverso de la transparencia*) está recogida en* Cántico traspasado *(1976), que permite conocer mejor su palabra concisa, de gran agudeza expresiva y notable control formal.*

EL POZO VERBAL

Nada se sabe
pero las palabras
se conjuran
hostiles
chillan y se acuchillan
saltan en el aire
lo infestan
movilizan llamaradas
como ráfaga de toros
como tizones vivos
que caldean
la pedana del escándalo.

Una sola palabra
la no pronunciada
porque en ella está
inscrita
la dispersión de lo que amas.

Las palabras te ensalzan
te festejan
te miman

te enjoyan
te besan las manos
luego te muerden.

Las palabras te encumbran
te glorifican
te esmaltan con azúcares
te visten de luz
te visten de flores
luego te escupen.

Las palabras te calzan de oro
te coronan con laureles
te reverencian
te abruman de lisonjas
luego te lapidan.

Las palabras te santifican
te cantan alabanzas
te levantan en el aire
¡qué alto vas!
luego te entierran.

POCO ANTES NADA, Y POCO DESPUÉS HUMO

Ay más que sangre somos
huesos, cal que nos roe
lágrima a lágrima.
Huesos encorvados por el fuego
del orgullo,
astillándose de rencor,
helados.
Tallos voraces, eso somos.
Y así es nuestra férula
ciega
y cae en torno
como gota de plomo.
También caemos,
más abajo caen
nuestros pronombres pedazo a pedazo.
Eso somos,

rescoldos de caducidad,
dioses llameantes, hundidos
hasta el cuello,
y todavía llenos de fiebre y polen.

QUE VAN A DAR A LA NOCHE

Cada uno muere solo
con una rosa en la sien
o pasajero
en un carro de llamas
solo
en ese acto
que nadie comparte
donde cae
la soledad sobre la soledad
y ese silencio
de nieve
por el que van
por el que irán siempre
los incomunicables
prendida
en el pecho
la sentencia de olvido.

PERSONA SUBREPTICIA

Por las calles anda el viento
entre tinieblas
como Isaías
entre banderas
el viento de las moscas
rojas de la lujuria
las moscas rojas
de la sangre
o las blancas del crimen
el viento
de la miseria

agujereando harapos
untando
de olor a pólvora la capa
del rey de las dimisorias.

PATRIA DE SAL CAUTIVA

Bosque de espumas talado.
Mar encontrado y cedido.
Tu caracol rescatado
zumba de nuevo en mi oído.

De nuevo, titán herido,
pecho de varón, te has dado
a mi fervor, y en el ruido
de tu bronce encadenado
escucho tu voz que canta.

Se amotina tu onda, el viento
colérico se levanta
de tu hondo seno violento.
Y reconozco el acento
de la sangre en tu garganta.

ENRIQUE MOLINA

Buenos Aires, 1910. Poesía de vehementes apelaciones, figuraciones del eros, la aventura y la subversión, la de Molina se distingue también por su profunda empatía vital. Sus libros son Las cosas y el delirio *(1941),* Pasiones terrestres *(1946),* Costumbres errantes o la redondez de la tierra *(1951),* Amantes antípodas *(1961),* Fuego libre *(1962),* Las bellas furias *(1966),* Hotel pájaro *(1967),* Monzom Napalm *(1968) y la fascinante novela* Una sombra donde sueña Camila O'Gorman *(1973).*

AMANTES VAGABUNDOS

Nunca tuvimos casa ni paciencia ni olvido
Pero un poco más lejos hacia nada
Están las lámparas de viaje
Temblando suavemente
Los hoteles de garganta amarilla siempre rota
Y sus toscas vajillas para el suicidio o la melancolía
—¡Oh el errante graznido sobre la cumbrera!
Dormíamos al azar con montañas o chozas
Bajo las altas destrucciones del cielo prontas a arder con
     un fuego inasible
Junto al árbol de paso que se aleja
A menudo asomados a ventanas en ruinas
A balcones en llamas o en cenizas

En esos lechos de comarca
La lluvia es igual a los besos te desnudabas
Girando dulcemente en la oscuridad con la rotación de
     la tierra
Belleza impune belleza insensata
Pero sólo una vez sólo una vez
Juega el amor sus dados de ladrón del destino:
Si pierdes puedes saborear el orgullo
De contemplar tu porvenir en un puñado de arena.

¡Cuántos rostros abandonados!
¡Cuántas puertas de viaje entreabriendo su llanto!
Cuántas mujeres que la luz ahoga
Sueltan sus cabelleras de región indeleble besada por el
      viento
Con aves inmóviles posadas para siempre en su mirada
Con el silvo de un tren que arranca lentamente
      sus raíces de hierro

Con la lucha de todo abandono y de toda esperanza
Con los grandes mercados donde pululan cifras injurias
      legumbres y almas cerradas sobre sus negros sa-
      cos de semillas
Y los andenes disueltos en una espuma férrea
—Desvarío tiempo y consumación—
Tumba de viejos días
Bella como el deseo en las venas terrestres
Su fuego es la nostalgia
La celosía del trópico tras la cual hay arañas cortinas en
      jirones y una vieja victrola con la misma canción
      inacabable
Pero los amantes exigen frustraciones tormentos
        Peligros más sutiles:
Su pasado es incomprensible y se pierde como el mendigo
Dejado atrás en el paradero borrascoso

SENTAR CABEZA

La raza blanca la raza negra la raza roja la raza amarilla:
yo sólo conozco la raza violeta y la raza verde y la raza
      de tu lengua que descifra el agua y el fuego

Seré rico —tú sabes— con la miseria y el hambre que hace
      correr los ríos
rico de errores de desollado y de piedra sobre la cabeza
rico como la paciencia y la piedad puestas al rojo

Y yo no tengo misión ni familia ni otra dialéctica que esos
      conjuros mortales donde se deshace la espuma de
      los grandes escrúpulos

Pero obstinado siempre en el furor de un mundo que silba
        como una sirena de fuga
por cada beso hacia el alma
por cada boca con el pan de las cantáridas
por cada latido que se precipita y estalla bajo el cauterio
        de la tormenta

Seré rico —amor mío— bajo las patas de los caballos
estrangulado por una contracción de la noche o del
        oleaje
desvalijado por la risa del mar y la rapiña de las caricias
rico hasta la locura como un instruso inconfesable en
        todas las situaciones de la pereza y en los lugares
        desiertos de la sangre
donde hay crueldad extravío poder
promesas incumplidas por el cielo

EN RUTA

¡Cuántos días y cuánta sombra!
¡Cuántas noches contaminadas
Por la memoria de otras noches
Por el tatuaje de otras playas!

Hay errantes bloques de insomnio
Grandes serpientes de pereza
Familias que invade la hierba
Gentes pálidas que se alejan

¡Cuántos trenes de negras alas
En la demencia de otros cielos!
¡Cuánta llanura fugitiva
Como la arena entre los dedos!

Hay la mañana con un pájaro
Hay el entierro con un cura
La carta leída por nadie
El hospedaje que se fuga

Madres arcaicas como un tótem
Tendiendo una mesa de olvido

El pan mojado por las olas
Comensales desconocidos

¡Y tantas cabezas en llamas
Cautivas de viejas historias
Deslumbrantes como el océano
En el fondo de la memoria!

Hay el viento con una pluma
El lecho sin una caricia
El ruido de oro del verano
La fresca herida de la brisa

Hay la mano de piedra y sombra
Que busca las grandes raíces
Hay el hombre de carne y sueño
Con la luna de otros países

Hay el que vuelve la cabeza
(El prisionero de los muertos)
Y el que ve una mujer muy lejos
Cuando mira la puerta abierta

Y pobres parejas que se aman
Sobre la hierba de los astros
Entrelazadas a la sombra
Entre la sombra de sus brazos

Hay arenas de desaliento
Con negras ciudades hundidas
Sótanos vivos que se cierran
Como enormes flores carnívoras

Y extrañas comidas ansiosas
Del hambre ardiente de la tierra
Bellas comidas exaltadas
Por el silencio de las piedras

El salvaje grito de adiós
De la costa en la lejanía
Un relámpago torturado
El resplandor de viejos días

La misteriosa quemadura
De tanta luz y tanto aliento
Con criaturas que se ausentan
Enmascaradas por el tiempo

Pero vuelvo a morder las hojas
A beber el vino y la lluvia
A adorar ese sol que nace
De una mujer que se desnuda

El mar retorna como un héroe
Cubierto de llamas y flechas
Arde una brizna y se deshacen
Las cadenas de la maleza

Labios que cruzan como un río
Los valles puros de algún cuerpo
Cabelleras de desvarío
La nebulosa de tu sexo

(Yo pertenezco a la intemperie
Reclamo el honor de mi especie
La idolatría de mis venas
Mi desamparo en la corriente)

LA AVENTURA

Latido a latido
Busco mi expresión
Sucesos de tiempo insomne que retornan
Y la pobre María crece con los nudos de la madera
Al pie del ciprés
Donde la hierba le lava los labios
Entre la orgía de la niebla
Radiante de olvido y de servidumbre
Sin ni siquiera un pájaro en su sueño
                                        Sin embargo
Tantas gentes se aferran a sus muertos
Como si fuera lo único que conservaran
De sus vidas y las hojas centelleantes
De los bananos en la carretera polvorienta

A través de los médanos
Sumergido para siempre en la ola
De su pelo caliente de su cuerpo desnudo
He corrido una tierra furtiva
Donde tales mujeres reverberan
Fiebres costumbres enfermedades de la memoria
La llamarada
Que disuelve mi corazón y habito extrañamente

Un reseco lugar vestimentas y muebles
A punto de ser degollados temblorosamente reunidos
Pero quizá resucite entre esas piernas queridas
Con la ciudad en todas direcciones
Abriéndose bajo la tierra y ahora
Buscando mi idioma
Rescate sólo una blanca llanura a lo largo de una espalda
        donde el deseo irisa sus perlas sin fin
Apenas una nube una caricia
Un golpe de ola en una piedra
Un tambor de ataúd lleno de polvo
O cualquier sitio donde estuve
—¡El inconstante!—
Perezosamente tirado al sol del desorden

Un idioma de garfios
Palabras de espejo ante la boca para saber si he muerto
Vocablos de cópula
Siempre de cosas que huyen
Siempre lugares dilatándose fuera de todo lazo
Y ella habita su fortuna de piedras
Balanceada por la tormenta
Irradia en las grandes savias su salud tenebrosa

Y la antigua pradera de crines con mi alma
Introduciéndose
Lentamente en el centro de la tierra
El ávido paraíso de la pornografía
En páginas lascivas
Hasta entrever las zarpas el corazón volcánico
De esas otras: *Temporada*
Los Cantos Justina de las que emana
Tal comunión de fuego

Tal espléndido orgullo más allá de la muerte
Deslizándome furtivamente en la oscuridad

Hasta la gigantesca aparición iluminada por la luna en
      su cuarto de sirvienta
Con los senos desnudos
Brillantes de saliva y de un pan salvaje
Para mi mano posada por primera vez sobre el vello de
      un vientre de mujer
                Y después
Hasta en la misma tumba donde ella canta
Recojo una palabra una gota de lluvia
Una dádiva de la locura

Idiomas insaciables
La trama ardiente de dos lenguas
Tantos altares de abismo en ojos entrecerrados
Una serpiente humeante
Soledad de pasión y bocas que destilan
La incertidumbre de haber estado aquí o en sueños
Y de todo ello
Recobro una miel un grito una desgarradura
De cosas adorables y busco
Mi expresión:
Trato de hablar y de comunicarme

RITO ACUÁTICO

Bañándome en el río Túmbez un cholo me enseñó a lavar
      la ropa
Más viva que un lagarto su camisa saltaba entre inasibles
      labios susurrantes
y las veloces mujeres de lo líquido
fluyendo por las piernas
con sus inagotables cabelleras bajo las hojas de los plátanos
minuciosamente copiados por el sueño
de esa agua cocinada al sol
a través del salvaje corazón de un lugar impregnado
por el espíritu de un río de América —extraña
ceremonia acuática— desnudos el cholo y yo
entre las valvas ardientes del mediodía ¡oh lavanderos

nómades! purificados por el cauterio
de unas olas
por la implacable luz del mundo

Lavaba mis vínculos con los pájaros con las estaciones
con los acontecimientos fortuitos de mi existencia
y los ofrecimientos de la locura
                              Lavaba mi lengua
la sanguijuela de embustes que anida en mi garganta
—espumas indemnes exorcizando un instante todas
    las inmundas alegorías del poder y del oro—
en aquel delirante paraíso del insomnio
Lavaba mis uñas y mi rostro
y el errante ataúd de la memoria
lleno de fantasías y fracasos y furias amordazadas
                              aguas aguas aguas
tantas dichas perdidas centelleando de nuevo
desde gestos antiguos o soñados
mi vientre y el musgo de mis ingles
lavaba cada sitio de destierro ennegrecido por mi aliento
    cada instante de pasión dejado caer como una
    lámpara
y mis sentidos amenazadores como una navaja asestada
    en la aorta pero por eso mismo más exaltantes a
    cada latido que los disuelve en el viento
por eso mismo más abrasadores a cada pulsación tendida
    como una súplica de anzuelos.

Lavaba mi amor y mi desgracia
tanta avidez sin límites por toda forma y ser
por cada cosa brillando en la sangre inaferrable
por cada cuerpo con el olor de los besos y del verano
                              ¡Dioses!
¡Amor de la corriente con sexos a la deriva entre costas
    que se desplazan!
Dioses feroces e inocentes dioses míos sin más poder que
    su fuga
pájaros en incendio cada vez más remotos
mientras retorcía mi camisa
en el gran desvarío de vivir
—¡oh lavador! —tal vez nunca acaso ni siquiera
jamás un instante en el agua del Túmbez

FRANCISCO MATOS PAOLI

Puerto Rico, 1915. La extraordinaria fecundidad poética de Matos Paoli ha oscurecido, paradójicamente, la alta calidad de sus momentos luminosos. Forjado a partir de la tradición lírica, la formalidad clásica y el purismo místico de una palabra revelada y encarnada, Matos Paoli es de estirpe simbolista e idealista. No obstante, y desde esta misma poética, ha sabido incorporar áreas conflictivas de la experiencia histórica, como la lucha independentista, en la que participó junto a Antonio Corretjer, el otro gran poeta puertorriqueño de este siglo, bajo la inspiración del nacionalismo de Pedro Albizu Campos. Así, la noción de patria es esencial a esta poética, que la entiende como una encarnación recusada por el colonialismo. Matos Paoli estuvo en la prisión a consecuencia de su actividad nacionalista revolucionaria, más lírica que política; su Canto de la locura *(1962) es el testimonio inmediato de su pérdida de la razón en ese encarcelamiento. Entre sus varias publicaciones cabe mencionar las siguientes:* Canto a Puerto Rico *(1952),* Luz de los héroes *(1954),* Criatura del rocío *(1956) y* Primeros libros poéticos de FMP *(1982).*

CANTO DE LA LOCURA
[*Fragmento*]

Ya está transido, pobre de rocío,
este enorme quetzal de la nada.

No bastan los signos hirvientes,
las manos colmadas, los ríos,
las lenguas atadas.

No bastan los dolorosos caminos.
(El ciego puebla ardores.

83

Sentimos que se cierran las palomas
y las islas amadas
mutilan los floridos horizontes.)

Yo dije un día largo de esperanzas:
qué espesor, qué triste plenitud,
qué azul aridez de vuelos.

¿Y por qué la calandria,
la mimosa de astros extendidos,
pugna por no morir
cuando Dios la conculca con su asalto?

Ebrias guedejas de mar,
espumas sonoras que militan
en contra del abismo.

Todo lo que es suave:
el candor de amapola denodada
el enorme quetzal de la nada.

Pero yo no quiero el sol
que fructifica en los saludos:
quiero la serena oquedad,
el silencio vacío que tumba
el ala de los ruiseñores.

Yo quiero conocerme:
abandonar la ignota multiplicación de los astros,
la abundancia tranquila
en que el amor es loto.

No quiero el devenir:
ese espesor de niebla que amarga en la montaña,
ese pasmo redondo de lo lleno
que sabe de traición
en la morena noche alucinada.

Está demás el cuadrivio fulgurante,
el grito sonrosado de pájaros,
el triste arado que relumbra
en la paciencia de la tierra.

Yo. ¡Por qué yo?
Aun la conciencia vacila en el remordimiento.
Tiene delante las aristas fugaces, las venas,
la música primaveral,
el confundido siervo que pelea
entre el río y el mar, absorto.

¿Qué busco ahora mismo,
en el instante atleta y fuera de mí mismo
en la premonición segada,
en la oclusión del mundo que me incita?

Tal vez Dios me liberte
del arcoirisado tedio,
de las nubes que pasan henchidas de armonía.

Yo, aunque demente,
no me cojo miedo en la insolidaria alondra,
me atrapo en el diáfano estertor de la tiniebla,
me fecundo a mí mismo
al saber que soy el otro rodeado de centellas.

Después de todo, sé
que la inmensidad no existe,
que es una tórtola, una tórtola
sin nido en qué morir.

Lo que existe es la blanca posesión
de Dios en mí,
una fruta en el hueso
que nos pide el Ángel
cuando acabamos de matar
la árida faz de las Dominaciones.

YO NO PUEDO

Yo no puedo
esperar
la palabra,
ser el maestro loco que afina el horizonte.

(Cristo viene y me trae
el rosal.)

Lo entrego al Dirigente del rocío,
al fundador del alba
en la isla de todas las reconciliaciones.

PEDRO SE LLAMA. . .

Pedro se llama el Dirigente.

Piedra de Puerto Rico, Piedra fluvial y alada
con el aroma de la sangre mártir
de un Domingo de Ramos.

Delante de él la fuerza es imposible.

Por más que agitamos las manos
no podemos coger el rocío.

Está lejos el sueño
en el reino de la lógica,
en la maldad del hielo que crepita hasta vencer
esta infiel y aparente norma de la tierra.

Tenemos que enloquecer,
extraer de nosotros mismos la raíz despavorida
del cielo,
volcar nuestras miradas fatigantes.

YO CONOCÍ. . .

Yo conocí a don Ricardo Díaz.
(me cortaba las uñas en la cárcel).

También fue la criatura desolada
que funda la familia en el silencio,

más allá del objeto, el dulce objeto
que no resuelve nada
cuando estamos de pie
recibiendo el pan
inmortal
de los muertos

Don Ricardo, ¿qué es el poder ahora,
en esta desnudez exquisita,
qué son de los políticos venales
que hinchan su cuello en la refriega,
y avasallan sin poder
herir
el aire?

¿Dónde están los orgullos naturales,
los que me meditan en la esterilidad cruenta,
los fáciles mandones que obtienen de la cruz
la deidad del gusano?

Tú, antes de morir,
repudiaste todo objeto, toda vestidura.

PORQUE SOY EL POETA

Porque soy el poeta,
befa mayor de la palabra,
debo tener el cielo dispuesto al mundo vano.

Y cuando chocan los seres,
qué impasible evasión, qué pabilo de lumbre
enterrada,
qué decisión baldía
hacer que todo poema se levante del ruido
y pueda representar la idea,
el fantasma infinito de los vuelos,
la eucaristía que se reconoce
en el modo de partir el pan.

Sé que el vecino hace un esfuerzo
grande

por ser hombre,
sé que debo hablar con armonía,
apaciguar el león que se come el crepúsculo.

De momento me enternezco,
me suelto en la corriente noble,
apabullo los astros con la mano y digo:
es mejor el silencio cuando se está tan muerto
y no podemos mejorar el día
común
prendido a nuestra lágrima.

Pero tengo que luchar y luchar.

Luzbel es la incomunicación,
el fácil deletreo que idiotiza,
el sedicente que
por abundancia de atmósfera
echa a perder el llanto,
ese tatuaje del olvido
que aún queda al encarnado.

Yo quisiera vivir
sin tener que ser profeta,
estar abierto en el agua como la flor de loto,
perder la huella de la noche,
no sostener más la perla del abismo,
huir hacia el cafeto florecido
que en simplicidad alaba.

Pero es imposible, Dios mío.

Si no enloquezco ahora,
¿qué será del semen de la imagen?

¿Para qué deseo el tieso
símbolo de los grandes congelados de la historia?

¿Para qué soy el patán
que se desvive en la memoria inasible,
todo rodeado de orillas,
todo poblado de insustancia,
todo clamante en el desierto?

MADRE, QUÉ FRÍO TENGO

Madre, qué frío tengo.
Parece que la duda avanza como lebrel

ensimismado.

Parece que la duda
ventea ya mis huesos
arrojados fuera del alba.

Tenía que ser así:
primero un tigre mudo
trayéndome el sudario.

Después, en la agonía,
el corpúsculo leve de la prisa,
la atracción de tu mano
desmenuzando el Dolor
profetizado en el Espino
como lo cerrado que eleva:
"si quieres defender la Patria tendrás que pasar
por el crisol del martirio".

¿Y QUÉ MÁS DA?

¿Y qué más da?

Lo mismo el corazón encerrado
que el corazón abierto.

Lo mismo el verso claro
que la tupida antorcha en los labios quemados
por el pasar de tanto cruel poniente.

Lo mismo el gran silencio convecino
que la criatura alegre que nos sigue
golpeando la espalda

Lo mismo el palmar
que el sedicente frío del Norte
cuando nos enajena

en la oleada abismal y temible
de los desconocidos.

YO ESTUVE UN DÍA AQUÍ

Yo estuve un día aquí.

Y es borroso el recuerdo.

El adiós multiplica sus hojas,
pero las hojas vuelan,
son diminutas vidas
más suaves que la gloria.

Lo que me espera arriba
no es Jehová parado en la retama,
sino el Indefenso,
el hijo usual que busca la palabra,
el centinela de mi horror
convertido en palmar
que nunca más se asombra.

Estoy casi desprendido.

La pared, la pared,
la sola realidad sin sol hermano,
la que me reservan
los pobres renacidos.

Sé que Luzbel atiza
su silencio
para que no sea más que una oreja sin cuerpo,
estupefacta,
pero mis ojos ven
la virginal blancura
y ya jamás me creo
como la arena que titila en el
Desierto.

VICENTE GERBASI

Venezuela, 1913. De su amplia obra destacaremos los siguientes títulos: Bosque doliente *(1940),* Mi padre, el inmigrante *(1945),* Poemas *(1947),* Los espacios cálidos *(1952),* Poesía de viajes *(1968) y* Antología poética, *1943-1978 (1977). Junto a Juan Liscano, cuyos cantos americanistas exploran un paisaje de germinaciones, y antes que Ramón Palomares, cuya percepción terrestre está animada por la humanidad que recupera, la obra de Gerbasi alienta con una libertad y autoridad propias. Lejos de las mitologías engañosas de la retórica "caribeña" y el naturalismo primitivista, su poesía hace del mundo natural el espacio de un lenguaje más suficiente y autónomo.*

CREPÚSCULO DE SOLEDAD

Vuelve a pasar el día por estos árboles quemados por el
     rayo,
por estas grandes rocas donde danzaron los enmascarados,
donde una mujer sale y tiende ropas fúnebres,
o algún pañuelo rojo
que bate el viento cálido del canto de los gallos.

Vuelve a pasar el día por esta soledad,
por esta soledad de espesas flores,
de negras mariposas
que vuelan lentamente por los ojos,
por la orilla del cielo,
donde los negros abren las moradas frutas de cacao
y miran un crepúsculo de guacamayos espectrales.

REALIDAD DE LA NOCHE

Una sombra de almendra amarga
saboreo en medio del mundo.
Debajo de mis párpados se encierra el furor de la noche
y detrás de los días está el rumor del mar contra las
        escolleras.
Mis sentidos resuenan en la bóveda del cráneo,
en la tiniebla cóncava de las luciérnagas.
Hay un derrumbe de la noche como carbón
en mi costado izquierdo,
un espanto del agua.
Sombra de arboledas venenosas, redondos follajes
        relucientes,
refugio de los mendigos bajo los fuegos artificiales.
Sombra oculta detrás de las ventanas,
sombra de la sábana, de la silla, de la lámpara.
Sombra de los epilépticos, de los paralíticos, de los ciegos.
Sombra de las medicinas, de los relojes, de los sombreros.
He aquí mis manos moviendo lo cotidiano,
sostén mudo, simple convicción de la muerte.
Soy un testigo, un desterrado en las avenidas crepusculares,
en los martes de carnaval,
con hijos que me llegan a la rodilla.
Me persigue el presentimiento como una máscara nocturna.
Caen estrellas en las llanuras, al borde de las ciudades.
Las manos que hacen el plan socavan la noche.
Las lámparas iluminan el pan.

LOS NIÑOS

Para ellos la tarde ha reservado una luz eterna
en la fronda cambiante de los parques.
Para ellos vuelan en círculo las aves del día,
y una música nace precediendo la noche
de las calladas colinas.
Ellos han visto el arcoíris en el fondo del valle,
donde el año ha dado a los árboles un denso tinte rojo,
donde las nubes organizan la fulgurante coronación de
        un rey.
Ellos conocen el movimiento de las flores,

el rumbo de los insectos,
la desaparición lenta de la luz entre las yerbas.

En sus ojos se va ocultando el día
con el canto de las cigarras.
Ellos viven dentro del secreto del mundo,
como dentro de la música de un arpa.
En su alegría la tarde mueve sus últimos ramajes,
y ellos comienzan a sentir que la noche nace de su corazón.

LOS ASOMBROS PUROS

Menciono el alba con mi perro
que, en el patio de la casa,
perseguía mariposas tornasoladas, rojas, azules,
como alucinaciones.
Pero las mariposas negras
permanecían prendidas a los techos,
inmóviles por muchos días,
hasta el advenimiento de las lluvias.
Había entonces oscuridad en mi corazón,
y veía las puertas viejas,
las escoriaciones de los muros,
y en las revistas que leía mi padre
veía relámpagos sobre ovejas
desbandadas entre rocas.
Eran viejas historias de lejanas tierras de olivares.
Ah, pero en la renegrida cocina se encendía la leña,
y se enrojecían en las paredes los brillantes grumos de
        hollín.
El gato miraba algo, allá, entre los crisantemos,
fijamente, hasta que un trueno oscurecía las montañas.
Así mi edad reconocía las tinieblas.

PASO DEL TIEMPO

En medio de colores, sonidos, rostros,
en un día disperso en las gramíneas,

como una campana de religión antigua
que mueve banderas en el poniente,
despertamos el corazón hecho de sombra.
Estamos sobre nuestras rodillas, en la luz,
y la muerte tiene la forma de un venado
que tiembla ante nuestros ojos.
Nuestros ojos poseen el aire de los colibríes,
un arcoíris que nace de los bambúes,
cuando ya el día prepara sus sombras
para las aguas donde cantan las ranas.
Somos un resplandor en que arden los girasoles,
y la mujer desnuda sus senos y sus muslos
bajo una lámpara de ramos de naranjos.
Acumulamos musgo seco al borde de las rocas,
iniciamos una vivienda de astros
donde fulguran las palmas reales.
Es la luz hecha para nuestra mirada,
para nuestra memoria donde yacen las algas
que acumula el mar sobre las playas.
Está nuestro principio en el agua salobre,
en nuestros sueños se abren las medusas
y comienza el terror de los huesos.
Pero el mundo es bello como la hoja de la vainilla,
como jaguar dormido,
como el movimiento de los peces en el agua transparente.
Pero, ¿somos acaso dueños de la muerte?
Miramos los soldados con sus lanzas al borde de la tarde.
Ellos se preparan para el combate,
pero tampoco son dueños de la muerte.
La mujer desnuda sus senos, sus muslos.
La memoria es el rumor del mar.
Con la mujer combatimos la muerte
mientras los muertos yacen bajo los arrozales.

EFRAÍN HUERTA

Silao, Guanajuato, México, 1914-1982. Poeta de la calle, la ciudad y la multitud, del nuevo cosmos social que la urbe propicia, Huerta enfrentó con pasión lírica y poder expresivo sus nuevos temas. El tono elegiaco y el paisaje urbano produjeron así una poesía de sincretismos inquietos, de entonación tribal y paisaje cosmopolita. Su poesía civil no es menos apasionada, pero lo es más su poesía erótica, gozosa y arrebatada. Las sumas y combinaciones de una voluntad antirretórica y un lirismo profundo producen en su obra una convicción vitalista, una sed de vida y comunicación, lo que sostiene su inconformismo rebelde. Su obra está reunida en Poesía, 1935-1968 *(1968), y ha publicado también* Los eróticos y otros poemas *(1974),* Circuito interior *(1977),* Poemas prohibidos y de amor *(1976) y* Transa poética *(1980).*

DECLARACIÓN DE ODIO

Estar simplemente como delgada carne ya sin piel,
como huesos y aire cabalgando en el alba,
como un pequeño y mustio tiempo
duradero entre penas y esperanzas perfectas.
Estar vilmente atado por absurdas cadenas
y escuchar con el viento los penetrantes gritos
que brotan del océano:
agonizantes pájaros cayendo en la cubierta
de los barcos oscuros y eternamente bellos,
o sobre largas playas ensordecidas, ciegas
de tanta fina espuma como miles de orquídeas.
Porque, ¡qué alto mar, sucio y maravilloso!
Hay olas como árboles difuntos,
hay una rara calma y una fresca dulzura,
hay horas grises, blancas y amarillas.
Y es el cielo del mar, alto cielo con vida

que nos entra en la sangre, dando luz y sustento
a lo que hubiera muerto en las traidores calles,
en las habitaciones turbias de esta negra ciudad.
Esta ciudad de ceniza y tezontle cada día menos puro,
ciudad de acero, sangre y apagado sudor.

Amplia y dolorosa ciudad donde caben los perros,
la miseria y los homosexuales,
las prostitutas y la famosa melancolía de los poetas,
los rezos y las oraciones de los cristianos.
Sarcástica ciudad donde la cobardía y el cinismo son
      alimento diario
de los jovencitos alcahuetes de talles ondulantes,
de las mujeres asnas, de los hombres vacíos.

Ciudad negra o colérica o mansa o cruel,
o fastidiosa nada más: sencillamente tibia.
Pero valiente y vigorosa porque en sus calles viven los días
      rojos y azules
de cuando el pueblo se organiza en columnas,
los días y las noches de los militantes comunistas,
los días y las noches de las huelgas victoriosas,
los crudos días en que los desocupados adiestran su
      rencor
agazapados en los jardines o en los quicios dolientes.

¡Los días en la ciudad! Los días pesadísimos
como una cabeza cercenada con los ojos abiertos.
Estos días como frutas podridas.
Días enturbiados por salvajes mentiras.
Días incendiarios en que padecen las curiosas estatuas
y los monumentos son más estériles que nunca.

Larga, larga ciudad con sus albas como vírgenes hipócritas,
con sus minutos como niños desnudos,
con sus bochornosos actos de vieja díscola y aparatosa,
con sus callejuelas donde mueren extenuados, a! fin,
los roncos emboscados y los asesinos de la alegría.

Ciudad tan complicada, hervidero de envidias,
criadero de virtudes deshechas al cabo de una hora,
páramo sofocante, nido blando en que somos

como palabra ardiente desoída,
superficie en que vamos como un tránsito oscuro,
desierto en que latimos y respiramos vicios,
ancho bosque regado por dolorosas y punzantes **lágrimas,**
lágrimas de desprecio, lágrimas insultantes.

Te declaramos nuestro odio, magnífica ciudad.
A ti, a tus tristes y vulgarísimos burgueses,
a tus chicas de aire, caramelos y films americanos,
a tus juventudes *ice cream* rellenas de basura,
a tus desenfrenados maricones que devastan
las escuelas, la plaza Garibaldi,
la viva y venenosa calle de San Juan de Letrán.

Te declaramos nuestro odio perfeccionado a fuerza de
        sentirte cada día más inmensa,
cada hora más blanda, cada línea más brusca.
Y si te odiamos, linda, primorosa ciudad sin esqueleto,
no lo hacemos por chiste refinado, nunca por neurastenia,
sino por tu candor de virgen desvestida,
por tu mes de diciembre y tus pupilas secas,
por tu pequeña burguesía, por tus poetas publicistas,
¡por tus poetas, grandísima ciudad!, por ellos y su
        enfadosa categoría de descastados,
por sus flojas virtudes de ocho sonetos diarios,
por sus lamentos al crepúsculo y a la soledad interminable,
por sus retorcimientos histéricos de prometeos sin sexo
o estatuas del sollozo, por su ritmo de asnos en busca de
        una flauta.

Pero no es todo, ciudad de lenta vida.
Hay por ahí escondidos, asustados, acaso masturbándose.
varias docenas de cobardes, niños de la teoría,
de la envidia y el caos, jóvenes del "sentido práctico de
        la vida",
ruines abandonados a sus propios orgasmos,
viles niños sin forma mascullando su tedio,
especulando en libros ajenos a lo nuestro.
¡A lo nuestro, ciudad!, lo que nos pertenece,
lo que vierte alegría y hace florecer júbilos,
risas, risas de gozo de unas bocas hambrientas,
hambrientas de trabajo,

de trabajo y orgullo de ser al fin varones
en un mundo distinto.

Así hemos visto limpias decisiones que saltan
paralizando el ruido mediocre de las calles,
puliendo caracteres, dando voces de alerta,
de esperanza y progreso.
Son rosas o geranios, claveles o palomas,
saludos de victoria y puños retadores.
Son las voces, los brazos y los pies decisivos,
y los rostros perfectos, y los ojos de fuego,
y la táctica en vilo de quienes hoy te odian
para amarte mañana cuando el alba sea alba
y no chorro de insultos, y no río de fatigas,
y no una puerta falsa para huir de rodillas.

BORRADOR PARA UN TESTAMENTO

A Octavio Paz

Así pues, tengo la piel dolorosamente ardida de medio
        siglo,
el pelo negro y la tristeza más amarga que nunca.
No soy una lágrima viva y no descanso y bebo lo
        mismo
que durante el imperio de la Plaza Garibaldi
y el rigor en los tatuajes y la tuberculosis de la
        muchacha ebria.
Había un mundo para caerse muerto y sin tener con
        qué,
había una soledad en cada esquina, en cada beso;
teníamos un secreto y la juventud nos parecía algo
        dulcemente ruin;
callábamos o cantábamos himnos de miseria.
Teníamos pues la negra plata de los veinte años.
Nos dividíamos en ebrios y sobrios,
inteligentes e idiotas, ebrios e inteligentes,
sobrios e idiotas.
Nos juntaba una luz, algo semejante a la comunión, y
una pobreza que nuestros padres no inventaron
nos crecía tan alta como una torre de blasfemias.

Las piedras nos calaban. No nos calentaba el sol.
Una espiga nos parecía un templo
y en un poema cabía el universo del amor.
Dije "el amor" como quien nada dice o nada oye.
Dije amor a la alondra y a la gacela,
a la estatua o camelia que abría las alas
y llenaba la noche de dulce espuma.
He dicho siempre amor como quien todo
lo ha dicho y escuchado. Amor como azucena.
Todo brillaba entonces como el alma del alba.

¡Oh juventud, espada de dos filos! ¡Juventud
medianoche, juventud mediodía,
ardida juventud de especie diamantina!

2

Teníamos más de veinte años y menos de cien
y nos dividíamos en vivos y suicidas.
Nos desangraba el cuchillo-cristal de los vinos
        baratos.
Así pues, flameaban las banderas como ruinas.
Las estrellas tenían el espesor de la muerte.
Bebíamos el amor en negras tazas de ceniza.
¡Ay ese amor, ese olor, ese dolor!
Esa dolencia en pleno rostro, aquella fatiga
de todos los días, todas las noches.

Éramos como estrellas iracundas:
llenos de libros, manifiestos, amores desolados,
desoladamente tristes *a la orilla del mundo*
víctimas victoriosas de un
severo y dulce látigo de aura crepuscular.
Descubríamos pedernales-palabras,
dolientes, adormecidos ojos de jade
y llorábamos con alaridos de miedo
por lo que vendría después
cuando nuestra piel no fuera nuestra
sino del poema hecho y maltrecho,
del papel arrugado y su llama
de intensas livideces.

Después,
dimos venas y arterias,
lo que se dice anhelos,
a redimir al mundo cada tibia mañana;
vivimos
una lluvia helada de bondad.
Todo alado, musical, todo guitarras
y declaraciones, murmullos del alba,
vahos y estatuas, trajes raídos, desventuras.
Estaban todos —y todos construían su poesía.
Diría sus nombres si algunos de ellos
no hubiesen vuelto ya a la dorada tierra,
adorados, añorados cada minuto
—el minutero es de piedra, sol y soledad—;
entonces, no es a los vivos sino a mis muertos
a quienes doy mi adiós, mi para siempre.

A ellos y por ellos
y por la piedad que profeso
por el amor que me mata
por la poesía como arena
y los versos, los malditos versos
que nunca puede terminar,
dejo tranquilamente
de escribir
de maldecir
de orar
llorar
amar.

SIERRA DE GUANAJUATO

El bosque no me deja ver el árbol.
No el poderoso roble ni el haya pudorosa,
sino el que vuela hasta la nube
y toca las puertas de la lluvia:
el álamo, mi amor, el álamo
que desde ayer, hoy y mañana
deberá llamarse para siempre
alamor.

PEDRO MIR

República Dominicana, 1913. Importante poeta olvidado por las historias literarias y las antologías; sus libros más destacados son Hay un país en el mundo *(1949 y 1976) y* Contracanto a Walt Whitman *(1953). Ha publicado también ensayos de índole histórica y política. Su limpio, objetivo y elegante manejo del coloquio posee una actualidad sorprendente; Mir ha logrado darle una precisión clásica a la palabra oral. Al mismo tiempo, su orientación crítica y política se plasma en una noble resolución verbal. Una buena selección de su obra poética es* Viaje a la muchedumbre *(1972). Las invasiones norteamericanas de 1916 y de 1965 a la República Dominicana dieron pie a su último libro, una novela:* Cuando amaban las tierras comuneras *(1978).*

CONTRACANTO A WALT WHITMAN
[*Fragmento*]

Contracanto a un célebre poema de Walt Whitman publicado en 1855 con el título de *Canto a mí mismo (Song of myself)* que se inicia así:

"Yo, Walt Whitman, un cosmos,
un hijo de Manhattan. . ."

Yo,
    un hijo del Caribe,
precisamente antillano.
Producto primitivo de una ingenua
criatura borinqueña
                y un obrero cubano,
nacido justamente, y pobremente,
en suelo quisqueyano.
Recorrido de voces,
lleno de pupilas
que a través de las islas se dilatan,
vengo a hablarle a Walt Whitman,

un cosmos,
                    un hijo de Manhattan.
Preguntarán
                    ¿quién eres tú
                              Comprendo.
Que nadie me pregunte
quién es Walt Whitman.
Iría a sollozar sobre su barba blanca.
Sin embargo,
voy a decir de nuevo quién es Walt Whitman,
un cosmos,
                    un hijo de Manhattan.

(¡Oh, Walt Whitman de barba luminosa...!)
Era el ancho Far-West y el Mississippi y las
      Montañas
Rocallosas y el Valle de Kentucky
y las selvas de Maine y las colinas de Vermont
y el llano de las costas y más...
                                        Y solamente
faltaban los delirios del hombre y su cabeza.
      Solamente faltaba que la palabra
                                        mío
penetrara en las minas y las cuevas
y cayera en el surco y besara la Estrella
Polar. Y cada hombre
                    llevara sobre el pecho,
bajo el brazo, en las pupilas y en los hombros,
su caudaloso yo,
                    su permanencia
en sí mismo,
y lo volcara por aquel desenfrenado territorio.

y yo el pioneer y yo el lavador de oro
y yo Alvin, yo William con mi nombre y mi suerte de
      barajas,
y yo el predicador con mi voz de barítono
y yo la doncella que tengo mi cara
y yo la meretriz que tengo mi contorno
y yo el comerciante, capitán de mi plata
y yo
      el ser humano

en pos de la fortuna para mí, sobre mí,
detrás de mí.

                    Y con el mundo eterno
a mis pies, sometido a mi voz,
recogido en mi espalda   .
        y la estatura de la cordillera yo
        y las espigas de la llanura yo
        y el resplandor de los arados yo
        y las orillas de los arroyos yo
        y el corazón de la amatista yo
y yo
        ¡Walt Whitman,
                        un cosmos,
        un hijo de Manhattan. . .!

¡Secreta maravilla de una historia que nace. . .!
Con aquel ancho grito
fue construida una nación gigante.
Formada de relatos y naciones pequeñas
que entonces se encontraban como el mundo
entre dos grandes mares. . .
                            Y luego
se ha llenado de golfos, islotes y ballenas,
esclavos, argonautas y esquimales. . .
Por los mares bravíos
empezó a transitar el clíper yanqui,
en tierra se elevaron estructuras de acero,
se escribieron poemas y códigos y mármoles
y aquella nación obtuvo sus ardientes batallas
y sus fechas gloriosas y sus héroes totales
que tenían aún entre los labios
                            la fragancia
y el zumo
            de la tierra olorosa con que hacían su pan,
                su trayecto y su equipaje. . .
Y aquélla fue una gran nación de rumbos y albedrío.
Y el yo
        —la rotación de todos los espejos
sobre una sola imagen—
halló su prodigioso mensaje primitivo
en un inmenso, puro, territorio intachable
que lloraba la ausencia de la palabra
                mío.

Porque

 ¿qué ha sido un gran poeta indeclinable
 sino un estanque límpido
 donde un pueblo descubre su perfecto
  semblante?

¿Qué ha sido

  sino un parque sumergido
   donde todos los hombres se reconocen
   por el lenguaje?

¿Y qué

 sino una cuerda de infinita guitarra
  donde pulsan los dedos de los pueblos
  su sencilla, su propia, su fuerte y
  vaderadera canción innumerable?

Por eso tú, numeroso Walt Whitman, que viste y
 deliraste
la palabra precisa para cantar tu pueblo,
que en medio de la noche dijiste

      yo

y el pescador se comprendió en su capa
y el cazador se oyó en mitad de su disparo
y el leñador se conoció en su hacha
y el labriego en su siembra y el lavador
de oro en su semblante amarillo sobre el agua
y la doncella en su ciudad futura

      que crece y que madura

bajo la saya
y la meretriz en su fuente de alegría
y el minero de sombra en sus pasos debajo de la
 patria. . .
cuando el alto predicador, bajando la cabeza,
entre dos largas manos, decía

      yo

y se encontraba unido al fundidor y al vendedor
y al caminante oscuro de suave polvareda
y al soñador y al trepador
y al albañil terrestre parecido a una lápida
y al labrador y al tejedor
y al marinero blanco parecido a un pañuelo. . .
Y el pueblo entero se miraba a sí mismo
cuando escuchaba la palabra

      yo

y el pueblo entero se escuchaba en ti mismo
cuando escuchaba la palabra
		yo, Walt Whitman, un cosmos,
		¡un hijo de Manhattan. . .!
Porque tú eras el pueblo, tú eras yo,
y yo era la Democracia, el apellido del pueblo,
y yo era también Walt Whitman, un cosmos,
¡un hijo de Manhattan. . .!

Y un día,
en medio del asombro más grande de la historia,
pasando a través de muros y murallas
la risa y la victoria,
encendiendo candiles de júbilo en los ojos
y en los túneles y en los escombros,
¡oh, Walt Whitman de barba nuestra y definitiva!
Nosotros para nosotros, sobre nosotros
y delante de nosotros. . .
Recogeremos puños y semilleros de todos los pueblos
y en carrera de hombros y brazos reunidos
los plantaremos repentinamente
en las calles de Chile, de Ecuador y Colombia,
de Perú y Paraguay,
de El Salvador y Brasil,
en los suburbios de Buenos Aires y de La Habana
y allá en Macorís del Mar, pueblo pequeño y mío,
hondo rincón de aguas perdido en el Caribe,
donde la sangre tiene
cierto rumor de hélices quebrándose en el río. . .
¡Oh, Walt Whitman de estampa proletaria!
Por las calles de Honduras y el Uruguay.
Por los campos de Haití y los rumbos de Venezuela.
En plena Guatemala con su joven espiga.
En Costa Rica y en Panamá.
En Bolivia, en Jamaica y dondequiera,
dondequiera que un hombre de trabajo
se trague la sonrisa,
se muerda la mirada,
escupa la garganta silenciosa
en la faz del fusil y del jornal.
¡Oh, Walt Whitman!
Blandiendo el corazón de nuestros días delante de nosotros,
nosotros y nosotros y nosotros.

¿Por qué queríais escuchar a un poeta?
Estoy hablando con unos y con otros.
Con aquellos que vinieron a apartarlo de su pueblo,
a separarlo de su sangre y de su tierra,
a inundarle su camino.
Aquellos que lo inscribieron en el ejército.
Los que violaron su barba luminosa y le pusieron un
     fusil
sobre sus hombros cargados de doncellas y pioneros.
Los que no quieren a Walt Whitman el demócrata,
sino a un tal Whitman atómico y salvaje.
Los que quieren ponerle zapatones
para aplastar la cabeza de los pueblos.
Moler en sangre las sienes de las niñas.
Desintegrar en átomos las fibras del abuelo.
Los que toman la lengua de Walt Whitman
por signo de metralla,
por bandera de fuego.
¡No, Walt Whitman, aquí están los poetas de hoy
levantados para justificarte!
"—¡Poetas venideros, levantaos, porque vosotros
     debéis justificarme!"
Aquí estamos, Walt Whitman, para justificarte.
Aquí estamos
          por ti
               pidiendo paz.
La paz que requerías
para empujar el mundo con tu canto.

Aquí estamos
               salvando tus colinas de Vermont,
tus selvas de Maine, el zumo y la fragancia de tu
     tierra,
tus guapos con espuelas, tus mozas con sonrisas,
tus rudos mozalbetes camino del riachuelo.
Salvándolos, Walt Whitman, de los traficantes
que toman tu lenguaje por lenguaje de guerra.
¡No, Walt Whitman, aquí están los poetas de hoy,
los obreros de hoy, los pioneros de hoy, los
     campesinos
de hoy,
          firmes y levantados para justificarte!

106

¡Oh, Walt Whitman de barba levantada!
Aquí estamos sin barba,
sin brazos, sin oído,
sin fuerzas en los labios,
mirados de reojo,
rojos y perseguidos,
llenos de pupilas
que a través de las islas se dilatan,
llenos de coraje, de nudos de soberbia
que a través de los pueblos se desatan,
con tu signo y tu idioma de Walt Whitman
aquí estamos
en pie
para justificarte,
¡continuo compañero de Manhattan!

PABLO ANTONIO CUADRA

Managua, 1912. Ha publicado los siguientes libros: Poemas
nicaragüenses *(1934),* Canto temporal *(1943),* Libro de horas
(1964), Poemas con un crepúsculo a cuestas *(1949),* La tierra
prometida *(1952),* Elegías *(1957),* El jaguar y la luna *(1959),*
Zoo *(1962),* Poesía *(selección, 1964),* Noche de América para
un poeta español *(1965),* Personae *(1968),* Poesías escogidas
(1968), Cantos de Cifar *(1971),* Doña Andreíta y otros re-
tratos *(1971),* Mayo *(1974),* Tierra que habla *(antología,
1974),* Esos rostros que asoman en la multitud *(1976),* Apo-
calipsis con figuras *(1977),* La ceiba *(1978); se está publi-
cando en Costa Rica su* Obra poética *completa, planeada
en 15 tomos. En esta amplia obra Cuadra ha explorado
los paisajes acuáticos de su país, la tradicion histórica y
legendaria, el habla popular y festiva, los árboles tutela-
res y la mitología nativa, y lo ha hecho con una palabra
comunicativa y plástica, capaz de hacernos ver y escuchar
la presencia y el canto de un mundo humanizado por la
poesía.*

UNA NUEVA CERÁMICA INDIA

Los viejos signos
pintados en el barro
se olvidaron. Largos
siglos cayó sobre nosotros
la ignominia. Largos
olvidos, el tiempo.
                    Entonces
vino un hombre
con su mecapal lleno de ollas
—Esta tinaja tiene
un signo nuevo —dijo
y la alcé en las manos
y vino el llanto

a mis ojos: el signo
estaba escrito
con la sangre del pueblo.

ESCRITO JUNTO A UNA FLOR AZUL

"Temo trazar el ala del gorrión
porque el pincel no dañe
su pequeña libertad."
                   Anote
el poderoso esta ley del maestro
cuando legisle para el débil.
                        Escuche
este adagio del alfarero la muchacha
cuando mis labios se acerquen.

ROSTROS DE MUCHACHAS MIRÁNDOSE EN EL RÍO

Contemplo en el tiempo fugaz
de la corriente mi faz inmóvil. El río
del Este acarrea los muertos, mas la vida
guarda en su espejo transeúnte.
     Mañana escucharás mi canto
en labios de muchachas
que bajarán
al río.
       Y en las aguas del Este
se asomarán los rostros
que hoy en mi canción se asoman. . .

URNA CON PERFIL POLÍTICO

El caudillo es silencioso
(dibujo su rostro silencioso).

El caudillo es poderoso
(dibujo su mano fuerte).

El caudillo es el jefe de los hombres armados
(dibujo las calaveras de los hombres muertos).

EL CACAO

A Juan Aburto

Lo bebían con flores.

En xícara pulida, batido con molinillo hasta levantar
        espuma.
Era como beber la tierra: un trago
            amargo
            y dulce.
Linneo lo llama "Theobroma": manjar de dioses.
Oviedo, el Cronista, lo encuentra: "precioso y sano"
"E dicen los indios que bebido el cacao en ayunas, no hay
        víbora o serpiente que los pique".
Pero Benzoni, el italiano, lo rechaza: "Más bien parece
        un brebaje para perros que para hombres."
Colón encuentra en su ruta una gran canoa con indios
        transportando cacao.
Los lejanos caciques del Caribe trocaban oro y jade por
        almendras.
Ana de Austria lleva en sus nupcias a la Corte de Francia
        la fragante bebida.
Y el Doctor Juan de Cárdenas —médico de Virreyes—
        descubre que es bebida contradictoria:
—"Fría, seca, terrestre y
melancólica, como también aérea, blanda, lenitiva y
        amorosa"
Por eso Madame de Sevigné, moviéndose como una gaviota
        en su salón bebe en la fina taza de porcelana y
        sentencia:
        "Esta bebida actúa según los deseos de quien la
        toma."
Y el reverendo Bruce, en Londres, sorbe puritano un trago
        de chocolate y opina:
        —"Es un enardecedor romántico más peligroso que
        una novela."
No es con vino sino con tiste que brinda el Güegüence.

110

Ahora somos materia prima. Los precios del Cacao en las
pizarras de la bolsa de Wall Street.
Y Ezra, en su canto: "Con usura el campesino no consume
su propio grano."
El cacique don Francisco Nacatime dijo a su hijo:
—"¿Quieres ser rico?— Siembra tu palito de cacao."
Pero murió pobre. El árbol
juega con sus hojas alternas (ovaladas y grandes),
luego se cubre, como de estrellas, de inflorescencias
laterales (miles de pequeñas flores rojizas o amarillas).
Y las flores caen y sólo de unas pocas nacen sus "grandes
mazorcas
verdes e alumbradas de roxo"
con cinco celdas de semillas
o almendras envueltas en una pulpa jugosa.
Pero es árbol exigente. Y delicado.
"No vive sino en lugar cálido y umbroso
y de tocarlo el sol se moriría."
Por eso siembran siempre un árbol a su lado —el
Madrecacao—,
que lo cubre con su sombra gigante como un ángel.
Porque es uno de los árboles del Paraíso
y requiere —como la libertad— un cultivo laborioso
y permanente.
Su nombre viene de "caua", tardarse, y "ca-caua" es
tardarse mucho
porque no es planta silvestre sino un don de Quetzalcóatl
a los pueblos que escogieron la libertad.
Antes del Tolteca y del Maya
Cuando Quetzalcóatl no era dios sino un hombre entre
nosotros
Cuando no se inmolaban hombres sino flores y mariposas
a los dioses
Quetzalcóatl nos dijo: "Somos pueblo en camino"
y nos dio el pinol —que se hace del maíz—
y nos dio el tiste —que se hace del cacao y del maíz—:
bebidas para pueblos peregrinos.
Porque esta es tierra de transterrados.
Gentes que sólo llamamos Patria a la libertad.
Pero vinieron los nahuas.
Voy cruzando caminos donde los tractores

desentierran ollas funerarias. Allí quedaron sus huesos.
(—Abuelo: traes a cuestas la memoria de tu pueblo y es
pesada como una fardo de piedras.)
Aquí quedaron sus huellas. Toltecas. Pueblo de artífices.
Fragmentos de un ánfora policromada tan exquisita
como una urna griega.
(—Abuelo ¿qué fuego encienden tus pedernales?) Y leo
en el Libro de los Orígenes, en los anales de los hijos de
Tula:
Año 1 Acatl. Año del llanto.
Cayeron sobre nuestras tierras los Olmecas.
Fuertes yelmos de cuero cubrían sus cabezas,
gruesas corazas de algodón cubrían sus pechos
lluvias de flechas cubrían como un toldo su avance
pelotones con macanas seguían a los flecheros
y a la retaguardia rechonchos enanos con cuchillos de
obsidiana
brotaban de la tierra exterminando a los vencidos.
Y ya no habían páginas en nuestros libros para escribir
nuestra historia
sino la lista interminable de nuestros tributos:
Cien gallinas por tribu más cien cargas de cacao
Cien cargas de algodón más cien cargas de plumas
Cien cargas de maíz y 20 piedras de jade
Y cien piezas de loza y 20 piezas de oro.
Y los hijos de Tula comían lagartijas y gusanos.
Y esperaban la noche y unos a otros se decían:
—¿Hemos castrado al sol que ya no alumbra?
Y fueron al templo y ayunaron
y sangraron sus miembros
y con lágrimas y sangre interrogaron a sus dioses
y los dioses les ordenaron partir.

Así emprendieron su éxodo los de la lengua nahua.
—*"Encontraréis una Mar dulce al sur*
que tiene a la vista una isla de dos volcanes."
Y bajaron los exilados.
Bajaban buscando la tierra prometida.
Y ahí donde llegaban, los pueblos los rechazaban.
—¿Quiénes son éstos? se preguntaban.
—¿Conocemos acaso sus rostros? ¿No llevan en sus pechos
un corazón extranjero?

Y los Mayas los atacaron con sus cuchillos de Zaquitoc.
Y los Cachiqueles los atacaron con sus mazos de Guayacán.
Y los Sutiavas les dieron batalla con sus dardos de
    Huiscoyol.
Y las guerras fueron produciendo jefes guerreros.
Y los jefes guerreros instituyeron al Gran Jefe.
Y el Gran Jefe no pisaba el suelo - le tendían mantas.
Y la tiranía de los Olmecas les parecía pálida
comparada con la tiranía de Ticomega, el viejo
a quien sucedió Ticomega, el joven
a quien sucedió Ticomega, el nieto

Ahora estamos en la tierra de los lagos
También nosostros fuimos peregrinos. Fuimos
emigrantes y estas tribus llegan cansadas.
Duelen sus lamentos en el corazón de los Chorotegas.
"¡Traemos heridos y enfermos!" —nos lloran. Son
    mexicanos.
Son toltecas. Son artistas en el barro y en la piedra.
Son maestros en el arte plumario.
Tocadores de ocarina. Orfebres.
Conocedores de los astros.
Y entonces les damos cargadores para que se ayuden.
Les damos nuestros guerreros para que carguen sus cargas.
—"Van de paso", nos dicen. Pero llega la noche
Y entonces con su lengua de pájaros los nahuas imitan
    al búho.
Y cantalean: "Tetec - Tetec" (cortar, cortar)
Y los otros responden: "Iyollo - Iyollo" (corazones,
    corazones)
Y esta fue la señal y cayeron sobre los cargadores
Y luego que los pasaron a cuchillo cayeron sobre nosotros
Y nos despojaron de lo mejor de nuestras tierras —¡todo
    el sur del cacao!—
Y apenas fueron dueños de sus árboles
usaron sus semillas como moneda.
No bebió el pueblo ya más el cacao
—Sólo los teytes, los gamonales,
sólo los ricos señores y los jefes guerreros—
"E la gente común no osa ni puede usar para su gana o
    paladar aquel brebaje
porque no es más que empobrecer adrede

e tragarse la moneda."
Y se vende un conejo por 10 almendras
Y por 2 almendras se adquiere una paloma
Y el valor de un esclavo es 100 almendras.
Y una mujer vende su cuerpo por 10 cacaos.

"Quiero decir que ninguna cosa hay que no se venda."

Cacao:
dólar
    vegetal.

ALBERTO GIRRI

Buenos Aires, 1919. Con un lenguaje analítico, Girri ha explorado áreas de la conciencia, la experiencia del arte, la condición moderna, el entresueño y la vida cotidiana; y lo ha hecho con agudeza intelectual y laconismo. Sus libros son Playa sola *(1946),* Coronación de la espera *(1947),* Trece poemas *(1949),* El tiempo que destruye *(1951),* Escándalo y soledades *(1952),* Línea de la vida *(1955),* La penitencia y el mérito *(1957),* Propiedades de la magia *(1959),* La condición necesaria *(1960),* Elegías italianas *(1962),* El ojo *(1965),* Poemas elegidos *(1965),* Envíos *(1966),* Casa de la mente *(1968), además de varias compilaciones y antologías de poesía traducida.*

LLAMAMIENTO

El cazador
que dentro de mí
atisba
y tiende emboscadas,
y excava fosos
atrapando
lo que cae en ellos,
y cuenta sus presas
cuando el viejo sol
termina su paseo,
y se deja husmear
después de la caza
por hienas y chacales,
perros salvajes,
demonios
que piden carroña
e imitan
con aullidos y graznidos
la voz de los muertos,

no es
tan sólo mis impulsos
de destrucción y pánico,
de él
me viene a la memoria ancestral
de la desobediencia
al espíritu vivificante,
el gusto desdichado
de la persecución.

> Yo no soy
> ni bueno ni malo
> por esencia
> sino por participación,
> cómo no reconoces, mi huésped,
> que no quiero asimilar tus rasgos
> más allá de la vigilia.
> Yo te guardo,
> yo te cuido,
> deja en paz mis noches.

PASCAL

Casi ninguna verdad,
el vacío
para sentirte seguro
contra la historia,
apóstata
por aconsejar la inconstancia,
la fatiga extrema,
la tempestad,
aunque los hombres no las amen,
por juzgarnos míseros
y tener tan alta idea de ti
que no quieres
compartir nuestras debilidades,
por ser tú mismo endeble
y admirar las moscas,
extrañas potencias
que ganan todas las batallas,

perturban el alma,
y devoran el resto,
por sustraerte al destino común
asomándote al abismo,
tu abismo, a tu izquierda,
y orar con un largo grito de terror,
por cerrarte a la caridad
mientras velas, implacable,
y exiges
que en esa Agonía
que durará hasta el fin del mundo
nadie se duerma,
por haberte ofrecido a Dios
tras anunciar que en todas partes
la naturaleza señala a un Dios perdido.

Casi ninguna verdad,
el vacío
y el morir solos
debajo de un poco de tierra.
Tuviste razón,
qué necios son estos discursos.

ELEGÍA DE LA COSTA

Dos veces al año
florecen tus rosas,
y dos veces
la ceniza en el cacto,
las fases de la lluvia.

¿Te importará
que deseche tal imagen,
modelo, verso heredado,
para que nuestros ojos bendigan
el equilibrio,
y urda en cambio, al tocarte,
un desafío a lo perdido, el fantasma
de tu opulencia, la sombra
helénica que viene del mar, trae el fuego,

117

la profecía, el templo, la sórdida apoteosis
del comercio y del arte?

¿Te modifica, rompe
el quieto, eternizado paisaje
de arbustos
el aliento
del que sin dejarse detener
por la dorada promesa del verano
atisba en tus facciones,
despojos
cuya gloria
duerme al sol, obstinada,
inmune al incendio?

Dos veces al año
mi hogar entre rosas, oh presencia
de un hogar que tus dioses borraron.
Dos veces
la nostalgia
ensombreciendo, aplastando rosas.

¿Te disminuye, tibia Paestum,
que este sea mi pago? ¿Tomarás el poema
como algo menos efímero
que el momento de dejarte?

EL OJO

Desborda arrastrando
el fuego que esconde nuestro seno
y hacer arder los vestidos,
fuerza
del singular evento
bajo la luna,
fornicador
bajo la luna de la cosecha
y con los que ruedan por las mieses,
el ojo
nunca separado de la tierra,

que curiosea, rige,
pone en servidumbre a Lot
y a la entera región
cercana a Sodoma,
el ojo de los Tolomeo
propiciando el sagrado
casamiento entre hermanos,
el ojo
en la fría soberbia de Platón
cuando descarta a las mujeres
por incapaces de amor intelectual,
el ojo sobre Roma,
y el de Roma en el bárbaro,
el ojo
nutriendo la mirada del cátaro
y la de Abelardo,
el de Lutero, demoniaco,
y el ojo de Rousseau
abstraído
con la imperfección interna,
ojo
que simuló ignorar
la hermosura ajena,
el barroco
atractivo del paisaje,
y Malthus,
aquella fanática
indignación del ojo
contra los mismos pobres
a quienes indujo a procrear.

Mar
que hasta la eternidad mantiene en sí
los desechos,
el ojo
depositario
de la antigua voz del cuervo,
no del antiguo gemido de la paloma,
no el Ojo
omnipotente, fijo,
encerrado en un triángulo.

ARTE POÉTICA

Un elemento de controversia
que nos lleve a lo paradojal
tras cada línea, cada pausa;
la ambigüedad a expensas de la convención.

Una premisa constante, la duda,
indagando en la realidad,
buscándola fuera del contexto;
la materia a expensas del lenguaje.

Una síntesis intransferible y bella
con ánimos, bestias, escrituras,
profanados sub specie aeternitatis;
la imaginería a expensas de tormentos.

Una teología creadora de objetos
que se negarán a ser hostiles a Dios.

VISITANTES ILUSTRES

　　　Supongamos
que en la casa de tu mente
aparece Monet,
　　　　　　　　paseándose
desde la hora del día que nace,
considerando el exacto
sentir del aire,
la temperatura, el renovado
deslizarse de la luz,
　　　　y tú
atento a su respiración,
contenida para no herir
los paisajes que crea,
crea y estudia, estudia.

Una leve
vuelta sobre ti mismo
y ya habrá otro, ahora un viejo,

quizás el rostro burlado
del caballero de Seingalt, ruinas
de aquel vigoroso ejemplar,

        Casanova
desahogándose con blasfemias, soliloquios
que recomponen intrigas, seducciones.

Y de nuevas vueltas
nuevas presencias, algunas
más perversas,
difíciles de expulsar,
tenazmente aferradas, molestas.

En la casa de tu mente,
donde puedes, asimismo,
darles ánimo, órdenes,
someterles cuestiones
y responderles,
y que no es
enemiga de nadie
ni amiga parcial de nadie,
y que te empuja,
sólo te exige
recibir sus visitas
como una de ellas, William Blake,
aceptaba la imaginación,

       al pie de la letra.

CÉSAR FERNÁNDEZ MORENO

Buenos Aires, 1919-1985. La narración coloquialista de su Argentino hasta la muerte *distingue su exploración del decir urbano para dilucidar con el habla diaria la temporalidad cotidiana y la historia. Sus libros son* Gallo ciego *(1940),* Veinte años después *(1953),* Sentimientos *(1961),* Argentino hasta la muerte *(1963),* Los aeropuertos *(1967), y las antologías* Sentimientos completos *(1981) y* Buenos Aires me vas a matar *(1971). Ha publicado, asimismo, varios tomos de ensayos, entre ellos el importante balance* La realidad y los papeles *(1967).*

ARGENTINO HASTA LA MUERTE
[*Fragmento*]

> He nacido en Buenos Aires,
> ¡qué me importan los desaires
> con que me trata la suerte!
> Argentino hasta la muerte,
> he nacido en Buenos Aires.
>
> GUIDO Y SPANO, 1895

a Buenos Aires la fundaron dos veces
a mí me fundaron dieciséis
ustedes han visto cuántos tatarabuelos tiene uno
yo acuso siete españoles seis criollos y tres franceses
el partido termina así
combinado hispanoargentino 13 franceses 3
suerte que los franceses *en principe* son franceses
si no qué haría yo tan español
nací por fin hermanos
en esta dulce amarga picante insípida tierra argentina
nacía en Chascomús en Buenos Aires
nací en tantos lugares casi todos con agua

122

cuando empezó mi desarrollo se acabó el del país
un hija me nació de cada oreja
fallecí en una playa de Vigo
nazco de nuevo cada vez que amo
me naceré en París con lluvia fina
porque yo hermanos igual que Buenos Aires
no estaba aquí me trajeron de Europa
me trajeron por piezas
primero una mitad la otra dos siglos después
tengo entonces dos piernas como desparejas
una pisa el abismo de malones y humo
otra un muelle reciente sobre el río de barro
abierto así en el tiempo camino rengueando
y bueno soy argentino

a mi abuelo más histórico lo mandó Carlos el Hechizado
le ordenó respirar estos aires no aquéllos
porque el tipo según dice mi tío Mario
se apuntaba cierta dama de la corte
contra los mejores derechos de su majestad
excelente medida del buen rey
aquí las ñustas no eran problemas
fue así como ese abuelo españolísimo gauchísimo
fundó una dinastía de capitanes de frontera
es decir de terratenientes
es decir de políticos conservadores
doña Agustina la pegó en gran forma
al casarse con un tal Ortiz de Rozas
pero después la cosa fue poniéndose fea
las mesas de caoba se fueron enchapando
los picos de gas quedaron abandonados entre los caireles
y sobrevino la era del querosén
entonces es claro muera la caoba maciza
y viva el querosén ese combustible tan distinguido
al final a mamá la arreglaron con quinientas hectáreas
y bueno soy argentino

Napoleón y un ejército de abuelos franceses
quisieron invadir España pobre d'eyo
pero hubo una española que se dejó
invadir ella sí por el mío
produciéndose a la larga una niñita

con quien vino a casarse mi español más reciente
el abuelo de quien desciendo más
el verdadero Baldomero
el que cambió su huerta de Bárcena por una ropería en
   la avenida de Mayo
y dale al por mayor algo muy simple
comprar a tánto vender a cuánto
el estado gendarme vigilaba sin mucho entusiasmo
este mundo era nuevo qué fácil ponerse las ofrecidas botas
también era fácil arruinarse dejar a la familia entre
   cachivaches
pero no era tan fácil ser el padre del gran poeta
y sin embargo se le dio
tampoco era fácil ser el hijo del gran poeta
y sin embargo se me dio
El hijo por Baldomero Fernández
puro por cruza con la Negrita López
ella no se veía
él clausuraba el horizonte
cada paso que doy se me caen encima setenta balcones
ustedes dirán acabala con el viejo
pero cómo dejar de ser overo de tal tigre
disculpen la riqueza
las telas de mi abuelo las recibí en palabras
ahora con mi tesoro voy cruzando la pampa
atravesando las calles desiertas con los bolsillos rebosantes
   de piedras preciosas
y bueno soy argentino

así engrendrado y concebido
me muevo como buzo ágil a distintas alturas de la sociedad
como avión con base bien situada y mucha autonomía de
   vuelo
tengo suficiente confianza con el boy Julito
pero soy uno más entre los pibes que vivían en los ranchos
   junto a la laguna
yo les prestaba mi bicicleta importada una vuelta a la
   manzana a cada uno
yo no fumaba ni decía malas palabras ni amenazaba con
   ir al prostíbulo
tampoco iba al catecismo como ellos
yo creía que el padrenuestro no era nada más que un tango

pero todos barajábamos los mismos cubitos de mármol
　　　sobre el dorso de la misma mano
pero todos mordíamos los mismos damascos sobre los
　　　mismos techos de cinc
todos éramos iguales ante la ley y bajo el farol de la esquina
ese provinciano mediador entre el cielo de oro y la calle de
　　　tierra
oscilante a la altura de las hojas más claritas de los plátanos
rodeado por un halo de insectos predispuestos a la muerte
　　　rápida
todos éramos iguales iluminados así desde arriba
arrastrando las zapatillas en el colchón de polvo del verano
así soy de todas esas maneras
guerrero campesino comerciante poeta perhaps
español francés indio casi seguro
rico pobre de todas las clases y de ninguna
y bueno soy argentino

ma de qué argentino me estás hablando
qué clase de argentino sos vos que no sos italiano
pa'ser bien argentino tenés que ser semita
momentito momentito que yo soy del Moreno
sí yo simulé educarme en ese colegio nacional
una dos y tres el Moreno otra vez
allí aprendí el eppur de Galileo y la pizza de Tuñín
no es cierto Gennarelli Robiglio
allí me amontoné con esos otros argentinos de perfil asirio
　　　o bereber
no es cierto Grosman Paley
y todo era lo mismo todos gritábamos cuando pasaba
　　　cualquier mujer
no es cierto *Robiglioman Grosmicelli*
a todos nos deleitaban la banana split y las memorias de la
　　　princesa rusa
todos pusimos un poco de fuerza en aquella piña
　　　panamericana de Luis Ángel Firpo
pero todos malogramos nuestra chance frente al malvado
　　　Billy Petrolle
todos nos quemamos con Carlitos Gardel
pero todos resucitamos con Juan Manuel Fangio
cinco veces campeón mundial el más grande de los
　　　argentinos si todas las actividades fueran lo mismo

pero nuestra **única religión verdadera** era el fútbol
todos rezábamos de memoria aquel rosario de once cuentas
que comenzaba Bosio Bidoglio y Paternoster
y así con unción hasta acabar en el punzante wing izquierdo
y todavía nos disolvemos todos en las tribunas
hoy que el progreso cambió los tablones de madera por
      el cemento seguro y seguido
donde la multitud que viene tempranito para encontrar
      sitio entre sí misma
encarcelada por sí misma
no tiene más remedio que orinar contra sí misma
pero el asunto ya no cae abajo sino que desciende
      armoniosamente grada por grada y uno ya no se
      puede sentar qué macana
y bueno soy argentino

también conozco a fondo los rulemanes de la burocracia
yo manejaba un afilalápices hasta una máquina de calcular
      fíjensé
un ascenso para nosotros era tan emocionante como el
      galope final de un western
también soy abogado
es la manera más intensa de ser argentino
demandaos los unos a los otros
dos o tres argentinos no son abogados
me refiero a los escribanos
pero nadie está nunca en su despacho
nunca está porque nunca es
cómo ser argentino sin una secretaria
por favor dónde están dónde son los argentinos
el médico está haciendo política
el empleado está haciendo tiempo
el abogado está haciendo versitos ¿no ven?
en rigor nadie tiene profesión
somos argentinos de profesión
hay tan pocos antecedentes es facilísimo parecer hábil
se puede hacer cualquier cosa con la zurda
y de pronto alguno se da cuenta
rectifico *procede a darse cuenta* el idioma argentino dice
      las cosas pero largas
y entonces las murallas se le vuelven tabiques de madera
      terciada

al tipo no le queda de dónde agarrarse salvo de su propia
      corbata
te avivaste *gallo ciego* pero no tenés ni lenguaje
te la vas a armar Mallarmé
qué vavaché Jacques Vaché
what do you think cholito
qué sería de mí sin la máquina de escribir
ella me expresa tan bien sobre todo cuando se equivoca
estoy *candaso agodato* diré más *exhasuto*
ay de mí cómo se pronuncian algunos actores de cine
vos usté tú ta te ti corasón corazón qué vas a hacerle
      hacelle
bla bla bla si no sabes ni siquiera sabés quién sos eres
batime che Keyserling
Orteguita pasame el dato
eh bien je suis argentin

observaréis marquéis
que hablo bastante de mis tatarabuelos
de mi educación de mi contorno social de mis angustiosos
      problemas lingüísticos
pero nada digo de mis virtudes y mis vicios
pero ñato please
lo ético lleva de cajón a lo político
no les voy a dar el gusto a los rayados ni a los orejanos
argentino señor
nosotros somos así vivos esencialmente
en nuestro suelo se acomodan veinte millones de habitantes
preferimos las agachadas a los levantamientos
eso lo decís por mí a que no sos capaz de repetirlo
necesitamos que nos insulten dos veces
entonces casi nos agarramos a cachetazos
necesitamos un amigo que nos separe
pero decile que donde lo encuentre le voy a romper el alma
necesitamos que el azar se pliegue a nuestra venganza
queremos encontrar no buscar
que busquen los foráneos petróleo o lo que sea
pero nos la sabemos rebuscar
lo importante es postergar la responsabilidad
muchachos me estoy trabajando una mina fenómena
ojalá no venga a la cita
tengo una pila de trabajo atrasado

ojalá decreten feriado el viernes
vos no te preocupés dejalo todo en mis manos
mañana a las siete y diez te tengo listo el asunto sin falta
y después pasamos de la extrema precisión a la extrema
vaguedad
vos esperate ya veremos hay tiempo
y cuando ya no hay tiempo cuando el tiempo nos
abandona se sacude de nosotros harto ya de ser
prometido en vano
entonces venga la gran biaba de trabajo
o mejor la rica improvisación la socarrona payada
en una de ésas la pegamos por qué no
entonces agradecemos conmovidos los aplausos de
nuestra barrita particular
chas gracias chas gracias con las manos juntas más arriba
de nuestros parietales
y bueno soy argentino

NICANOR PARRA

Santiago de Chile, 1914. Sus libros son: Cancionero sin
nombre *(1937),* Poemas y antipoemas *(1954),* La cueca lar-
ga *(1958),* Versos de salón *(1962),* Canciones rusas, Obra
gruesa *(que reúne su poesía, 1969),* Sermones y prédicas
del Cristo de Elqui *(1977) y* Nuevos sermones y prédicas
del Cristo de Elqui *(1979). l no de los grandes renovado-
res de la poesía latinoamericana, por su antilirismo y su
inserción en las dicciones populares. La teoría del "anti-
poema" hace converger la crítica materialista de Brecht
con la lengua oral, el humor paradójico kafkiano y absur-
dista con el coloquio festivo y la confesión clínica. Esa ri-
ca elaboración sostiene la intensa referencialidad de su
palabra inmediata.*

EL TÚNEL

Pasé una época de mi juventud en casa de unas tías
A raíz de la muerte de un señor íntimamente ligado a ellas
Cuyo fantasma las molestaba sin piedad
Haciéndoles imposible la vida.

En el principio yo me mantuve sordo a sus telegramas
A sus epístolas concebidas en un lenguaje de otra época
Llenas de alusiones mitológicas
Y de nombres propios desconocidos para mí
Varios de ellos pertenecientes a sabios de la antigüedad
A filósofos medievales de menor cuantía
A simples vecinos de la localidad que ellas habitaban.

Abandonar de buenas a primeras la universidad
Romper con los encantos de la vida galante
Interrumpirlo todo
Con el objeto de satisfacer los caprichos de tres ancianas
     histéricas

Llenas de toda clase de problemas personales
Resultaba, para una persona de mi carácter,
Un porvenir poco halagador
Una idea descabellada.

Cuatro años viví en El Túnel, sin embargo,
En comunidad con aquellas temibles damas
Cuatro años de martirio constante
De la mañana a la noche
Las horas de regocijo que pasé debajo de los árboles
Tornáronse pronto en semanas de hastío
En meses de angustia que yo trataba de disimular al
      máximo
Con el objeto de no despertar curiosidad en torno a mi
      persona,
Tornáronse en años de ruina y de miseria
¡En siglos de prisión vividos por mi alma
En el interior de una botella de mesa!

Mi concepción espiritualista del mundo
Me situó ante los hechos en un plano de franca inferioridad:
Yo lo veía todo a través de un prisma
En el fondo del cual las imágenes de mis tías se entrelazaban
      como hilos vivientes
Formando una especie de malla impenetrable
Que hería mi vista haciéndola cada vez más ineficaz.

Un joven de escasos recursos no se da cuenta de las cosas.
Él vive en una campana de vidrio que se llama Arte
Que se llama Lujuria, que se llama Ciencia
Tratando de establecer contacto con un mundo de relaciones
Que sólo existen para él y para un pequeño grupo de amigos.

Bajo los efectos de una especie de vapor de agua
Que se filtraba por el piso de la habitación
Inundando la atmósfera hasta hacerlo todo invisible
Yo pasaba las noches ante mi mesa de trabajo
Absorbido en la práctica de la escritura automática.

Pero para qué profundizar en estas materias desagradables
Aquellas matronas se burlaron miserablemente de mí
Con sus falsas promesas, con sus extrañas fantasías

Con sus dolores sabiamente simulados
Lograron retenerme entre sus redes durante años
Obligándome tácitamente a trabajar para ellas
En faenas de agricultura
En compraventa de animales
Hasta que una noche, mirando por la cerradura
Me impuse que una de ellas
¡Mi tía paralítica!
Caminaba perfectamente sobre la punta de sus piernas
Y volví a la realidad con un sentimiento de los demonios.

LOS VICIOS DEL MUNDO MODERNO

Los delincuentes modernos
Están autorizados para concurrir diariamente a parques
        y jardines.
Provistos de poderosos anteojos y de relojes de bolsillo
Entran a saco en los kioskos favorecidos por la muerte
E instalan sus laboratorios entre los rosales en flor.
Desde allí controlan a fotógrafos y mendigos que
        deambulan por los alrededores
Procurando levantar un pequeño templo a la miseria
Y si se presenta la oportunidad llegan a poseer a un
        lustrabotas melancólico.
La policía atemorizada huye de estos monstruos
En dirección del centro de la ciudad
En donde estallan los grandes incendios de fines de año
Y un valiente encapuchado pone manos arriba a dos
        madres de la caridad.

Los vicios del mundo moderno:
El automóvil y el cine sonoro,
Las discriminaciones raciales,
El exterminio de los pieles rojas,
Los trucos de la alta banca,
La catástrofe de los ancianos,
El comercio clandestino de blancas realizado por sodomitas
        internacionales,
El auto-bombo y la gula
Las Pompas Fúnebres

Los amigos personales de su excelencia
La exaltación del folklore a categoría del espíritu,
El abuso de los estupefacientes y de la filosofía,
El reblandecimiento de los hombres favorecidos por la
    fortuna
El auto-erotismo y la crueldad sexual
La exaltación de lo onírico y del subconsciente en desmedro
    del sentido común,
La confianza exagerada en sueros y vacunas,
El endiosamiento del falo,
La política internacional de piernas abiertas patrocinada
    por la prensa reaccionaria,
El afán desmedido de poder y de lucro,
La carrera del oro,
La fatídica danza de los dólares,
La especulación y el aborto,
La destrucción de los ídolos,
El desarrollo excesivo de la dietética y de la psicología
    pedagógica,
El vicio del baile, del cigarrillo, de los juegos de azar,
Las gotas de sangre que suelen encontrarse entre las
    sábanas de los recién desposados,
La locura del mar,
La agorafobia y la claustrofobia,
La desintegración del átomo,
El humorismo sangriento de la teoría de la relatividad,
El delirio de retorno al vientre materno,
El culto de lo exótico,
Los accidentes aeronáuticos,
Las incineraciones, las purgas en masa, la retención de
    los pasaportes,
Todo esto porque sí,
Porque produce vértigo,
La interpretación de los sueños
Y la difusión de la radiomanía.

Como queda demostrado, el mundo moderno se compone
    de flores artificiales,
Que se cultivan en unas campanas de vidrio parecidas a
    la muerte,
Está formado por estrellas de cine,
Y de sangrientos boxeadores que pelean a la luz de luna,

Se compone de hombres ruiseñores que controlan la vida
económica de los países
Mediante algunos mecanismos fáciles de explicar;
Ellos visten generalmente de negro como los precursores
del otoño
Y se alimentan de raíces y de hierbas silvestres.
Entretanto los sabios, comidos por las ratas,
Se pudren en los sótanos de las catedrales,
Y las almas nobles son perseguidas implacablemente por
la policía.

El mundo moderno es una gran cloaca:
Los restoranes de lujo están atestados de cadáveres
digestivos
Y de pájaros que vuelan peligrosamente a escasa altura.
Esto no es todo: Los hospitales están llenos de impostores,
Sin mencionar a los herederos del espíritu que establecen
sus colonias en el ano de los recién operados.

Los industriales modernos sufren a veces el efecto de la
atmósfera envenenada,
Junto a las máquinas de tejer suelen caer enfermos del
espantoso mal del sueño
Que los transforma a la larga en unas especies de ángeles,
Niegan la existencia del mundo físico
Y se vanaglorian de ser unos pobres hijos del sepulcro.
Sin embargo, el mundo ha sido siempre así,
La verdad, como la belleza, no se crea ni se pierde
Y la poesía reside en las cosas o es simplemente un
espejismo del espíritu,
Reconozco que un terremoto bien concebido
Puede acabar en algunos segundos con una ciudad rica
en tradiciones
Y que un minucioso bombardeo aéreo
Derribe árboles, caballos, tronos, música,
Pero qué importa todo esto
Si mientras la bailarina más grande del mundo
Muere pobre y abandonada en una pequeña aldea del sur
de Francia
La primavera devuelve al hombre una parte de las flores
desaparecidas.

Tratemos de ser felices, recomiendo yo, chupando la
      miserable costilla humana,
Extraigamos de ella el líquido renovador,
Cada cual de acuerdo con sus inclinaciones personales.
¡Aferrémonos a esta piltrafa divina!
Jadeantes y tremebundos
Chupemos estos labios que nos enloquecen;
La suerte está echada,
Aspiremos este perfume enervador y destructor
Y vivamos un día más la vida de los elegidos:
De sus axilas extrae el hombre la cera necesaria para
      forjar el rostro de sus ídolos,
Y del sexo de la mujer la paja y el barro de sus templos,
Por todo lo cual
Cultivo un piojo en mi corbata
Y sonrío a los imbéciles que bajan de los árboles.

SOLILOQUIO DEL INDIVIDUO

Yo soy el Individuo.
Primero viví en una roca
(Allí grabé algunas figuras).
Luego busqué un lugar más apropiado.
Yo soy el Individuo.
Primero tuve que procurarme alimentos,
Buscar peces, pájaros, buscar leña
(Ya me preocuparía de los demás asuntos).
Hacer una fogata,
Leña, leña, dónde encontrar un poco de leña,
Algo de leña para hacer una fogata,
Yo soy el Individuo.
Al mismo tiempo me pregunté,
Fui a un abismo lleno de aire;
Me respondió una voz:
Yo soy el Individuo.
Después traté de cambiarme a otra roca,
Allí también grabé figuras,
Grabé un río, búfalos,
Grabé una serpiente
Yo soy el Individuo.

Pero no. Me aburrí de las cosas que hacía,
El fuego me molestaba,
Quería ver más,
Yo soy el Individuo,
Bajé a un valle regado por un río,
Allí encontré lo que necesitaba,
Encontré un pueblo salvaje,
Una tribu,
Yo soy el Individuo.
Vi que allí se hacían algunas cosas,
Figuras grababan en las rocas,
Hacían fuego, ¡también hacían fuego!
Yo soy el Individuo.
Me preguntaron que de dónde venía.
Contesté que sí, que no tenía planes determinados,
Contesté que no, que de ahí en adelante.
Bien.
Tomé entonces un trozo de piedra que encontré en un río
Y empecé a trabajar con ella,
Empecé a pulirla,
De ella hice una parte de mi propia vida.
Pero esto es demasiado largo.
Corté unos árboles para navegar,
Buscaba peces,
Buscaba diferentes cosas,
(Yo soy el Individuo).
Hasta que me empecé a aburrir nuevamente.
Las tempestades aburren,
Los truenos, los relámpagos,
Yo soy el Individuo.
Bien. Me puse a pensar un poco,
Preguntas estúpidas se me venían a la cabeza.
Falsos problemas.
Entonces empecé a vagar por unos bosques.
Llegué a un árbol y a otro árbol,
Llegué a una fuente,
A una fosa en que se veían algunas ratas:
Aquí vengo yo, dije entonces,
¿Habéis visto por aquí una tribu,
Un pueblo salvaje que hace fuego?
De este modo me desplacé hacia el oeste
Acompañado por otros seres,

O más bien solo.
Para ver hay que creer, me decían,
Yo soy el Individuo.
Formas veía en la obscuridad,
Nubes tal vez,
Tal vez veía nubes, veía relámpagos,
A todo esto habían pasado ya varios días,
Yo me sentía morir;
Inventé unas máquinas,
Construí relojes,
Armas, vehículos,
Yo soy el Individuo.
Apenas tenía tiempo para enterrar a mis muertos,
Apenas tenía tiempo para sembrar,
Yo soy el Individuo.
Años más tarde concebí unas cosas,
Unas formas,
Crucé las fronteras
Y permanecí fijo en una especie de nicho,
En una barca que navegó cuarenta días,
Cuarenta noches,
Yo soy el Individuo.
Luego vinieron una sequías,
Vinieron unas guerras,
Tipos de color entraron al valle,
Pero yo debía seguir adelante,
Debía producir.
Produje ciencia, verdades inmutables,
Produje tanagras,
Di a luz libros de miles de páginas,
Se me hinchó la cara,
Construí un fonógrafo,
La máquina de coser,
Empezaron a aparecer los primeros automóviles,
Yo soy el Individuo.
Alguien segregaba planetas,
¡Árboles segregaba!
Pero yo segregaba herramientas,
Muebles, útiles de escritorio,
Yo soy el Individuo.
Se construyeron también ciudades,
Rutas,

Instituciones religiosas pasaron de moda,
Buscaban dicha, buscaban felicidad,
Yo soy el individuo.
Después me dediqué mejor a viajar,
A practicar, a practicar idiomas,
Idiomas,
Yo soy el Individuo.
Miré por una cerradura,
Sí, miré, qué digo, miré,
Para salir de la duda miré,
Detrás de unas cortinas,
Yo soy el Individuo.
Bien. Mejor es tal vez que vuelva a ese valle,
A esa roca que me sirvió de hogar,
Y empiece a grabar de nuevo,
De atrás para adelante grabar
El mundo al revés.
Pero no: la vida no tiene sentido.

MIL NOVECIENTOS TREINTA

Mil novecientos treinta. Aquí empieza una época
Con el incendio del dirigible R101 que se precipita a tierra
Envuelto en negras ráfagas de humo
Y en llamas que se ven desde el otro lado del Canal
Yo no ofrezco nada especial, yo no formulo hipótesis
Yo sólo soy una cámara fotográfica que se pasea por el
    desierto
Soy una alfombra que vuela
Un registro de fechas y de hechos dispersos
Una máquina que produce tantos o cuantos botones por
    minuto.

Primero indico los cadáveres de Andree y de sus infortunados
    compañeros
Que permanecieron ocultos en la nieve septentrional
    durante medio siglo
Para ser descubiertos un día del año mil novecientos
    treinta
Año en que yo me sitúo y soy en cierto modo situado

Señalo el lugar preciso en que fueron dominados por la
tormenta
He ahí el trineo que los condujo a los brazos de la muerte
Y el bote lleno de documentos científicos
De instrumentos de observación
Lleno de comestibles y de un sinnúmero de placas
fotográficas

En seguida me remonto a uno de los picos más altos del
Himalaya
Al Kanchetunga, y miro con escepticismo la brigada
internacional
Que intenta escalarlo y descifrar sus misterios
Veo cómo el viento los rechaza varias veces al punto de
partida
Hasta sembrar en ellos la desesperación y la locura
Veo a algunos de ellos resbalar y caer al abismo
Y a otros veo luchar entre sí por unas latas de conserva.

Pero no todo lo que veo se reduce a fuerzas expedicionarias:
Yo soy un museo rodante
Una enciclopedia que se abre paso a través de las olas
Registro todos y cada uno de los actos humanos
Basta que algo suceda en algún punto del globo
Para que una parte de mí mismo se ponga en marcha
En eso consiste mi oficio
Concedo la misma atención a un crimen que a un acto
de piedad
Vibro de la misma manera frente a un paisaje idílico
Que ante los rayos espasmódicos de una tempestad
eléctrica
Yo no disminuyo ni exalto nada.
Me limito a narrar lo que veo.

Veo a Mahatma Gandhi dirigir personalmente
Las demostraciones públicas en contra de la Ley de la Sal
Veo al Papa y a sus Cardenales congestionados por la ira
Fuera de sí, como poseídos por un espíritu diabólico
Condenar las persecuciones religiosas de la Rusia soviética
Y veo al príncipe Carol volver en aeroplano a Bucarest
Miles de terroristas croatas y eslovenos son ejecutados
en masa a mis espaldas

Yo dejo hacer, dejo pasar
Dejo que se les asesine tranquilamente
Y dejo que el general Carmona se pegue como lapa al
    trono de Portugal.

Esto fue y esto es lo que fue el año mil novecientos treinta
Así fueron exterminados los kulaks de la Siberia
De este modo el general Chang cruzó el río Amarillo y se
    apoderó de Peking.
De ésta y no de otra manera se cumplen las predicciones
    de los astrólogos
Al ritmo de la máquina de coser de mi pobre madre viuda
Y al ritmo de la lluvia, al ritmo de mis propios pies descalzos
Y de mis hermanos que se rascan y hablan en sueños.

GONZALO ROJAS

Lebu, Chile, 1917. Poesía de deslumbramientos e interrogaciones, cuestiona los órdenes del discurso con su tensión expresiva auscultante, dice los estados límites del saber poético, y alienta en diálogos con las materias vivas del mundo. Ha publicado La miseria del hombre *(1948),* Contra la muerte *(1964),* Oscuro *(1977),* Transtierro *(1979),* Del relámpago *(1981),* Cincuenta poemas *(1982). Tanto por su adhesión al palpitar de lo cotidiano como por su exploración órfica, es una lección de fidelidad y rigor.*

LA PIEDRA

Por culpa de nadie habrá llorado esta piedra.

Habrá dormido en lo aciago
de su madre esta piedra
precipicia por
unimiento cerebral
al ritmo
de donde vino llameada
y apagada, habrá visto
lo no visto con
los otros ojos de la música, y
así, con mansedumbre, acostándose
en la fragilidad de lo informe, seca
la opaca habráse anoche sin
ruido de albatros contra la cerrazón
ido.

Vacilado no habrá por esta decisión
de la imperfección de su figura que por oscura no vio
        nunca nadie
porque nadie las ve nunca a esas piedras que son de nadie
en la excrecencia de una opacidad
que más bien las enfría ahí al tacto como nubes

neutras, amorfas, sin lo airoso
del mármol ni lo lujoso
de la turquesa, ¡tan ambiguas
si se quiere pero por eso mismo tan próximas!

No, vacilado, no; habrá salido
por demás intacta con su traza ferruginosa
y celestial, le habrá a lo sumo dicho al árbol: —Adiós
árbol que me diste sombra; al río: —Adiós
río que hablaste por mí; lluvia, adiós,
que me mojaste. Adiós,
mariposa blanca.

Por culpa de nadie habrá llorado esta piedra.

CONTRA LA MUERTE

Me arranco las visiones y me arranco los ojos cada día
        que pasa.
No quiero ver ¡no puedo! ver morir a los hombres cada
        día.
Prefiero ser de piedra, estar oscuro,
a soportar el asco de ablandarme por dentro y sonreír
a diestra y a siniestra con tal de prosperar en mi negocio.

No tengo otro negocio que estar aquí diciendo la verdad
en mitad de la calle y hacia todos los vientos:
la verdad de estar vivo, únicamente vivo,
con los pies en la tierra y el esqueleto libre en este mundo.

¿Qué sacamos con eso de saltar hasta el sol con nuestras
        máquinas
a la velocidad del pensamiento, demonios: qué sacamos
con volar más allá del infinito
si seguimos muriendo sin esperanza alguna de vivir
fuera del tiempo oscuro?

Dios no me sirve. Nadie me sirve para nada.
Pero respiro, y como, y hasta duermo
pensando que me faltan unos diez o veinte años para irme

141

de bruces, como todos, a dormir en dos metros de cemento
    allá abajo.

No lloro, no me lloro. Todo ha de ser así como ha de ser,
pero no puedo ver cajones y cajones
pasar, pasar, pasar, pasar cada minuto
llenos de algo, rellenos de algo, no puedo ver
todavía caliente la sangre en los cajones.

Toco esta rosa, beso sus pétalos, adoro
la vida, no me canso de amar a las mujeres: me alimento
de abrir el mundo en ellas. Pero todo es inútil,
porque yo mismo soy una cabeza inútil
lista para cortar, por no entender qué es eso
de esperar otro mundo de este mundo.

Me hablan del Dios o me hablan de la Historia. Me río
de ir a buscar tan lejos la explicación del hambre
que me devora, el hambre de vivir como el sol
en la gracia del aire, eternamente.

¿QUÉ SE AMA CUANDO SE AMA?

¿Qué se ama cuando se ama, mi Dios: la luz terrible de
    la vida
o la luz de la muerte? ¿Qué se busca, qué se halla, qué
es eso: amor? ¿Quién es? ¿La mujer con su hondura, sus
    rosas, sus volcanes,
o este sol colorado que es mi sangre furiosa
cuando entro en ella hasta las últimas raíces?

¿O todo es un gran juego, Dios mío, y no hay mujer
ni hay hombre sino un solo cuerpo: el tuyo,
repartido en estrellas de hermosura, en partículas fugaces
de eternidad visible?

Me muero en esto, oh Dios, en esta guerra
de ir y venir entre ellas por las calles, de no poder amar
trescientas a la vez, poque estoy condenado siempre a una,
a esa una, a esa única que me diste en el viejo paraíso.

142

CARBÓN

Veo un río veloz brillar como un cuchillo, partir
mi Lebu en dos mitades de fragancia, lo escucho,
lo huelo, lo acaricio, lo recorro en un beso de niño como
      entonces,
cuando el viento y la lluvia me mecían, lo siento
como una arteria más entre mis sienes y mi almohada.

Es él. Está lloviendo.
Es él. Mi padre viene mojado. Es un olor
a caballo mojado. Es Juan Antonio
Rojas sobre un caballo atravesando un río.
No hay novedad. La noche torrencial se derrumba
como mina inundada, y un rayo la estremece.

Madre, ya va a llegar: abramos el portón,
dame esa luz, yo quiero recibirlo
antes que mis hermanos. Déjame que le lleve un buen vaso
      de vino
para que se reponga, y me estreche en un beso,
y me clave las púas de su barba.

Ahí viene el hombre, ahí viene
embarrado, enrabiado contra la desventura, furioso
contra la explotación, muerto de hambre, ahí viene
debajo de su poncho de Castilla.

Ah, minero inmortal, ésta es tu casa
de roble, que tú mismo construiste. Adelante:
te he venido a esperar, yo soy el séptimo
de tus hijos. No importa
que hayan pasado tantas estrellas por el cielo de estos
      años,
que hayamos enterrado a tu mujer en un terrible agosto,
porque tú y ella estáis multiplicados. No
importa que la noche nos haya sido negra
por igual a los dos.
               —Pasa, no estés ahí
mirándome, sin verme, debajo de la lluvia.

TRANSTIERRO

1

Miro el aire en el aire, pasarán
estos años cuántos de viento sucio
debajo del párpado cuántos
del exilio,

2

comeré tierra
de la Tierra bajo las tablas
del cemento, me haré ojo,
oleaje me haré

3

parado
en la roca de la identidad, este
hueso y no otro me haré, esta
música mía córnea

4

por hueca.
Parto
soy, parto seré.
Parto, parto, parto.

ADIÓS A JULIO CORTÁZAR

Ha el corazón tramado un hilo duro contra
lo arbitrario del aire, ha hilado la Espera
que ya está ahí, a un metro, ha
del rey pacientemente urdido la túnica, la
desaparición.

Lo ha en su latido palpitado todo: el catre
último, altas
las bellísimas nubes, éste
pero no otro amanecer. Lo aullado
aullado está. Nubes,
interminablemente nubes.

Es que no se entiende. Es que este juego no
se entiende. Ha el Perseguidor
después de todo echádose largo en lo más óseo de
su instrumento a nadar
Montparnasse abajo, a tocar otra música. Ha fumado
su humo, solo
contra las estrellas, ha reído.

OCTAVIO PAZ

*Nació en México el 31 de marzo de 1914. Su obra, impres-
cindible, se desdobla con igual brillo en la poesía que en
la prosa: la pasión poética es también una pasión crítica,
y de ambas ha hecho una tarea esclarecedora. Su trabajo
poético está reunido en* Libertad bajo palabra *(1958)*, Sa-
lamandra *(1962)*, Ladera Este *(1969) y* Vuelta *(1976)*, reco-
gidos en Poemas, 1935-1975 *(1979)*. Sus libros de ensayos
son El laberinto de la soledad *(1950)*, El arco y la lira *(1956)*,
Las peras del olmo *(1957)*, Puertas al campo *(1966)*, Corrien-
te alterna *(1967)*, Claude Lévi-Strauss o el nuevo festín de
Esopo *(1967)*, Marcel Duchamp o el castillo de la pureza
(1968), Conjunciones y disyunciones *(1969)*, Posdata *(1970)*,
Los hijos del limo *(1974)*, El ogro filantrópico *(1979)*, Sor
Juana Inés de la Cruz o las trampas de la fe *(1982)*, Tiem-
po nublado *(1983)*, Hombres en su siglo *(1984)*, y el texto
poético El mono gramático *(1974)*. Sus traducciones han
sido reunidas en Versiones y diversiones *(1973)*. Sus en-
trevistas en Pasión crítica *(1985)*. Ha sido director de la
revista literaria Taller, cofundador de El hijo pródigo, di-
rector de Plural y, actualmente, de Vuelta. La palabra poé-
tica de Octavio Paz es una de las instancias más vivas de
la moderna poesía latinoamericana por su permanente en-
sayo de hacer del poema un instrumento legítimo del co-
nocer; pero también por su inteligencia y emoción
irradiantes al recorrer y recuperar los signos durables del
diálogo en que el sujeto moderno preserva su humanidad:
diálogo con el otro (exaltación de la pareja) y con lo otro
(disolución del mundo en la última señal, el signo que lo
sostiene).*

SEMILLAS PARA UN HIMNO

Infrecuentes (pero también inmerecidas)
Instantáneas (pero es verdad que el tiempo no se mide

Hay instantes que estallan y son astros
Otros son un río detenido y unos árboles fijos
Otros son ese mismo río arrasando los mismos árboles)
Infrecuentes
                    Instantáneas noticias favorables
Dos o tres nubes de cristal de roca
Horas altas como la marea
Estrépito de plumas blancas en el cielo nocturno
Islas en llamas en mitad del Pacífico
Mundos de imágenes suspendidos de un hilo de araña
Y entre todos la muchacha que avanza partiendo en dos
        las altas aguas
Como el sol la muchacha que se abre paso como la llama
        que avanza
Como el viento partiendo en dos la cortina de nubes
Bello velero femenino
Bello relámpago partiendo en dos al tiempo
Tus hombros tienen la marca de los dientes del amor
La noche polar arde
Infrecuentes
                    Instantáneas noticias del mundo
(Cuando el mundo entreabre sus puertas y el ángel
        cabecea a la entrada del jardín)
Nunca merecidas
                        (Todo se nos da por añadidura
En una tierra condenada a repetirse sin tregua
Todos somos indignos
Hasta los muertos enrojecen
Hasta los ciegos deletrean la escritura del látigo
Racimos de mendigos cuelgan de las ciudades
Casas de ira torres de frente obtusa)
Infrecuentes
                    Instantáneas
No llegan siempre en forma de palabras
Brota una espiga de unos labios
Una forma veloz abre las alas
                                Imprevistas
Instantáneas
Como en la infancia cuando decíamos "ahí viene un barco
        cargado de. . ."
Y brotaba instantánea imprevista la palabra convocada

147

        Pez
             Álamo
                  Colibrí
Y así ahora de mi frente zarpa un barco cargado de
     iniciales
Ávidas de encarnar en imágenes
                              Instantáneas
Imprevistas cifras del mundo
La luz se abre en las diáfanas terrazas del mediodía
Se interna en el bosque como una sonámbula
Penetra en el cuerpo dormido del agua

Por un instante están los nombres habitados

HIMNO ENTRE RUINAS

> donde espumoso el mar siciliano. . .
>
> GÓNGORA

Coronado de sí el día extiende sus plumas.
¡Alto grito amarillo,
caliente surtidor en el centro de un cielo
imparcial y benéfico!
Las apariencias son hermosas en esta su verdad
          momentánea.
El mar trepa la costa,
se afianza entre las peñas, araña deslumbrante;
la herida cárdena del monte resplandece;
un puñado de cabras es un rebaño de piedras;
el sol pone su huevo de oro y se derrama sobre el mar.
Todo es dios.
¡Estatua rota,
columnas comidas por la luz,
ruinas vivas en un mundo de muertos en vida!

Cae la noche sobre Teotihuacán.
En lo alto de la pirámide los muchachos fuman marihuana,
suenan guitarras roncas.
¿Qué yerba, qué agua de vida ha de darnos la vida,
dónde desenterrar la palabra,

la proporción que rige al himno y al discurso,
al baile, a la ciudad y a la balanza?
El canto mexicano estalla en un carajo,
estrella de colores que se apaga,
piedra que nos cierra las puertas del contacto.
Sabe la tierra a tierra envejecida.

Los ojos ven, las manos tocan.
Bastan aquí unas cuantas cosas:
tuna, espinoso planeta coral,
higos encapuchados,
uvas con gusto a resurrección,
almejas, virginidades ariscas,
sal, queso, vino, pan solar.
Desde lo alto de su morenía una isleña me mira,
esbelta catedral vestida de luz.
Torres de sal, contra los pinos de la orilla
surgen las velas blancas de las barcas.
La luz crea templos en el mar.

Nueva York, Londres, Moscú.
La sombra cubre al llano con su yedra fantasma,
con su vacilante vegetación de escalofrío,
su vello ralo, su tropel de ratas.
A trechos tirita un sol anémico.
Acodado en montes que ayer fueron ciudades, Polifemo
    bosteza.
Abajo, entre los hoyos, se arrastra un rebaño de hombres.
(Bípedos domésticos, su carne
—a pesar de recientes interdicciones religiosas—
es muy gustada por las clases ricas.
Hasta hace poco el vulgo los consideraba animales
        impuros.)

Ver, tocar formas hermosas, diarias.
Zumba la luz, dardos y alas.
Huele a sangre la mancha de vino en el mantel.
Como el coral sus ramas en el agua
extiendo mis sentidos en la hora viva:
el instante se cumple en una concordancia amarilla,
¡oh mediodía, espiga henchida de minutos,
copa de eternidad!

*Mis pensamientos se bifurcan, serpean, se enredan,
recomienzan,
y al fin se inmovilizan, ríos que no desembocan,
delta de sangre bajo un sol sin crepúsculo.
¿Y todo ha de parar en este chapoteo de aguas muertas?*

¡Día, redondo día,
luminosa naranja de veinticuatro gajos,
todos atravesados por una misma y amarilla dulzura!
La inteligencia al fin encarna,
se reconcilian las dos mitades enemigas
y la conciencia-espejo se licúa,
vuelve a ser fuente, manantial de fábulas:
Hombre, árbol de imágenes,
palabras que son flores que son frutos que son actos.

MÉXICO: OLIMPIADA DE 1968

a Dore y Adja Yunkers

La limpidez
            (quizá valga la pena
escribirlo sobre la limpieza
de esta hoja)
            no es límpida:
es una rabia
            (amarilla y negra
acumulación de bilis en español)
extendida sobre la página
¿Por qué?
            *La vergüenza es ira
vuelta contra uno mismo:*
                            si
*una nación entera se avergüenza
es león que se agazapa
para saltar.*
            (Los empleados
municipales lavan la sangre
en la Plaza de los Sacrificios.)

Mira ahora,
                    manchada
antes de haber dicho algo
que valga la pena,
                    la limpidez.

HIMACHAL PRADESH (3)

5 pequeñas abominaciones
vistas, oídas, cometidas:

El festín de los buitres.
Comieron tanto que no pueden volar.
No muy lejos, sobre una peña,
un águila tullida
espera su resto de carroña.

En la veranda del *dak bungalow*
el *barrister* de Nagpur pesca al extranjero
y en un inglés enmelado le ofrece un trago,
un cesto de ciruelas de su huerta, un mapa,
un almuerzo de *curry*,
noticias verídicas del país,
el balcón de su casa con una vista
única. . . Su mujer lo observa, oblicua,
mascullando injurias en hindustani.

Ya por tomar el fresco o sorprender
ese momento de armisticio
en que la media luna es verdadera
mente blanca y el sol es todavía el sol,
se asoma al aire la pareja de viejitos.
Se animan, resucitan
una pasión feroz de insectos.
Sonaja de semillas secas:
la hora de las recriminaciones.

En el patio del club seis eucaliptos
se ahogan en una casi luz casi miel,
tres ingleses supervivientes del *British Raj*

comentan con un *sikh* el *match* **de** *cricket* en Sidney,
unas matronas indias juegan *bridge*,
una paria lava el piso en cuclillas
y se eclipsa, un astro negro
se abre en mi frente como una granada
(EN PARÍS PRENDEN FUEGO A LA BOLSA,
TEMPLO DEL CAPITALISMO),
los pinos ensombrecen la colina.

Polvo y gritos de pájaros
sobre la tarde quemada.
Yo escribo estas líneas infames.

VUELTA

                              a José Alvarado

            Mejor será no regresar al pueblo,
            al edén subvertido que se calla
            en la mutilación de la metralla.
                              RAMÓN LÓPEZ VELARDE

Voces al doblar la esquina
                         voces
entre los dedos del sol
                         sombra y luz
casi líquidas
            Silba el carpintero
silva el nevero
                silban
tres fresnos en la plazuela
                            Crece
se eleva el invisible
follaje de los sonidos
                Tiempo
tendido a secar en las azoteas
Estoy en Mixcoac
                En los buzones
se pudren las cartas
                Sobre la cal del muro

152

la mancha de la **buganvilla**
                                   aplastada por el sol
escrita por el sol
                    morada caligrafía pasional
Camino hacia atrás
                        hacia lo que dejé
o me dejó
            Memoria
inminencia de precipicio
                                balcón
sobre el vacío

                    Camino sin avanzar
estoy rodeado de ciudad
                            Me falta aire
me falta cuerpo
                    me faltan
la piedra que es almohada y losa
la yerba que es nube y agua
Se apaga el ánima
                    Mediodía
puño de luz que golpea y golpea
Caer en una oficina
                        o sobre el asfalto
ir a parar a un hospital
                            la pena de morir así
no vale la pena
                    Miro hacia atrás
ese paseante
            ya no es sino bruma

Germinación de pesadillas
infestación de imágenes leprosas
en el vientre los sesos los pulmones
en el sexo del templo y del colegio
en los cines
            impalpables poblaciones del deseo
en los sitios de convergencia del aquí y el allá
el esto y el aquello
                        en los telares del lenguaje
en la memoria y sus moradas
pululación de ideas con uñas y colmillos

multiplicación de razones en forma de cuchillos
en la plaza y en la catacumba
en el pozo del solitario
en la cama de espejos y en la cama de navajas
en los albañales sonámbulos
en los objetos del escaparate
sentados en un trono de miradas

Madura en el subsuelo
la vegetación de los desastres
                      Queman
millones y millones de billetes viejos
en el Banco de México
                          En esquinas y plazas
sobre anchos zócalos de lugares comunes
los Padres de la Iglesia cívica
cónclave taciturno de Gigantes y Cabezudos
ni águilas ni jaguares
                        los licenciados zopilotes
los tapachiches
                alas de tinta mandíbulas de sierra
los coyotes ventrílocuos
                    traficantes de sombra
los beneméritos
                el cacomixtle ladrón de gallinas
el monumento al Cascabel y a su víbora
los altares al máuser y al machete
el mausoleo del caimán con charreteras
esculpida retórica de frases de cemento
Arquitecturas paralíticas
                      barrios encallados
jardines en descomposición
                    médanos de salitre
baldíos
        campamentos de nómadas urbanos
hormigueros gusaneras
                ciudades de la ciudad
costurones de cicatrices
                callejas en carne viva
Ante la vitrina de los ataúdes
                  Pompas Fúnebres
putas

154

pilares de la noche vana
                              Al amanecer
en el bar a la deriva
                    el deshielo del enorme espejo
donde los bebedores solitarios
contemplan la disolución de sus facciones
El sol se levanta de su lecho de huesos
El aire no es aire
                        ahoga sin brazos ni manos
El alba desgarra la cortina
                              Ciudad
montón de palabras rotas

                        El viento
en esquinas polvosas
                    hojea los periódicos
Noticias de ayer
                más remotas
que una tablilla cuneiforme hecha pedazos
Escrituras hendidas
                    lenguajes en añicos
se quebraron los signos

                                se rompió atl tlachinolli
                                         agua quemada
No hay centro
                plaza de congregación y consagración
no hay eje
            dispersión de los años
desbandada de los horizontes
                              Marcaron a la ciudad
en cada puerta
            en cada frente
                        el signo $

Estamos rodeados
                He vuelto adonde empecé
¿Gané o perdí?
            (Preguntas
¿qué leyes rigen "éxito" y "fracaso"?
Flotan los cantos de los pescadores
ante la orilla inmóvil
                        Wang Wei al Prefecto Chang

155

desde su cabaña en el lago
                              Pero yo no quiero
una ermita intelectual
en San Ángel o en Coyoacán)
                                   Todo es ganancia
si todo es pérdida
                         Camino hacia mí mismo
hacia la plazuela
                      El espacio está adentro
no es un *edén subvertido*
                                es un latido de tiempo
Los lugares son confluencias
                              aleteo de presencias
un espacio instantáneo
                            Silba el viento
entre los fresnos
                     surtidores
luz y sombra casi líquidas
                                voces de agua
brillan   fluyen   se pierden
                                    me dejan en las manos
un manojo de reflejos
                            Camino sin avanzar
Nunca llegamos
                     Nunca estamos en donde estamos
No el pasado
                   el presente es intocable

II

FRANCISCO MADARIAGA

Buenos Aires, 1927. La intensa, disgregada y a la vez con-
centrada percepción del país natal como modelo huma-
nizador genera en esta poesía un escenario natural y lujoso,
exuberante y entrevisto, donde la imaginación confiere al
mundo su rango más habitable. Son sus libros El peque-
ño patíbulo *(1953),* Las jaulas del sol *(1960),* El delito na-
tal *(1963),* Los terrores de la suerte *(1967),* El asaltante
veraniego *(1968),* Tembladerales de oro *(1973),* Aguatrino
(1976), Llegada de un jaguar a la tranquera *(1980),* La bal-
sa mariposa *(1982),* Poemas *(1983),* Una acuarela móvil
(1985).

CARTA DE ENERO

1

Tengo ganas de leer algo hoy.
Me sangra la poesía por la boca.

Yo era un estudiante y me adoraba la Naturaleza,
pero estaba olvidado,
me hería la plenitud del Universo,
y ahora te sacudo a ti, montes de cabellos rojos,
tierras paradas en aguardiente correntino,
grandes balsas de agua alojadas en la boca.

El pavor es celeste, el líquido terreno es fuego,
los pavos reales han sido capados por el sol,
y yo ando por la siesta:
provocador de las grandes fuentes sombrías,
alojado en la voluntad animal.

EL PARAÍSO AL REVÉS

1

Es el Paraíso al revés.
Una devolución de sombras rojas,
una tentación de amor
que es la salvación de los ojos,
los grandes ojos,
los bárbaros ojos,
la laguna natural donde han nacido
    los ojos:
los colores del hombre y la mujer.

Oh fieras rojas,
fuegos que ondean las entrañas
clavando su serpiente-cabeza
    pura y loca,
¡dejadme alcanzar
porque me mata la garganta!

La garganta, oh salvaje recolectora de
    las temperaturas
hueso femenino de la sangre.

APARICIONES

1
El agua exorbitante está en mi boca.

2
A veces el invierno se adelanta en los lugares subtropicales.
Y no he visto jamás tanta delicada esperanza como ésta.

5
Un día llueve, y al siguiente el invierno luminoso es cálido.
¿La lluvia? Tétrica, pero rica, no pervertida.

LAS JAULAS DEL SOL

2

Vengan allí a la casa del diamante calentado por el agua,
      al huerto donde el hombre se recoge para no caer
      del globo.

Un día, un paso, un día mil pasos, un bestia sueño, pero
      con todos los amores permitidos por su amor.

Ni una pérdida.

No, no, tribu mía de mi raza. Raza de ganancia y de lujo,
      acopladora, niveladora para el fuego, tambora para
      los vientos dementes que saben adorar.

Tenía un camino de patos y de rezos. Al fondo, el agua;
      luego, los ojos de los hombres con sus telas flotando
      sobre el sol y aquí la misma marca de globo entre
      las piernas ¡y un odio por lo estéril!

Oh madre de todos los amores, ven a mí, adórame con
      tus hijas. Tiernísima del bosque, ven a mí, yo tengo
      una bolsa de fuego cautivado por los gatos monteses
      pegada sobre el labio,
¡reviéntame en tu olor!

Cortina de cuero y olor a ojos de infierno matándome en
      el bosque.

No tienen puerta para huir los amores.

Círculo de sol repleto de pájaros; tranquilidad de María,
      la mecedora de la tarde.

Graciosa mía, tiernísima apostada contra el verano sordo,
ofréceme en tu pecho un bello hilo de fuego para grabar
    mi historia sagrada.

1

Leo mal. Me encuentro embrutecido por los libros. Me
    acosan
las imágenes ¿casi periodísticas? de la naturaleza.
Pero estoy claro porque recibo las oleadas de mi destino
antiverbal, con una gracia de ultratumba delgada,
    sobrenavegando
entre árboles esbeltos en un clima jubilosamente invernal.
De esos climas que navegan por los aires, haciendo
    germinar hacia
el fondo los paisajes de las angosturas vegetales y el
    reverbero
de los lagos-lagunas.
Y recibo, también, a mi destino antiverbal, con una
    desgracia
de leyenda de país enamorado.

2

Oh mercados y mercaderías. Oh pestilencias del verano
    sin fin
de vuestras carnicerías, olfateadores de olor ya prenatal y
enrarecido, herederos de todos los hipos del infierno
    social
(¡hijos bañados en palanganas perdidas entre los orinales de
la Raza y el Espíritu!) Ah, vosotros, pervertidores de
    vuestros
propios y amarillentos años: ¿dónde están enterrados los
    tesoros del mar y de la tierra?

PALMARES COLORADOS

I

Te evoco, palmar colorado del unílico corazón del hombre,
      esta noche.
Ven a salvarme de las lianas del Comercio.
De las imbéciles Senadurías de la tierra.
Tierra que se desnuda en la tiniebla y huye para el centro.
¿El centro solo y obstaculizado por la humedad?
¿O en el invierno universal de los sueños,
a la sombra de las salvadoras realidades?
¿O en el ataúd varado y balanceado por el terror en el
      infierno?

¡Oh, no, yo te respondo, resplandor de mis bárbaras!

II

A veces, las brumas inmocionales,
las del horizonte del País Mercantil,
velan las lejanías de palmeras vestidas de corales.
Yo no estoy entre estas gasas sombrías,
en este humo de rosales podridos de la ignorancia,
estoy entre los vientos del cielo, o del contraamparo,
y nado contra la corriente de vuestros quebrantos,
pequeños mercaderes unidos a la fragancia de los nuevos
      poseedores de las tierras:
en cuyos despachos se alojan las sardinas
y el verano meado por los cerdos.

III

No podré salir nunca del hechizo natal hasta no haber
      terminado con las cóleras y los resplandores de los
      asesinatos y de las miserias artificiales del
      desamparo,
reverberando en los paisajes aún más que naturales.

Si no logro quebrantar estas desnutriciones,
estas fantasmales imágenes de alcoholizaciones

humilladas y desenterradas frente al copuleo
    acuático de las esperanzas,
que no me entierren bajo las brillantes navegaciones-
    alteraciones de este paisaje.
Que me recuesten en el lejano Este Uruguayo,
donde cante una barra de laguna que desemboca en el
    mar.

JORGE GAITÁN DURÁN

Cúcuta, Colombia, 1924-1962. Sus obras son Insistencia en
la tristeza *(1946),* Presencia del hombre *(1947),* Asombro
(1950), El libertino *(1959),* Si mañana despierto *(1961), reu-
nidas junto a su prosa en* Obra literaria *(1975). Póstuma-
mente se publicó su* Diario 1950-1960 *(1975). La obsesión
de la muerte y la vocación amorosa, que la confronta, pro-
ducen los mejores poemas de Gaitán Durán, distintivos por
su arrebato lírico maduro y por su convicción apelativa.*

SE JUNTAN DESNUDOS

Dos cuerpos que se juntan desnudos
Solos en la ciudad donde habitan los astros
Inventan sin reposo al deseo.
No se ven cuando se aman, bellos
O atroces arden como dos mundos
Que una vez cada mil años se cruzan en el cielo.
Sólo en la palabra, luna inútil, miramos
Cómo nuestros cuerpos son cuando se abrazan,
Se penetran, escupen, sangran, rocas que se destrozan,
Estrellas enemigas, imperios que se afrentan.
Se acarician efímeros entre mil soles
Que se despedazan, se besan hasta el fondo,
Saltan como dos delfines blancos en el día,
Pasan como un solo incendio por la noche.

AMANTES

Somos como son los que se aman.
Al desnudarnos descubrimos dos monstruosos
Desconocidos que se estrechan a tientas,
Cicatrices con que el rencoroso deseo

165

Señala a los que sin descanso se aman:
El tedio, la sospecha que invencible nos ata
En su red, como en la falta dos dioses adúlteros.
Enamorados como dos locos,
Dos astros sanguinarios, dos dinastías
Que hambrientas se disputan un reino,
Queremos ser justicia, nos acechamos feroces,
Nos engañamos, nos inferimos las viles injurias
Con que el cielo afrenta a los que se aman.
Sólo para que mil veces nos incendie
El abrazo que en el mundo son los que se aman
Mil veces morimos cada día.
Desnudos afrentamos el cuerpo
como dos ángeles equivocados,
como dos soles rojos en un bosque oscuro,
como dos vampiros al alzarse el día.
Labios que buscan la joya del instante entre dos muslos,
boca que busca la boca, estatuas erguidas
que en la piedra inventan el beso
sólo para que un relámpago de sangres juntas
cruce la invencible muerte que nos llama.
De pie como perezosos árboles en el estío,
sentados como dioses ebrios
para que me abrasen en el polvo tus dos astros,
tendidos como guerreros de dos patrias que el alba separa,
en tu cuerpo soy el incendio del ser.

EL REGRESO

El regreso para morir es grande.
(Lo dijo con su aventura el rey de Ítaca.)
Mas amo el sol de mi patria,
El venado rojo que corre por los cerros,
Y las nobles voces de la tarde que fueron
Mi familia.
Mejor morir sin que nadie
Lamente glorias matinales, lejos
Del verano querido donde conocí dioses.
Todo para que mi imagen pasada
Sea la última fábula de la casa.

SIESTA

Voy por tu cuerpo como por el mundo
OCTAVIO PAZ

Es la siesta feliz entre los árboles,
Traspasa el sol las hojas, todo arde,
El tiempo corre entre la luz y el cielo
Como un furtivo dios deja las cosas.
El mediodía fluye en tu desnudo
Como el soplo de estío por el aire.
En tus senos trepidan los veranos.
Sientes pasar la tierra por tu cuerpo
Como cruza una estrella el firmamento.
El mar vuela a lo lejos como un pájaro.
Sobre el polvo invencible en que has dormido
Esta sombra ligera marca el peso
De un abrazo solar contra el destino.
Somos dos en lo alto de una vida.
Somos uno en lo alto del instante.
Tu cuerpo es una luna impenetrable
Que el esplendor destruye en esta hora.
Cuando abro tu carne hiero al tiempo,
Cubro con mi aflicción la dinastía.
Basta mi voz para borrar los dioses,
Me hundo en ti para enfrentar la muerte.
El mediodía es vasto como el mundo.
Canta el cuerpo en la luz; la tierra canta,
Danza en el sol de todos los colores,
Cada sabor es único en mi lengua.
Soy un súbito amor por cada cosa.
Miro, palpo sin fin, cada sentido
Es un espejo breve en la delicia.
Te miro envuelta en un sudor espeso.
Bebemos vino rojo. Las naranjas
Dejan su agudo olor entre tus labios.
Son los grandes calores del verano.
El fugitivo sol busca tus plantas,
El mundo huye por el firmamento,
Llenamos esta nada con las nubes,
Hemos hurtado al ser cada momento,
Te desnudé a la par con nuestro duelo.
Sé que voy a morir. Termina el día.

Córdoba, Veracruz, 1923. Su trabajo poético está reunido en De otro modo lo mismo *(1979), que consigna poemas escritos entre 1935 y 1971, y muestra el carácter proteico de esta poesía seguidora de los modelos clásicos pero inquietada por percepciones y obsesiones a la vez cotidianas y metafísicas; su mejor lirismo, auscultativo y al mismo tiempo expansivo, ceñido y sin embargo barroquista, se abre con libertad en su último ciclo, de poesía amatoria.*

LAS GENTES QUE VIAJAN...

Las gentes que viajan adquieren una
forma fragilísima de belleza.
Por algunas horas se transforman en algo
singular, y viven agudamente;
descubren extraños sentimientos
que no sospechaban que pudieran
tenerse, y caminan como dichosos.

En las estaciones de los trenes,
mientras esperaba, he vivido
horas melancólicamente ricas.

He visto partir a las gentes,
y no estaban solas: se sumergían
en su larga noche de viaje,
llevando en su sangre la pureza
que dan las distancias y los adioses;
pobladas de bocas y de miradas,
se purificaban como si fueran
a entrar en un templo o en un combate.

Y he visto regresos y llegadas, abrazos
de amor entre gentes que no se amaban;

pero, sin embargo, el amor lucía
en ellos, brillaba evidente.

Y los que regresan sin que nadie
los espere viven también; trajeron
una soledad más limpia, un tesoro
de pueblos hallados, de noches descubiertas.

Y cargan sus viejas valijas,
y sus bolsas llenas de fruta
que es igual a la que comen a diario;
peor que ha de darles un sabor de cosas
buenas, de placer incomprable,
al llevarlos, plácidos, al recuerdo
de los vendedores en el camino,
de las casas lúcidas en la sombra lejana.

Y los que regresan y los que parten
se confunden: todo llevan con ellos
una sensación de heroísmo,
una lumbre tenue que se funda
en su corazón, y se derrama
y enciende sus rostros atónitos,
poblados de pérdidas y esperanzas.

CANSADOS DE ESPERAR ERGUIMOS. . .

Cansados de esperar erguimos,
en mástiles de viaje, un vuelo
de exploración. Remordimientos
dejamos, y flores carcomidas.
Y encendidos en las fibras claras
de la respiración, partimos.

¿Por amor de qué amor preguntas?
¿Por qué te dueles, alma mía?
Mira: vuelven ahora y giran
los verdes huesos de la noche,
y aova la tristeza, y colma
la muerte sus moscas en delirio.

En muelles de vencidas flores,
para largos viajes respiramos,
Como los árboles, partimos
en años de raíces. Lejos,
las islas del alba sepultadas.
Y cansados de esperar, nacemos.

RECOSTADO EN SU PLACER, EL DÍA...

Recostado en su placer, el día
de estatuas y rejas enfloradas
nos dice, amiga, que morimos;
y como si al azar mordieras
una manzana, resplandeces
de dulces dientes y de labios.

Y las lágrimas que estás llenando,
la carne que muerdes, las rosas
del polvo que abres y aguirnaldas,
festivamente se entristecen;
y se enrosca en torno de tu brazo
la serpiente roja del estío.

Suena la lluvia de la noche
cayendo al azar, como el azúcar
de una manzana desangrada.
De estatuas y rejas y cenizas
nace una boca, y nombra el alba.
Y dulce y de sombras resplandeces.

DIFERENTES BAJO EL MISMO NOMBRE...

Diferentes bajo el mismo nombre
nos sorprendieron, al mirarnos,
las cosas que nombramos. Era
la traición, el ir tocando a ciegas,
la embriaguez adversa, la caída
en la llave del adiós maléfico.

Entre el alma y las cosas, donde
una vez estamos, ejercimos
nuestro oficio terrestre. A solas,
cada uno en sus manos tuvo
algo naciente, renaciéndose,
a su cumplimiento encaminado.

Y fue la llave del encuentro,
la reconciliación, la llama
para complacerse en los rincones,
y el licor propicio en la mirada,
y la sorpresa de las mismas
cosas bajo nombres diferentes.

TIERRA LEJOS, JOYA DEL NAUFRAGIO. . .

Tierra lejos, joya del naufragio,
ojo de sal y sed bebida.
Rescoldo de abejas en la noche
mueve en guirnaldas la memoria,
y lastima. Se deshoja el año
en el borde amargo de los ojos.

Yerra el cadáver florecido
del héroe, sobre el cuerpo hinchado
y soñoliento de su fiesta
de aniversario. El asno gime
condecorado, en paz, solemne,
y crece un árbol de colgados.

Tierra hallada, huesos y salitre
dan armazón al alma, hendida.
Y vendo, a quien quiera, mis domingos
hambrientos, y soporto, y muevo
por dentro filos giratorios,
como un santo de feria pobre.

AÑO POR AÑO...

Año por año, cada día,
en este espejo se miraron
los que amé; como la flor naciente
que habla de invierno, aquí frenaron
su destrucción, o como llamas
que lo que consumen eternizan,
y salvaron la almendra ardiente
de donde sube la alegría.

Y están allí; recorren todos,
sin hablarse entre sí, perdidos
de tanta extensión, las galerías
ciegas del azogue carcomido;
allí se encuentran, se alzan claros
de juventud incorruptible.

O se asoman a mirar, perfectos;
sólo fantasmas que desprecian
su cuerpo desplomado, y ponen
otra vez en orden la sonrisa,
edifican la imagen pura
que no necesita la mirada
de nadie, que sola se comprueba.

Ya libres en ámbitos sin límite,
tras la oscuridad de una ventana
de insaciable vidrio ceniciento.

CINTIO VITIER

Cayo Hueso, 1921. Poeta y ensayista cubano de primera calidad, proviene del movimiento Orígenes *que José Lezama Lima inspiró; su poesía, sin embargo, es menos barroca y más comunicante, aunque animada también por las nociones del conocer poético como fuerza ordenadora y esclarecedora. Después de su interiorismo reflexivo, su obra se abrió, con los hechos del proceso cubano, a un diálogo inmediato con este tiempo. Sus libros de poesía son* Vísperas *(1953),* Testimonios *(1968),* La fecha al pie *(1981),* Antología poética *(1981). De* Peña Pobre *(1978) es una novela-memoria. Sus ensayos principales son* Lo cubano en la poesía *(1958),* Poética *(1961),* Temas martianos, *en colaboración con Fina García Marruz (1969),* Crítica sucesiva *(1971),* Ese sol del mundo moral *(1975).*

LUGARES COMUNES

Levantarse por la mañana es ya, para nosotros, definir
    la revolución
que estuvimos meditando, encarnizadamente, mientras
    dormíamos.
Andar por las calles devastadas, viajar en un sueño lleno
    de quejas, risas y sudores,
bajarse en otras calles como después de haber hecho la
    extraña travesía de un poema,
es ya, para nosotros, sostener la revolución.

Ni que decir tengo (perdón por los lugares comunes, los
    santos lugares)
trabajar en el campo, en la oficina, en las tareas materiales
    y fantásticas,
hablar con un amigo o un simple conocido o un complejo
    desconocido,
recibir las últimas noticias, mirar a las estrellas,

173

comer mal, no tener un bolígrafo,
vestirse o desvestirse, creer o descreer, o caérsele a uno
   a los pies el alma:
esos actos tan esencialmente revolucionarios, aquí,
como el amor, las olas, el fuego.

Vivir, en suma, es ya para nosotros hacer la revolución.
Todo adquiere la forma de un combate (muy modesto).
Morir será lo mismo.

ENVÍO

> Nous butinons éperdûment le miel du visible
> pour l'accumuler dans la grande ruche d'or de
>   l'Invisible.
>
> RILKE

A través de la fronda destellando
el sereno júbilo de la mañana,
entreveo a los niños que se columpian,
oigo su rumor de pájaros.

Rainer María Rilke:
por hermosa que sea su frase
sobre las abejas de la gran colmena de oro,
yo no quisiera transformar lo visible en lo invisible,
sino lo injusto en lo justo.

El mal esta mañana es invisible
y la bondad, en cambio, está patente.
Las abejas de la justicia zumban en la fronda de oro.

CONFESIÓN

Aunque no sé historia, o muy poca, yo soy
el autor de esas páginas.

Todo me ha ocurrido a mí desde el principio.

Yo soy el protagonista,
la víctima, el culpable y el verdugo.

Soy el que mira y el que actúa.
Las edades en mí han descansado.
Los días han sido mi alimento.
Las ideas, mis alas,
mis puñales.

Por el hueco de mis manos ha pasado
el río de las armas.

Mis ojos son los hornos en que ha ardido
la creación entera.

Mi canto es el silencio.

Hombre, mujer, niño, anciano,
cada gesto mío tiembla en las estrellas
atravesando el tiempo irrepetible.

Yo soy. No busquen a otro,
no torturen a otro,
no amen a otro.

No tengo escapatoria.

POESÍA, HAMBRE

Poesía, hambre
de todo:
con tu boca quisiera comer,
más que cantar,
comer el canto que tiene hambre de todo y de sí mismo.

Poesía de todo,
hambre, sed
de todo:
con tu boca quisiera comer y beber el pan y el vino,
sin que quedara fuera nada, ni la nada,

para dormir al fin, sin fin, saciado,
bien comido a mi vez por todo, y bien cantado.

A LA POESÍA

para cumplir, con ella, mis 50 años

¿Vienes menos cada vez,
huyes de mí,
o es que estamos entrando en tu silencio
—el pedregal, la luz—
y ya tenemos poco que decirnos?

Pero ese poco, ¿lo diremos nunca?
Pero ese poco, ¿qué es?
¿Será el alimento de los ángeles,
lo que le falta al sol,
la muerte?

No digas nada tú. Cada palabra
de tu boca es demasiado hermosa.
No puedo resistirla ya,
aunque todo mi ser quiere comerla,
y de esa hambre vivo aún. Dí

la nada que estoy acostumbrado a ver
en el pálido fulgor de la sequía,
en la brasa del deseo, allí
donde la amarga mar que adoro empieza.
Dí su mezcla con todo, en que he gozado.

La memoria
guarda trenes enteros, encendidos,
silbando por lo oscuro. No me sirven.
Mañana del ayer, una candela al mediodía
se me parece más: en ella escribo
letras para el aniversario
de mi expulsión del texto que ahora miro,
incomprensible. ¿Tú eras mi madre entonces?
¿Tú, que ahora vienes, como el alba,
llena de lágrimas? ¡Oh materia,

templo! Haber nacido es no poder entrar en ti.
Déjame verte por el lado de la historia,
que busca también un paraíso,
pues tu nombre es justicia, noche
de aquel niño.

¿Qué está pasando ahora que los músicos
acabaron de tocar aquel danzón terrible?
Mi vida vuelve a ser el arenal de hueso
donde salí del libro, ay, sellado. ¿Y tú,
serás mi hija?

¿Y tú, serás mi patria que no terminaré de ver?
¿Dirás lo que dijiste aquella noche,
cuando la finca empezaba a ser el paraíso
entrando en el futuro de los naranjales,
bajo la risa de las estrellas?

Lo poco, ¿es ya el tesoro?
Lo poco que nos falta, ¿es ya lo inmenso?
Tanto tiempo expulsado de tu vientre
apenas pesa como un ave en el silencio.
Dame tu mano. Ayúdame a llegar.

CARLOS MARTÍNEZ RIVAS

Nicaragua, 1924. Uno de los grandes poetas de actualidad permanente, Martínez Rivas publicó El paraíso recobrado, *poema en tres escalas y un prólogo (1943) y* La insurrección solitaria *(1953); con este último título se recogen ambos libros en edición de* EDUCA, *1973. A partir de las lecciones latinas de la concisión y la frescura oral del verso, este poeta de sabiduría clásica ha escrito con humor y simpatía sobre la dimensión cotidiana de las certezas durables. Su poesía posee un gran poder evocativo, visual y sensorial, ganados por la economía, la distancia epigramática, la objetividad de lo específico. Es una poesía que cuenta con el lector, con su palabra temporal y, así, más viva.*

BESO PARA LA MUJER DE LOT

> "Y su mujer, habiendo vuelto la vista atrás,
> trocóse en columna de sal."
>
> Génesis, XIX, 26.

Dime tú algo más.

¿Quién fue ese amante que burló al bueno de Lot
y quedó sepultado bajo el arco
caído y la ceniza? ¿Qué
dardo te traspasó certero, cuando oíste
a los dos ángeles
recitando la preciosa nueva del perdón
para Lot y los suyos?

¿Enmudeciste pálida, suprimida; o fuiste
de aposento en aposento, fingiéndole
un rostro al regocijo de los justos y la prisa
de las sirvientas, sudorosas y limitadas?

Fue después que se hizo más difícil fingir.

Cuando marchabas detrás de todos,
remolona, tardía. Escuchando
a lo lejos el silbido y el trueno, mientras
el aire del castigo
ya rozaba tu suelta cabellera entrecana.

Y te volviste.

Extraño era, en la noche, esa parte
abierta del cielo chisporroteando.
Casi alegre el espanto. Cohetes sobre Sodoma.
Oro y carmesí cayendo
sobre la quilla de la ciudad a pique.

Hacia allá partían como flechas tus miradas,
buscando. . . Y tal vez lo viste. Porque el ojo
de la mujer reconoce a su rey
aun cuando las naciones tiemblen y los cielos lluevan fuego.

Toda la noche, ante tu cabeza cerrada
de estatua, llovió azufre y fuego sobre Sodoma
y Gomorra. Al alba, con el sol, la humareda
subía de la tierra como el vaho de un horno.

Así colmaste la copa de la iniquidad.
Sobrepasando el castigo.
Usurpándolo a fuerza de desborde.

Era preciso hundirse, con el ídolo
estúpido y dorado, con los dátiles,
el decacordio
y el ramito con hojas del cilantro.

¡Para no renacer!
para que todo duerma, reducido a perpetuo
montón de ceniza. Sin que surja
de allí ningún Fénix aventajado.

Si todo pasó así, Señora, y yo
he acertado contigo, eso no lo sabremos.

Pero una estatua de sal no es una Musa inoportuna.

Una esbelta reunión de minúsculas
entidades de sal corrosiva,
es cristaloides. Acetato. Aristas
de expresión genuina. Y no la riente
colina aderezada por los ángeles.

La sospechosamente siempreverdeante Söar
con el blanco y senil Lot, y las dos chicas
núbiles, delicadas y puercas.

ARS POETICA

¿Que eres reacia al Amor, pues su manía
de eternidad te ahuyenta, y su insistente
voz como un chirriante ruiseñor
te exaspera y quieres solamente
besar lo pasajero en la cambiante
eternidad de lo fugaz?—entonces

¡soy tu hombre! Pues más hospitalario
que el mío un corazón no halló jamás
para posarse el falso amor. Igual
que llegué, parto: solo, y cuando mudo
de cielo mudo también de corazón.

Pero, atiende: no vas a hacer traición
a tu alma infiel. No intentes, si una chispa
del hijo del hombre ves en mis ojos,
descifrarla, ni trates de inquirir mucho
en mi acento y el fondo de mi risa.

Donde quiero destierro y silencio
no traspases la linde. Allí el buitre
blanco del Juicio anida y sólo el
ceño de la vida privada ¡canta!

ECLESIASTÉS
TIEMPO DE PENAR Y TIEMPO DE PEPENAR

Hoy esta mañana 25 de abril
viniendo para PROCAMPO
pegado a la ventana del bus
vi,
quieto entre el portón de alambre y la carretera,
un picap cargado de piñas.

Piñas verdes cortadas prematuramente,
me pareció ¿o es así que debe hacerse?
Verdes, y supuse que sólidas al tacto
como si de piedra, pues al ojo lo eran.

Verde oscuro negruzco no de fruto sino pétreo.
Verde verdín de lama moho o musgo.
Como esas piñas de granito pinto
tan frecuentes como tema decorativo
o elemento ornamental de remate
en los ábsides
en la arquitectura plateresca del XVI.
Evocando desde un bus rural y delante
de una carga de piñas, la fachada
del Hospital de Santa Cruz de Toledo
o el crucero de nuestra iglesia colonial
de Nandaime.

Ya que se me pasó la estación en penas y desórdenes
y no comí jocotes este año,
y que probablemente ya tampoco mangos;

viendo éstas verdes duras esculpidas
a cincel,
espero que talvez
este año al menos no me perderé
las Piñas.

ÁLVARO MUTIS

*Bogotá, 1923. Uno de los poetas más distintivos por su ce-
lebración permanente de los materiales terrestres y por
la persuasión de aventura con que el poema se despliega
desde un hablante pleno del habla. Ha publicado* La ba-
lanza *(1948),* Los elementos del desastre *(1953),* Los traba-
jos perdidos *(1961),* Summa de Maqroll el gaviero *(1973,
reúne su poesía entre 1948 y 1970),* Textos olvidados *(1980),*
Caravansary *(1981) y* Crónica regia y alabanza del reino
(1985). En prosa, Diario de Lecumberri *(1964) y* La man-
sión de Araucaima *(1978). Reside en México desde 1956.
En su poesía, la pasión por el mundo es también un apa-
sionamiento por sus nombres, figuraciones, emblemas y
discursos, lo que da a su delgada obra una resonancia más
amplia, clásica en la percepción y barroca en sus lujos y
variaciones.*

"UN BEL MORIR. . ."

De pie en una barca detenida en medio del río
cuyas aguas pasan en lento remolino
de lodos y raíces,
el misionero bendice la familia del cacique.
Los frutos, las joyas de cristal, los animales, la selva,
reciben los breves signos de la bienaventuranza.
Cuando descienda la mano
habré muerto en mi alcoba
cuyas ventanas vibran al paso del tranvía
y el lechero acudirá en vano por sus botellas vacías.
Para entonces quedará bien poco de nuestra historia,
algunos retratos en desorden,
unas cartas guardadas no sé dónde,
lo dicho aquel día al desnudarte en el campo.
Todo irá desvaneciéndose en el olvido
y el grito de un mono,

el manar blancuzco de la savia
por la herida corteza del caucho,
el chapoteo de las aguas contra la quilla en viaje,
serán asunto más memorable que nuestros largos abrazos.

CADA POEMA

Cada poema un pájaro que huye
del sitio señalado por la plaga.
Cada poema un traje de la muerte
por las calles y plazas inundadas
en la cera letal de los vencidos.
Cada poema un paso hacia la muerte,
una falsa moneda de rescate,
un tiro al blanco en medio de la noche
horadando los puentes sobre el río,
cuyas dormidas aguas viajan
de la vieja ciudad hacia los campos
donde el día prepara sus hogueras.
Cada poema un tacto yerto
del que yace en la losa de las clínicas,
un ávido anzuelo que recorre
el limo blando de las sepulturas.
Cada poema un lento naufragio del deseo,
un crujir de los mástiles y jarcias
que sostienen el peso de la vida.
Cada poema un estruendo de lienzos que derrumban
sobre el rugir helado de las aguas
el albo aparejo del velamen.
Cada poema invadiendo y desgarrando
la amarga telaraña del hastío.
Cada poema nace de un ciego centinela
que grita al hondo hueco de la noche
el santo y seña de su desventura.
Agua de sueño, fuente de ceniza,
piedra porosa de los mataderos,
madera en sombra de las siemprevivas,
metal que dobla por los condenados,
aceite funeral de doble filo,
cotidiano sudario del poeta,

cada poema esparce sobre el mundo
el agrio cereal de la agonía.

BREVE POEMA DE VIAJE

Desde la plataforma del último vagón
has venido absorta en la huida del paisaje.
Si al pasar por una avenida de eucaliptos
advertiste cómo el tren parecía entrar
en una catedral olorosa a tisana y a fiebre;
si llevas una blusa que abriste
a causa del calor,
dejando una parte de tus pechos descubierta;
si el tren ha ido descendiendo
hacia las ardientes sabanas en donde el aire se queda
detenido y las aguas exhiben una nata verdinosa,
que denuncia su extrema quietud
y la inutilidad de su presencia;
si sueñas en la estación final
como un gran recinto de cristales opacos
en donde los ruidos tienen
el eco desvelado de las clínicas;
si has arrojado a lo largo de la vía
la piel marchita de frutos de alba pulpa;
si al orinar dejaste sobre el rojizo balasto
la huella de una humedad fugaz
lamida por los gusanos de la luz;
si el viaje persiste por días y semanas,
si nadie te habla y, adentro,
en los vagones atestados de comerciantes y peregrinos
te llaman por todos los nombres de la tierra,
si es así,
no habré esperado en vano
en el breve dintel del cloroformo
y entraré amparado por una cierta esperanza.

POEMA DE LÁSTIMAS A LA MUERTE
DE MARCEL PROUST

¿En qué rincón de tu alcoba, ante qué espejo,
tras qué olvidado frasco de jarabe,
hiciste tu pacto?
Cumplida la tregua de años, de meses,
de semanas de asfixia
de interminables días del verano
vividos entre gruesos edredones,
buscando, llamando, rescatando,
la semilla intacta del tiempo,
construyendo un laberinto perdurable
donde el hábito pierde su especial energía,
su voraz exterminio;
la muerte acecha a los pies de tu cama,
labrando en tu rostro milenario
la máscara letal de tu agonía.
Se pega a tu oscuro pelo de rabino,
cava el pozo febril de tus ojeras
y algo de seca flor, de tenue ceniza volcánica,
de lavado vendaje de mendigo,
extiende por tu cuerpo
como un leve sudario de otro mundo
o un borroso sello que perdura.
Ahora la ves erguirse, venir hacia ti,
herirte en pleno pecho malamente
y pides a Cèleste que abra las ventanas
donde el otoño golpea como una bestia herida.
Pero ella no te oye ya, no te comprende,
e inútilmente acude con presurosos dedos de hilandera
para abrir aún más las llaves del oxígeno
y pasarte un poco del aire que te esquiva
y aliviar tu estertor de supliciado.
Monsieur Marcel ne se rend compte de rien,
explica a tus amigos
que escépticos preguntan por tus males
y la llamas con el ronco ahogo del que inhala
el último aliento de su vida.
Tiendes tus manos al seco vacío del mundo,
rasgas la piel de tu garganta,

saltan tus dulces ojos de otros días
y por última vez tu pecho se alza
en un violento esfuerzo por librarse
del peso de la losa que te espera.
El silencio se hace en tus dominios,
mientras te precipitas vertiginosamente
hacia el nostálgico limbo donde habitan,
a la orilla del tiempo, tus criaturas.
Vagas sombras cruzan por tu rostro
a medida que ganas a la muerte
una nueva porción de tus asuntos
y, borrando el desorden de una larga agonía,
surgen tus facciones de astuto cazador babilónico,
emergen del fondo de las aguas funerales
para mostrar al mundo
la fértil permanencia de tu sueño,
la ruina del tiempo y las costumbres
en la frágil materia de los años.

EXILIO

Voz del exilio, voz de pozo cegado,
vos huérfana, gran voz que se levanta
como hierba furiosa o pezuña de bestia,
voz sorda del exilio,
hoy ha brotado como una espesa sangre
reclamando mansamente su lugar
en algún sitio del mundo.
Hoy ha llamado en mí
el griterío de las aves que pasan en verde algarabía
sobre los cafetales, sobre las ceremoniosas hojas del banano,
sobre las heladas espumas que bajan de los páramos,
golpeando y sonando
y arrastrando consigo la pulpa del café
y las densas flores de los cámbulos.

Hoy, algo se ha detenido dentro de mí,
un espeso remanso hace girar,
de pronto, lenta, dulcemente,
rescatados en la superficie agitada de sus aguas,

ciertos días, ciertas horas del pasado,
a los que se aferra furiosamente
la materia más secreta y eficaz de mi vida.
Flotan ahora como troncos de tierno balso,
en serena evidencia de fieles testigos
y a ellos me acojo en este largo presente de exilado.
En el café, en casa de amigos, tornan con dolor desteñido
Teruel, Jarama, Madrid, Irún, Somosierra, Valencia
y luego Perpignan, Argelés, Dakar, Marsella.
A su rabia me uno, a su miseria
y olvido así quién soy, de dónde vengo,
hasta cuando una noche
comienza el golpeteo de la lluvia
y corre el agua por las calles en silencio
y un olor húmedo y cierto
me regresa a las grandes noches del Tolima
en donde un vasto desorden de aguas
grita hasta el alba su vocerío vegetal;
su destronado poder, entre las ramas del sombrío,
chorrea aún en la mañana
acallando el borboteo espeso de la miel
en los pulidos calderos de cobre.

Y es entonces cuando peso mi exilio
y mido la irrescatable soledad de lo perdido
por lo que de anticipada muerte me corresponde
en cada hora, en cada día de ausencia
que lleno con asuntos y con seres
cuya extranjera condición me empuja
hacia la cal definitiva
de un sueño que roerá sus propias vestiduras,
hechas de una corteza de materias
desterradas por los años y el olvido.

LIEDER

I

En alguna corte perdida,
tu nombre,

tu cuerpo vasto y blanco
entre dormidos guerreros.
En alguna corte perdida,
la red de tus sueños
meciendo palmeras,
barriendo terrazas,
limpiando el cielo.
En alguna corte perdida,
el silencio
de tu rostro antiguo.
¡Ay, dónde la corte!
En cuál de las esquinas del tiempo,
del precario tiempo
que se me va dando
inútil y ajeno.
En alguna corte perdida
tus palabras
decidiendo,
asombrando,
cerniendo
el destino de los mejores.
En la noche de los bosques
los zorros buscan
tu rostro. En el cristal
de las ventanas
el vaho de su anhelo:
Así mis sueños
contra un presente
más que imposible
innecesario.

II

Giran, giran
los halcones
y en el vasto cielo
al aire de sus alas dan altura.
Alzas el rostro,
sigues su vuelo
y en tu cuello
nace un azul delta sin salida.
¡Ay, lejana!

Ausente siempre.
Gira, halcón, gira;
lo que dure tu vuelo
durará este sueño en otra vida.

LIED EN CRETA

A cien ventanas me asomo,
el aire en silencio rueda
por los campos.
En cien caminos tu nombre,
la noche sale a encontrarlo,
estatua ciega.
Y, sin embargo,
desde el callado
polvo de Micenas,
ya tu rostro
y un cierto orden de la piel
llegaban para habitar
la grave materia de mis sueños.
Sólo allí respondes,
cada noche.
Y tu recuerdo en la vigilia
y, en la vigilia, tu ausencia,
destilan un vago alcohol
que recorre el pausado
naufragio de los años.
A cien ventanas me asomo,
el aire en silencio rueda.
En los campos,
un acre polvo micenio
anuncia una noche ciega
y en ella la sal de tu piel
y tu rostro de antigua moneda.
A esa certeza me atengo.
Dicha cierta.

En un jardín te he soñado. . .
ANTONIO MACHADO

Jardín cerrado al tiempo
y al uso de los hombres.
Intacta, libre,
en generoso desorden
su materia vegetal
invade avenidas y fuentes
y altos muros
y hace años cegó
rejas, puertas y ventanas
y calló para siempre
todo ajeno sonido.
Un tibio aliento lo recorre
y sólo la voz perpetua del agua
y algún leve y ciego
crujido vegetal
lo puebla de ecos familiares.
Allí, tal vez,
quede memoria
de lo que fuiste un día.
Allí, tal vez,
cierta nocturna sombra
de humedad y asombro
diga de un nombre,
un simple nombre
que reina todavía
en el clausurado espacio
que imagino
para rescatar del olvido
nuestra fábula.

OLGA OROZCO

Santa Rosa de Toay, La Pampa, Argentina, 1920. La pala-
bra exuberante se trama con la percepción dramática de
la pérdida en esta poesía de nostalgia imperiosa, impre-
cativa. Sus libros son Desde lejos *(1946),* Las muertas *(1952),*
Los juegos peligrosos *(1962),* La oscuridad es otro sol
(1968), Cantos a Berenice *(1978),* Obra poética *(1979),* Poe-
sía: antología *(1982) y* La noche a la deriva *(1983).*

OLGA OROZCO

Yo, Olga Orozco, desde tu corazón digo a todos que muero.
Amé la soledad, la heroica perduración de toda fe,
el ocio donde crecen animales extraños y plantas fabulosas,
la sombra de un gran tiempo que pasó entre misterios y
       entre alucinaciones,
y también el pequeño temblor de las bujías en el anochecer.
Mi historia está en mis manos y en las manos con que otros
       las tatuaron.
De mi estadía quedan las magias y los ritos,
unas fechas gastadas por el soplo de un despiadado amor,
la humareda distante de la casa donde nunca estuvimos,
y unos gestos dispersos entre los gestos de otros que no me
       conocieron.
Lo demás aún se cumple en el olvido,
aún labra la desdicha en el rostro de aquella que se buscaba
       en mí igual que en un espejo de sonrientes praderas,
y a la que tú verás extrañamente ajena:
mi propia aparecida condenada a mi forma de este mundo.
Ella hubiera querido guardarme en el desdén o en el orgullo,
en un último instante fulmíneo como el rayo,
no en el túmulo incierto donde alzo todavía la voz ronca
       y llorada
entre los remolinos de tu corazón.
No. Esta muerte no tiene descanso ni grandeza.

No puedo estar mirándola por primera vez durante tanto
   tiempo.
Pero debo seguir muriendo hasta tu muerte
porque soy tu testigo ante una ley más honda y más oscura
   que los cambiantes sueños,
allá, donde escribimos la sentencia:
"Ellos han muerto ya.
Se habían elegido por castigo y perdón, por cielo y por
   infierno.
Son ahora una mancha de humedad en las paredes del
   primer aposento."

CANTOS A BERENICE
[*Fragmento*]

XV

¡Imágenes falaces! ¡Laberintos erróneos los sentidos!
¡Anagramas intransferibles para nombrar la múltiple y
   exigua realidad!
Cada cuerpo encerrado en su Babel sin traducción desde
   su nacimiento.
Tú también en el centro de un horizonte impar, pequeño
   y desmedido.
¿Cómo era tu visión?
¿Era azul el jardín y la noche el bostezo fosforescente de
   una iguana?
¿Tenían una altura de aves migratorias mis zapatos?
¿Los zócalos comunicaban con andenes secretos que
   llevaban al mar?
¿La música que oías era una aureola blanca
semejante a un incendio en el edén de los niños perdidos
   en el bosque?
¿O era un susurro de galaxias perfumadas en la boca del
   viento?
¿Bebían de tu respiración la esponja palpitante y el
   insaciable pan?
¿Había en cada mueble un rehén sideral cuyos huesos
   crujían por volver a vivir?
¿Cada objeto era un ídolo increíble que reclamaba su óbolo,

su cucharada de aceite luminoso desde el amanecer?
¿Olfateabas la luna en la cebolla y la tormenta en el espejo?
¿Crecían entre tú y yo inmensos universos transparentes?
¿El mundo era una fiesta de polillas ebrias adentro de una
     nuez?
¿O era una esfera oscura que encerraba sucesivas esferas
     hasta el fin,
allí, donde estabas soñando con crecientes esferas como
     cielos para tu soledad?
¡Inútil cuestionario!
Las preguntas se inscriben como tu dentellada en el alfabeto
     de la selva.
Las respuestas se pierden como tus pasos de algodón en
     los panteones del recuerdo.

XVI

No invento para ti un miserable paraíso de momias de
     ratones,
tan ajeno a tus huesos como el fósil del último invierno en
     el desván;
ni absurdas metamorfosis, ni vanos espejeos de leyendas
     doradas.
Sé que preferirías ser tú misma,
esa protagonista de menudos sucesos archivados en dos o
     tres memorias
y en los anales azarosos del viento.
Pero tampoco puedo abandonarte a un mutilado calco de
     este mundo
donde estés esperándome, esperando,
junto a tus indefensas y ya sobrenaturales pertenencias
—un cuenco, un almohadón, una cesta y un plato—,
igual que una inmigrante que transporta en un fardo el
     fantasmal resumen del pasado.
Y qué cárcel tan pobre elegirías
si te quedaras ciega, plegada entre los bordes mezquinos
     de este libro
como una humilde flor, como un pálido signo que perdió
     su sentido.
¿No hay otro cielo allá para buscarte?

¿No hay acaso un lugar, una mágica estampa iluminada,
en esas fundaciones de papel transparente que erigieron los
     grandes,
ellos, los señores de la mirada larga y al trasluz,
Kipling, Mallarmé, Carroll, Eliot o Baudelaire,
para alojar a otras indescifrables criaturas como tú,
como tú prisioneras en el lazo de oscuros jeroglíficos que
     las ciñe a tu especie?
¿No hay una dulce abuela con manos de alhucema y mejillas
     de miel
bordando relicarios con aquellos escasos momentos de dicha
     que tuvimos,
arrancando malezas de un jardín donde se multiplica el
     desarraigo,
revolviendo en la olla donde vuelven a unirse las sustancias
     de la separación?
Te remito a ese amparo.
Pero reclamo para ti una silla en la feria de las tentaciones;
ningún trono de honor,
sino una simple silla a la intemperie para poder saltar hacia
     el amor:
esa gran aventura que hace rodar sus dados como abismos
     errantes.
El paraíso incierto y sin vivir.

ALEJANDRO ROMUALDO

Trujillo, Perú, 1926. Ha publicado Poesía *(1954),* Edición extraordinaria *(1958),* Como Dios manda *(1967),* El movimiento y el sueño *(1971) y* Cuarto mundo *(1972). En sus inicios, Romualdo cultivó un lirismo de estirpe rilkeana, característico de su generación, pero luego evolucionó hacia las formas más coloquialistas de la poesía social, aunque sus modelos fueron los poetas españoles de la posguerra y su dicción elegiaca. Ha explorado también el contrapunto espacial, la música popular, el discurso periodístico y político. Su mejor poesía posee una pasión civil inmediata, una vehemencia precisa, una vitalidad comunicante y solidaria.*

CANTO CORAL A TUPAC AMARU, QUE ES LA LIBERTAD

> Yo ya no tengo paciencia para aguantar todo esto.
>
> MICAELA BASTIDAS

Lo harán volar
con dinamita. En masa,
lo cargarán, lo arrastrarán. A golpes
le llenarán de pólvora la boca.
Lo volarán:
        ¡y no podrán matarlo!

Lo pondrán de cabeza. Arrancarán
sus deseos, sus dientes y sus gritos.
Lo patearán a toda furia. Luego
lo sangrarán:
        ¡y no podrán matarlo!

Coronarán con sangre su cabeza;
sus pómulos, con golpes. Y con clavos

sus costillas. Le harán morder el polvo.
Lo golpearán:
               ¡y no podrán matarlo!

Le sacarán los sueños y los ojos.
Querrán descuartizarlo grito a grito.
Lo escupirán. Y a golpe de matanza
lo clavarán:
               ¡y no podrán matarlo!

Lo pondrán en el centro de la plaza,
boca arriba, mirando al infinito.
Le amarrarán los miembros. A la mala
tirarán:
               ¡y no podrán matarlo!

Querrán volarlo y no podrán volarlo.
Querrán romperlo y no podrán romperlo.
Querrán matarlo y no podrán matarlo.

Querrán descuartizarlo, triturarlo,
macharlo, pisotearlo, desalmarlo.

Querrán volarlo y no podrán volarlo.
Querrán romperlo y no podrán romperlo.
Querrán matarlo y no podrán matarlo.

Al tercer día de los sufrimientos,
cuando se crea todo consumado,
gritando *¡libertad!* sobre la tierra,
ha de volver.
               Y no podrán matarlo.

SI ME QUITARAN TOTALMENTE TODO

Si me quitaran totalmente todo
si, por ejemplo, me quitaran el saludo
de los pájaros, o los buenos días
del sol sobre la tierra,
me quedaría

aún
una palabra. Aún me quedaría una palabra
donde apoyar la voz.

Si me quitaran las palabras
o la lengua,
hablaría con el corazón
en la mano,
o con las manos en el corazón.

Si me quitaran una pierna
bailaría en un pie.
Si me quitaran un ojo
lloraría en un ojo.
Si me quitaran un brazo
me quedaría el otro,
para saludar a mis hermanos,
para sembrar los surcos de la tierra,
para escribir todas las playas del mundo, con tu nombre,
amor mío.

EL CABALLO O LA PIEDRA

Hay un enorme parecido entre un caballo y una piedra. La
piedra que disparó David era tan bella como un caballo de
circo. La piedra pulida por la erosión reluce como la piel
de un caballo al sol.

Sabemos que el reino animal es una jerarquía superior a
la del reino mineral, pero una piedra que ha madurado du-
rante siglos hasta adquirir esa profunda transparencia, ese
brillo irresistible y dominador ¿no es comparable al más
brioso caballo?

La pérdida de equilibrio —ya sea provocada por los des-
hielos o por los movimientos sísmicos— desboca a la pie-
dra, y envuelta en nieve la precipita desde la cumbre hasta
el fondo del valle, como un caballo blanco en celo.

Cada día se parecen más los caballos y las piedras. Se parecen tanto que casi son ya lo mismo. Sobre todo en la estatua del rey son una unidad indestructible, pues si se destrozara la piedra, se destrozaría el caballo, y viceversa.

Pero nosotros preferimos destruir al rey.

DE METAL Y DE MELANCOLÍA

Que esto es un pozo ya no cabe duda.
(Qué duda va a caber en este pozo.)
A fondo el cielo se estrelló. Sin duda.
Sin duda el cielo se estrelló en el pozo.

Los que vengan verán lo que es la cruda
verdad, la olfatearán trozo por trozo.
Y al fin comprenderán por qué es tan dura
verdad de a puño la verdad del pozo.

Agua enterrada, saltarás de fuente
un día, en que por fin será de día
o de noche, y jamás esta espantosa

niebla, que borra el alma horriblemente.
Y entonces, ya jamás, ya la alegría
lloverá sobre el pozo, aún más hermosa.

POÉTICA

La Rosa es esta rosa. Y no la rosa
de Adán: la misteriosa y omnisciente.
Aquella que por ser la Misma Rosa
miente a los ojos y a las manos miente.

Rosa, de rosa en rosa, permanente,
así piensa Martín. Pero la cosa
es otra (y diferente) pues la rosa
es la que arde en mis manos, no en mi mente.

Ésta es la rosa misma. Y en esencia.
Olorosa. Espinosa. Y rosamente
pura. Encendida. Rosa de presencia.

La Rosa Misma es la que ve la gente.
No es la que ausente brilla por su ausencia,
sino aquella que brilla por presente.

JAIME SÁENZ

La Paz, 1921. Sus obras publicadas son: El escalpelo *(1955),* Muerte por tacto *(1957),* Aniversario de una visión *(1960),* Visitante profundo *(1964),* El frío *(1967),* Recorrer esta distancia *(1973),* Obra poética *(1975),* Bruckner y las tinieblas *(1979)* y La Noche *(1984). La poesía de Sáenz se caracteriza por su discurso salmódico, de recuperaciones rituales, y por su desasosiego interno, que lleva a la palabra por sucesivos despojamientos. Dramáticamente, el hablante poético recuenta experiencias de orfandad y visión, de agobio y exaltación, de pérdida de los sentidos y ganancia del sentido. Especialmente en su último libro, los nocturnos de este poeta de palabra desnuda comunican con limpidez su intensa intuición del desamparo.*

LA NOCHE

1

Extrañamente, la noche en la ciudad, la noche doméstica, la noche oscura:

la noche que se cierne sobre el mundo: la noche que se duerme, y que se sueña, y que se muere; la noche que se mira,

no tiene nada que ver con la noche.

Pues la noche sólo se da en la realidad verdadera, y no todos la perciben.

Es un relámpago providencial que te sacude, y que, en el instante preciso, te señala un espacio en el mundo:

un espacio, uno solo;

para habitar, para estar, para morir —y tal el espacio de tu cuerpo.

Pues existe un mandato, que tú deberás cumplir,

en homenaje a la realidad de la noche, que es la tuya propia;

aun a costa de renunciamientos imposibles, y de interminables tormentos,

deberás decir adiós, y recogerte al espacio de tu cuerpo.

Y deberás hacerlo, sin importar el escarnio y la condena de un mundo amable y sensato.

Es de advertir que miles y miles de mortales se recogen tranquilamente al espacio de sus respectivos cuerpos,

día tras día y quieras que no, al toque de rutilantes trompetas, y en medio de lágrimas y lamentos;

pues en realidad, recogerse al espacio del cuerpo, es morir.

Pero aquí no se trata de morir.

Aquí se trata de cumplir el mandato; y por idéntica razón, habrá que vivir.

Y tan es así, que no se podrá cumplir el mandato, sino a condición de recogerse al espacio del cuerpo, con el deliberado propósito de vivir.

Lo cierto es que aquel que acomete tan alta aventura, no hace otra cosa que ocultarse de la muerte.

para vislumbrar así la manera de ser de la muerte.

4

¿Qué es la noche? —uno se pregunta hoy y siempre.

La noche, una revelación no revelada.

Acaso un muerto poderoso y tenaz,

quizá un cuerpo perdido en la propia noche.

En realidad, una hondura, un espacio inimaginable.

Una entidad tenebrosa y sutil, tal vez parecida al cuerpo que te habita.

y que sin duda oculta muchas claves de la noche.

Cuando pienso en el misterio de la noche, imagino el misterio de tu cuerpo,

que es sólo una manera de ser de la noche;

yo sé de verdad que el cuerpo que te habita no es sino la oscuridad de tu cuerpo;

y tal oscuridad se difunde bajo el signo de la noche.

En las infinitas concavidades de tu cuerpo, existen infinitos reinos de oscuridad;

y esto es algo que llama a la meditación.

Este cuerpo, cerrado, secreto y prohibido; este cuerpo, ajeno y temible,

y jamás adivinado, ni presentido.

Y es como un resplandor, o como una sombra:

sólo se deja sentir desde lejos, en lo recóndito, y con una soledad excesiva, que no te pertenece a ti.

Y sólo se deja sentir con un pálpito, con una temperatura, y con un dolor que no te pertenecen a ti.

Si algo me sobrecoge, es la imagen que me imagina, en la distancia;

se escucha una respiración en mis adentros. El cuerpo respira en mis adentros.

La oscuridad me preocupa —la noche del cuerpo me preocupa.

El cuerpo de la noche y la muerte del cuerpo, son cosas que me preocupan.

*

Y yo me pregunto:

¿Qué es tu cuerpo? Yo no sé si te has preguntado alguna vez qué es tu cuerpo.

Es un trance grave y difícil.

Yo me he acercado una vez a mi cuerpo;

y habiendo comprendido que jamás lo había visto, aunque lo llevaba a cuestas,

le he preguntado quién era;

y una voz, en el silencio, me ha dicho:

Yo soy el cuerpo que te habita, y estoy aquí, en las oscuridades, y te duelo, y te vivo, y te muero.

Pero no soy tu cuerpo. Yo soy la noche.

AMANDA BERENGUER

Montevideo, 1924. Una de las poetas más verdaderas de América Latina, su calidad durable proviene de la autoridad y resonancia de su palabra inmediata y a la vez elaborada, siempre a cargo de un pensamiento intransferible. Es autora de Elegía por la muerte de Paul Valéry *(1945),* El río *(1952),* La invitación *(1957),* Contracanto *(1961),* Quehaceres e invenciones *(1963),* Declaración conjunta *(1964),* Materia prima *(1966),* Composición de lugar *(1976) e* Identidad de ciertas frutas *(1983). Su obra está reunida en* Poesía, 1949-1979 *(Buenos Aires, 1980).*

VALORAR VALORES

                abre
            la a
            viola su cerradura
            de aire y
            de agua
        besa
    la b
        bebiéndole la médula
                        cela
                    la c
                    cela
                    su celada
        defiende
    la d
con dedos y
    tridentes
            baja la cabeza
            inclínate
                    enhebra
                la e

                            ¿lo harás?

no hagas trampas al efectuar
                    la f
          genera
    la g
          gerifalte
entre las generales de la ley
                              llámale
                                      h
                          a la siguiente
y sigue juglar
              con arriesgadas pruebas
      el tigre al-fa be-tario
persigue
              hostiga   alcanza
        organicemos los términos en fuga
 por la
      diccionaria selva   brota floración
      vocablo ejercitado   salta la pertinaz
      palabra obrera
                cazadora
búscala
      llámala   aquella que nombrada
pone en funcionamiento   la hélice
                                    el gatillo
suelta las riendas detonantes y
trabaja señales   piedra sobre
                     piedra
                faros
     día y noche   anuncios

     por un clavo   se pierde   una herradura
     por una herradura   un caballo
  y por un caballo   un jinete

     por una letra   se pierde   una palabra
     por una palabra   una sentencia
  y por una sentencia   la vida

204

EMBARCACIÓN

Oh lengua, no detengas la marea
que llega del desierto y te traspasa,
y viene de un reseco mar de duelo.
No quieras impedir la larga espera,
la avalancha de arena sobre el alma,
las calcinadas ráfagas de sueños,
amargas y calientes, duraderas,
como un seco abanico de palmeras.

Únete a mí, oh lengua, hermana mía,
y déjame llevar contigo a solas
el peso de la luz sobre mis días.
No clausures la boca como piedra,
que el decir me consuela y me desangra,
al quitarme la vida me la suma,
que cuanto menos sangre más altura.

Déjame ahora consolarme apenas,
que siento que es mentira y que me miento.
Nada ni nadie —que no hay nadie, digo—
podrá cambiarme sangre por consuelo.

Ay labios del olvido siempre abiertos,
que de besarlos llevo entre los míos
engañado el aliento de recuerdos.
Cuando vengan yo quiero repetirlos,
quiero abrirlos en lenta despedida,
y dejarlos caer como las hojas
que el invierno señala una a una
con un frágil rigor de siemprevivas.

ORILLAS

¡Qué breve y dulce el aire que respiro,
qué breve el sitio donde me detengo,
qué ligero el andar, el movimiento
del alma que me sigue apresurada,
que es breve el tiempo y breve mi posada!

LIMO

Me dice el fuego que es verdad la llama,
y el mar antiguo que es verdad la espuma:
verdad del canto que se lleva el viento,
verdad del río que se va perdiendo.

Me dice el cielo que es verdad la nube,
y el marinero que es verdad la estrella:
verdad del viaje usual de toda sangre,
verdad del alma huyendo en las tinieblas.

Que es verdad —me dijeron— la esperanza.
¡Al aire el corazón! ¡Al aire el sueño!
¡Al aire los pañuelos y el olvido!
Que es verdad —me repito— desde el alba. . .
Y ha llegado la noche despacito,
y lo quise decir, y no he sabido.

CRECIENTE

Nos cubre un ala tenebrosa y dulce;
es una sombra —amor—, una celada,
una trampa de viejas pesadumbres.
Mírame ahora, ardida, devastada,
entre marchitos lirios funerales,
entre asesinas fiestas. De arrabales
del cuerpo descendida —amor—, del río
incierto y solitario, de la fuente
apurada de noche y exterminio.
Míralos ya, que pasan, que relucen,
que saben que nos pisan, que nos hieren,
que ardemos un instante, condenados
en la lumbre violeta y pasajera
como selva y crepúsculo abrazados.
Suelta la mano, el grito, las palabras,
los libros, las pasiones, los caballos,
suelta la carne —amor—, suelta los ciervos,
y súbeme a la altura, a la alborada,
y súbeme contigo hasta perdernos.

SUFICIENTE MARAVILLA

En medio de este mundo, enseñoreada
      voy entre los domésticos poderes
      de mis fieles sentidos naturales

En medio de este mundo en que me veo
      de sol a sol, tenaz sobreviviente,
      con estas armas, del amor usadas,
      pienso robarle espantos a la muerte.

LOS TOTALES OJOS

      Los ojos
              los totales ojos siempre
   así en la noche negra
   así en la más segura oscuridad
y
   así en el día.

PAISAJE

Una estrella suicida, una luz mala,
cuelga, desnuda, desde el cielo raso.
Su cerrada corona acaso sangra.
Acaso su reinado es este instante.
Crecido el mar debajo de la cama
arrastra los zapatos con mis pasos
finales. Sacan los árboles vivos
un esqueleto mío del espejo.
En el techo los pájaros que vuelan
de mis ojos brillan fijamente.
Acaso no esté sola para siempre.
La mesa cruje bajo el peso usado
de las hojas secas. Un viento adentro
cierra la puerta y la ventana y abre
de pronto, entre cadáveres, la noche.
También mi corazón. Ya voy, tinieblas.

IDENTIDAD DE CIERTAS FRUTAS

(LA ALMENDRA 1)

Si las almendras fueran ojos
Montevideo sería un gran almendro
derribado
                    sobre la peninsular Cuchilla Grande.
Un río morado y lento
        limpia los bordes de la espada.

Cuando parto una almendra
            parto los ojos abiertos
                        de un muerto querido
        o los ojos de mármol de un Apolo arcaico.

La almendra y la ceguera se confunden
como "la ardiente" y nefasta Sirio
y su propio Can Mayor.
Abrimos la almendra
            la constelación muda
                        caída.
Nos comemos las pepitas de leche y oro
            sus estrellas blancas crepitantes.

También nosotros vamos a ciegas
                        por las calles
palpando apenas
            las duras cáscaras partidas
            nuestros párpados sin sueño.

ELISEO DIEGO

Cuba, 1920. Sus libros son En la calzada de Jesús del Monte *(1949),* Por los extraños pueblos *(1958),* El oscuro esplendor *(1966),* Muestrario del mundo o libro de las maravillas de Boloña *(1968),* Nombrar las cosas *(1973). Diego proviene del magnífico grupo de* Orígenes, *y está privilegiado por ese culto distintivo de la palabra esencial, suficiente y material; se diferencia de Lezama y de Vitier por su regusto en los detalles y peripecias del paisaje cotidiano, por su minimalismo contemplativo y su escenario gozoso y solitario. Cultiva el poema en prosa y maneja un lirismo cauto y un humor elegante.*

EL PRIMER DISCURSO

En la Calzada más bien enorme de Jesús del Monte
donde la demasiada luz forma otras paredes con el polvo
cansa mi principal costumbre de recordar un nombre,

y ya voy figurándome que soy algún portón insomne
que fijamente mira el ruido suave de las sombras
alrededor de las columnas distraídas y grandes en su calma.

Cuánto abruma mi suerte, que barajan mis días estos dedos
       de piedra
en el rincón oculto que orea de prisa la nostalgia
como un soplo que nombra el espacio dichoso de la fiesta.

Al centro de la noche, centro también de la provincia,
he sentido los astros como espuma de oro deshacerse
si en el silencio delgado penetraba.

Redondas naves despaciosas lanudas de celestes algas
daban ganas de irse por la bahía en sosiego
más allá de las finas rompientes estrelladas.

Y en la ciudad las casas eran altas murallas para que las
        tinieblas quiebren,
¡oh el hervor callado de la luna que sitia las tapias blancas
y el ruido de las aguas que hacia el origen se apresuran!

y daban miedo las tablas frágiles del sueño lamidas por la
        noche vasta.

Mas en los días el vuelo desgarrador de la paloma
embriagaba mis ojos con la gracia cruel de las distancias.

Cómo pesa mi nombre, qué maciza paciencia para jugar sus
        días
en esta isla pequeña rodeada por Dios en todas partes,
canto del mar y canto irrestañable de los astros.

Calzada, reino, sueño mío, de veras tú me comprendes
cuando la demasiada luz forma nuevas paredes con el polvo
y mi costumbre me abruma y en ti ciego me descanso.

EL POBRE

Éste es el pobre cuyo rostro ahondan
los fatigosos pasos de su vida
como a la piedra ahonda la temida
costumbre inapelable de la ronda.

Éstos los surcos rígidos de sombra
donde no corre mansa la sonrisa,
cauce cavado en lívida ceniza,
tal es el surco que su boca asombra.

Henchida de tiniebla permanente
su nariz es la bestia que se ampara
junto a los ojos a su noche abiertos.

Y quién es éste, níveo de relente,
que las aguas nocturnas apartara
resplandeciendo casto al descubierto.

LA MUCHACHA

Mirar a una muchacha refresca,
como el olor de una rosa la tiniebla
pesadamente infinita del aliento.
Mirarla es como mirar una palma,
esbelta madre joven
y bendición criolla de las noches diáfanas.

Crecida en sombra de las Vegas,
la muchachita vegetal, con la toca
de serenísimo hilo, por el aire
conocedor del Domingo mencionada.

Mientras la iglesiá en imagen te aquieta,
dulce aroma del tiempo, hija del hombre,
mirarte es un orgullo melancólico.

EL COLOR ROJO

El color rojo de los pueblos, antiguo,
fervoroso y tenaz en la memoria
del almacén nocturno arde
como borroso puño y escritura
sagrada y ágil máscara de fiebre,
de tal forma que nunca
podremos descifrar
el angustiado parlamento,
el discurso veraz y las noticias
seniles de la fiesta que acabó muy tarde,
cuando el color rojo
de los pueblos surgía
en las cenizas del alba como el silencio
en la intemperie del andén último, que mira
el desolado sueño y la inquietud de la seca
y el color rojo
de los muros finales, ásperos,
el color rojo, el cansado color
que nunca pierden, casi como razón de fe,
como la piel amarga,
como la fe sedienta de los pueblos.

COMO A UN DIOS

Escribe: Un hombre, allá en su estancia, en lo más hondo del claro palacio de la lluvia, ¿no es como un dios a quien obedecen oscuramente, aun sin saberlo, todas las criaturas? El árbol lo escucha desde su intemperie, y en la conciencia húmeda de los grillos está como el sueño.

Cuando lo llaman a comer y su familia se reúne alrededor de la mesa, a través de la luz solemne, y comienzan a volar las palabras, algunas con vuelo corto, que caen sordas, y otras de vuelo tan ágil; o cuando enciende la lámpara en el portal, y se arropa en la luz frente a la noche: entonces no —entonces pasa como ignorándolo todo.

Pero allá, en lo más hondo de la lluvia, oscuramente sabe que él dispone la fiesta de las hojas más lejanas; oscuramente sus dedos mueven los hilos de las nubes nocturnas; y oscuramente se le olvida como a un dios —como a un dios que compasivamente se distrae y contempla el sentido de sus manos, allá en lo más hondo de la memoria.

LOS TINTES OCRES, VERDES, PLATEADOS

Gustave Flaubert, 1821-1880

Puesto a leer los tintes ocres, verdes, plateados,
con que Flaubert recrea el tiempo ido
de una provincia inexistente —los secretos
encajes del rocío en el jardín de Tostes
tan vagos ya como frágiles el día
en que Flaubert los vio quién sabe dónde;
y más, en fin, los suculentos
trozos de carne cruda, sonrosada,
temblando aquí cuando golpean
allá el primor de la espinaca;
y luego el campo, el bosque, los caminos
que apenas son una ligera urdimbre
a la terrible luz del estar vivo
con el libro de un muerto entre las manos

—todo este mundo que lo sobrevive
tan lejos de él como el deseo lo quiso
para librarlo de su propia nada;
puesto a leer el ocre, el malva, el oro,
pienso en el tiempo en que se vuelvan humo,
apagado el rumor, ida la página,
hechos humo los ojos que lo abrigan
y oculto él mismo en la memoria de la escarcha.

INSCRIPCIÓN

Virgilio, claro poeta romano,
    tú que no olvidaste nombrar a la humilde arveja
        junto a los vastos dioses impávidos,
enséñanos a mirar las cosas,
    la quebradiza corteza y la sombra
        que apenas roza el agua;

tú que descendiste al revés del silencio, dinos
    cómo conjurar a las vanas imágenes,
        para que siendo
        no se nos huyan como el humo,
    ni con el frío dañen a los nuestros;

        ayúdanos,
    condúcenos al arduo trabajo, enséñanos
el rumor que ahuyenta a los pájaros salvajes,
    y cómo desarraigar a la estéril avena,
    y los diversos sacramentales de las aguas;

y qué signos ocultan las veloces nubes,
y las pacíficas noches qué repentinos presagios, y cuáles
    la penumbra de la patria;

    de modo que sea nuestra
        tu lúcida vigilia, nuestros
        tu coraje y tu paciencia, y la obra
como un inmaculado sacrificio que se ofrece, así
        como tú ofrendaste la Eneida a las llamas.

JORGE EDUARDO EIELSON

Lima, 1924. Su producción poética está recogida en Poesía escrita, 1942-1960 *(1976); ha publicado también una novela experimental,* El cuerpo de Giulia-no *(1971). Su notable talento expresivo lo ha llevado también al teatro y, sobre todo, a la pintura. Desde el deslumbrante ejercicio poético, lujoso de imaginería y rilkeano de filiación, en* Reinos *(1945), a los ejercicios de nobleza retórica y agonía desmembrada de los últimos textos, balbuceos y residuos verbales, esta obra se distingue por su hermosa aventura en las posibilidades de la palabra, tanto la figurativa y lírica como la nominal y despojada.*

PARQUE PARA UN HOMBRE DORMIDO

Cerebro de la noche, ojo dorado
De cascabel que tiemblas en el pino, escuchad:
Yo soy el que llora y escribe en el invierno.

Palomas y níveas gradas húndense en mi memoria,
Y ante mi cabeza de sangre pensando
Moradas de piedra abren sus plumas, estremecidas.
Aún caído, entre begonias de hielo, muevo
El hacha de la lluvia y blandos frutos
Y hojas desveladas hiélanse a mi golpe.
Amo mi cráneo como a un balcón
Doblado sobre el negro precipicio del Señor.

Labro los astros a mi lado ¡oh noche!
Y en la mesa de las tierras el poema
Que rueda entre los muertos y, encendido, los corona.
Pues por todo va mi sombra tal la gloria
De hueso, cera y humus que me postra, majestuoso,
sobre el bello césped, en los dioses abrasado.

Amo así este cráneo en su ceniza, como al mundo
En cuyos fríos parques la eternidad es el mismo
Hombre de mármol que vela en una estatua
O que se tiende, oscuro y sin amor, sobre la yerba.

PIANO DE OTRO MUNDO

> Recuerdo a mi hermano muerto

Abrieras, joven, criptas de estío, soledoso,
Alas de panteón aquí posadas, ojo de buitre;
Ojo normando que me miras, tristemente,
Viendo que me estás amando, ojo, ojo, ojo,
Ojo de bosque ¿qué buscas en mis ojos —te diría—
Joven soledoso, permanente y puro?
(Firme linterna el muro parte y sierpes
Del cielo allí encerrado, y dentelladas
De brumosa flora abren tu yelmo o sumen
Tu calavera en mí, a golpes tristes, duros.)
¿No es esto puro, siniestro helecho, ogro dorado?
¿No es esto claro, ciénaga negra, sereno cielo?
No hay nadie vivo ni yo respiro —te diría—
Mis manos buscan un rostro, una alegría.

LIBRERÍA ENTERRADA

¿Qué libros son éstos, Señor, en nuestro abismo, cuyas
        hojas
Estrelladas pasan por el cielo y nos alumbran?
Verdes, inmemorables, en el humus se han abierto, quizás
Han acercado una oración a nuestros labios,
O han callado tan sólo en sus sombras, cual desconocidos.
Naturaleza que ora aún en ellos, a sus signos
De hierro se arrodilla, con flores en el vientre,
Por el humano que al pasar no los vio en el polvo,
No los vio en el cielo, en la humedad de sus grutas,
Y se vinieron abajo cual un bloque de los dioses.
Desde entonces sólo queda en ellos un verde velo

De armaduras, de brazos enjoyados y corceles que
     volvieron
A su nobleza de esqueleto entre sus hojas.
Y olmos abatidos, tunas de la guerra, gloria y rosa
Duermen también en ellos, cubiertos de invernal herrumbre.
Y sólo hasta sus viejas letras muy calladamente,
La sutil retama o el lirio de la orina acuden,
Y una mano azul que vuelve sus páginas de sodio
Entre las rocas, y avienta sus escamas a la Muerte.
¿Me permitiréis, Señor, morir entre estos libros, de cuyo
     seno,
Cubiertos de aroma, mana el negro aceite de la sabiduría?

HABITACIÓN EN LLAMAS

Perdido en un negro vals, oh siempre
Siempre entre mi sombra y la terrible
Limpieza de los astros, toco el centro
De un relámpago de seda, clamo
Entre las grandes flores vivas,
Ruedo entre las patas de los bueyes, desolado.
¡Oh círculos de cieno, abismos materiales!
¿He de prenderos fuego un día,
He de borrar el sol del cielo, el mar
Del agua? ¿O he de llorar acaso
Ante los fríos ciclos naturales, como ante un ciego,
Vasto, inútil teléfono descolgado?

DOBLE DIAMANTE

¿Conoces tu cuerpo   esfera de la noche
Esfera de la noche
Huracán solar   conoces tu cuerpo
Conoces tu cuerpo   conoces
Tu admirable cabeza tus piernas moviendo
El centro miserable
De mis ojos de oro
Mis ojos de oro de mirarte

De oro de soñarte
De llorarte?

¿Conoces tu cuerpo
Fuerza de los años
Calor de los planetas?

¡Ah criatura! Tu desnudez me ahoga
Tus zapatos me queman
Días imantados son mis noches
Vacío   colmo encontrado   asilo frío. Contigo
Los astros se aburren
Las especies lloran
Muero   me levanto   clamo   vuelvo a morir
Clamando grito   entre ramas orino y fumo
          caigo
Como un rayo fácilmente en tu garganta. Contigo
Sólo silencio   placa de horrores   sedimentos
Cascada inmóvil   piedra cerrada
Abismos de oro nos persiguen
Rabiosos amigos
A través de rayos   cantos   blasfemias
Soles y serpientes   mundos de vidrio
Pomos perdidos
Amaneceres con lluvia   lluvia de sangre
Temperatura y tristeza.

¡Ah misteriosa! Odio tu cabeza pura
Imbécil terciopelo   tigre de las alturas
Odio el círculo salado
En que te pienso oculta
Odio el peso de los días
Los pulpos que me beben gota a gota
Bebiéndote a la vez ¡somos rocío!
Los pulpos luminosos que gobiernas
Los cedros empapados por tu aliento
Los siglos de hermosura en que agonizo
La luna y mis deseos de matar
La imagen de tus labios frescos   los ríos y los
          montes
Los pasos encantados de mi mano
En tu garganta.

¡Ah mis 30 000 flores **vivas**
Suave ejército vespertino   batallón perfumado!

Rotación de mi cuerpo
Hazme volver a mi cuerpo
Destrúyeme los ojos en el acto
Las uñas y los dientes sobre el fruto
Conviérteme en silencio
Deja rodar mis lágrimas en cambio
Sobre el espejo que adoro
Sobre la viva   atroz   remota   clara
Desnudez que me disuelve
Sobre el diamante igual que me aniquila
Sobre tantísimo cielo y tanta perfección enemiga
Sobre tanta inútil hermosura
Tanto fuego planetario
Tanto deseo mío.

ALBERGO DEL SOLE

dime
¿tú no temes a la muerte
cuando te lavas los dientes
cuando sonríes
es posible que no llores
cuando respiras
no te duele el corazón
cuando amanece?

¿en dónde está tu cuerpo
cuando comes
hacia dónde vuela todo
cuando duermes
dejando en una silla
tan sólo una camisa
un pantalón encendido
y un callejón de ceniza
de la cocina a la nada?

MUTATIS MUTANDIS

2

cifra sin fin cifra sin
fin cifra que nunca
principia
cantidad esplendente
cero encendido
dime tú por qué
dime dónde cuándo cómo
cuál es el hilo ciego
que se quema entre mis dedos
y por qué los cielos claros
y mis ojos cerrados
y por qué la arena toda
bajo mi calzado
y por qué entre rayos sólo
entre rayos me despierto
entre rayos me acuesto

BLANCA VARELA

Lima, 1926. Sus libros son Ese puerto existe *(1959),* Luz de día *(1963),* Valses y otras falsas confesiones *(1972) y* Canto villano *(1978). Su poesía se origina en el aliento surrealista, que ella condensa en poemas despojados de retórica, lúcidos y al mismo tiempo agonistas. La última parte de su obra, severa y retenida, se abre al drama no sin recortar la confesión con la misma intensidad de lo entredicho.*

BODAS

Perdidos en la niebla
el colibrí y su amante
Dos piedras lanzadas por el deseo
se encuentran en el aire.

La retama está viva,
arde en la niebla,
habitada.

INVIERNO Y FUGA

Nieve, labios rojos,
una gota de fuego,
un grito que nadie escucha.

Éste es el día en que llega
la ácida primavera,
en que es dulce la herida
de estar vivos.

Alto horno del cielo,
fulgor de plumas,

adiós que el aire quema
en pleno vuelo.

En aire, tierra y cielo,
en mí, en ti,
en nosotros muere el invierno.

Diamantino estertor,
irritada claridad,
lágrimas que la luz arrebata y fecunda.
Muerte llena de oro.

Todo es posible
en ese activo sueño.

CANTO VILLANO

y de pronto la vida
en mi plato de pobre
un magro trozo de celeste cerdo
aquí en mi plato

observarme
observarte
o matar una mosca sin malicia
aniquilar la luz
o hacerla

hacerla
como quien abre los ojos y elige
un cielo rebosante
en el plato vacío

rubens cebollas lágrimas
más rubens más cebollas
más lágrimas

tántas historias
negros indigeribles milagros
y la estrella de oriente

emparedada
y el hueso del amor
tan roído y tan duro
brillando en otro plato

este hambre propio
existe
es la gana del alma
que es el cuerpo

es la rosa de grasa
que envejece
en su cielo de carne

mea culpa ojo turbio
mea culpa negro bocado
mea culpa divina náusea

no hay otro aquí
en este plato vacío
sino yo
devorando mis ojos
y los tuyos

MONSIEUR MONOD NO SABE CANTAR

querido mío
te recuerdo como la mejor canción
esa apoteosis de gallos y estrellas que ya no eres
que ya no soy que ya no seremos
y sin embargo muy bien sabemos ambos
que hablo por la boca pintada del silencio
con agonía de mosca
al final del verano
y por todas las puertas mal cerradas
conjurando o llamando ese viento alevoso de la memoria
ese disco rayado antes de usarse
teñido según el humor del tiempo
y sus viejas enfermedades
o de rojo

o de negro
como un rey en desgracia frente al espejo
el día de la víspera
y mañana y pasado y siempre

noche que te precipitas
(así debe decir la canción)
cargada de presagios
perra insaciable (un peu fort)
madre espléndida (plus doux)
paridora y descalza siempre
para no ser oída por el necio que en ti cree
para mejor aplastar el corazón
del desvelado
que se atreve a oír el arrastrado paso
de la vida
a la muerte
un cuesco de zancudo un torrente de plumas
una tempestad en un vaso de vino
un tango

el orden altera el producto
error del maquinista
podrida técnica seguir viviendo tu historia
al revés como en el cine
un sueño grueso
y misterioso que se adelgaza
the end is the beginning
una lucecita vacilante como la esperanza
color clara de huevo
con olor a pescado y mala leche
oscura boca de lobo que te lleva
de Cluny al Parque Salazar
tapiz rodante tan veloz y tan negro
que ya no sabes
si eres o te haces el vivo
o el muerto
y si una flor de hierro
como un último bocado torcido y sucio y lento
para mejor devorarte

querido mío

adoro todo lo que no es mío
tú por ejemplo
con tu piel de asno sobre el alma
y esas alas de cera que te regalé
y que jamás te atreviste a usar
no sabes cómo me arrepiento de mis virtudes
yo no sé qué hacer con mi colección de ganzúas
y mentiras
con mi indecencia de niño que debe terminar este cuento
ahora que ya es tarde
porque el recuerdo como las canciones
la peor la que quieres la única
no resiste otra página en blanco
y no tiene sentido que yo esté aquí
destruyendo
lo que no existe

querido mío
a pesar de eso
todo sigue igual
el cosquilleo filosófico después de la ducha
el café frío el cigarrillo amargo el Cieno Verde
en el Montecarlo
sigue apta para todos la vida perdurable
intacta la estupidez de las nubes
intacta la obscenidad de los geranios
intacta la vergüenza del ajo
los gorrioncitos cagándose divinamente en pleno cielo
de abril
Mandrake criando conejos en algún círculo
del infierno
y siempre la patita de cangrejo atrapada
en la trampa del ser
o del no ser
o de no quiero esto sino lo otro
tú sabes
esas cosas que nos suceden
y que deben olvidarse para que existan
verbigracia la mano con alas
y sin mano
la historia del canguro —aquella de la bolsa o la vida—
o la del capitan encerrado en la botella

para siempre vacía
y el vientre vacío pero con alas
y sin vientre
tú sabes
la pasión   la obsesión
la poesía   la prosa
el sexo   el éxito
o viceversa
el vacío congénito
el huevecillo moteado
entre millones y millones de huevecillos moteados
tu y yo
you and me
toi et moi
te for two en la inmensidad del silencio
en el mar intemporal
en el horizonte de la historia
porque ácido ribonucleico somos
pero ácido ribonucleico enamorado siempre

TOMÁS SEGOVIA

Nacido en Valencia, España, en 1927, Segovia es poeta mexicano aunque es también un poeta de un exilio más esencial. En Poesía, 1943-1976 (1982) está reunida su obra, que se distingue por su calidad exploratoria, su apertura empática a las cosas y los seres, su fe en el conocer poético, su fresca y viva entrega a las bellezas parciales del mundo. La pasión erótica, desdoblada en aventura poética, preside su trabajo, solitario y fidedigno.

ANAGNÓRISIS
[*Fragmento*]

mariposa apagada ave en harapos
a tu paso monótono y de tu mano gris
orfandad errabunda
se avanza siempre sin tocar las costas
en un viaje engañoso
sin encontrar descanso
hacia un exilio prometido
se recorre una etapa sin cesar postergada
tu carbón cruza el día y lo coagula
tu graznido de cuervo borra las palomas
tu cuerpo son cenizas de un hada consumida
     sobre la fulminada arboladura
        de una trágica madre descarnada
voy invisible de tu mano por el tiempo
me guía por la niebla tu mano de niebla
tu andar ausente me extravía
no me he apartado un paso del origen
ni me he acercado un paso
viene siempre detrás de mí mi nacimiento
como la vigilante luna de los viajes
un gran astro borroso me persigue
     que si le salgo al paso retrocede

tendría que tocar **el núcleo**
punzar una raíz neurálgica
el latido oprimir más elusivo
y la niebla se haría transparente
flota en mi propia carne el astro muerto
su luz triste me ahoga sin dejarme mirarla
su frialdad me inunda como una fiebre inversa
    que me habita y habito
mi propia carne oscura me hablaría en mi lengua
    si pudiera arrojar esta tóxica luna
y sembrarla en el tiempo
las ignorantes puertas se abrirían
    de este corazón mío donde nunca he vivido
pero cómo avanzar hacia el origen
    que cada nuevo paso aparta
despertar para verme cómo duermo
desde aquí inmóvil cómo me alejo
y salir a mirarme desde afuera
    cómo me quedo adentro

fuera de este espesor no hay sino noche
todo lo que no es niebla es sólo ausencia
si entro a habitar mi rostro
    en él la confusión entra conmigo
lo que de mí está fuera es sólo pérdida
remordimiento y ruina
sorbida vibración espacio desertado
sólo en esta penumbra me rodean mis cosas
afuera son los huecos de presencias que huyeron
lo que pongo en el tiempo lo traiciono
tampoco yo "daría la vida por mi vida"
el tiempo es una inmensa y silenciosa diáspora
las horas siempre llegan tarde
eternamente espera el amor al amor
al pie del viejo tronco sobre el que gira el tiempo
siempre llegando el uno cuando el otro ha partido
yéndose siempre cuando ya viene el otro
salgo y salgo a buscarme y a buscarte
pero la cita es siempre equivocada
porque acudo y acudes pero no acude el tiempo
siempre te esperé Amor en otro sitio
siempre tú me esperaste en donde yo no estaba

siempre detrás de mí vino una diosa
que yo delante perseguía
la que acoge y conforta
la que señala con su espera el término
y que sin preguntar
hace posible mi respuesta
y es la estela en el agua
y el oriente en el aire
y el regazo donde somos comprendidos
la que ve mi visión
la que en mi soledad dialoga
la indiscernible compañía
para quien hablan las palabras que no digo
la que recibe lo que no he pensado
y me respira en mi intención
la que transfiguradas devuelve mis preguntas
la aguja del compás
del que yo soy la punta errante
la que habla cuando el árbol habla
en el meditabundo crepúsculo medita
y duerme en los errantes soplos
la que hace mi casa en todas partes

ella la siempre en su lugar
horizonte pero que mira
luz que se queda y besa
alma del vuelo medida del cambio
secreto del amor
que eternamente ríe en el día inmortal
ella ella olvidada traicionada perdida
mirada sin respuesta ángel negada
reina desfigurada diosa esclava
belleza amordazada
el viento ya no es tu voz
mis horas ya no son las perlas
que tu solicitud traspasa y une
y mis palabras se disuelven en el aire
ya no sé descifrar lo que hago lo que digo
alguien que no he llamado
en mí se instala y piensa brutalmente
su mirada feroz nunca se tranquiliza
y está exánime el agua el aire no palpita

la tierra yace gris y yerta como un asesinado
ya nada canta nada ríe el coro está disperso
el tiempo suena a hueco las horas caen a tropezones
qué espero por qué vivo
por qué cierro los ojos con violencia
sin esperar ya nada sino que muera el día
quién es éste que insiste en ofrecerse
    al torrente del tiempo
por qué pisa la tierra por qué respira el aire
por qué enturbia la aurora y envenena la luz
ah no permitas más esta vergüenza
ángel alma pureza ven
incéndiame lléname hasta los bordes
    de pesada ceniza
y que tu viento huracanado me sacuda
no me perdones
                no soy yo a quien perdonas en mí
devuélveme tu amor su violenta exigencia
tu terrible alegría tu solar quemadura
de cuando fui el amado de la tierra desnuda
el predilecto de la Madre Descarnada
de una pulcra indigencia deseado
cómo podré perder la culpa de perderte
borrar la ausencia asesinar lo que nos mata
olvidar el olvido apartar el desvío
cómo llamarte sin violar tu nombre
a ti que eres silencio suficiente
una sola palabra proferida
¿no bastaría para coagular
paralizar pulverizar tu amor?
cómo buscarte mas sin apartar los ojos
    ni un solo instante de este horror
no temas
        no te miro
no tienes que mostrarte
                        nada digas
pero sigue detrás de mí
materna Eurídice. . .

JAIME SABINES

Tuxtla Gutiérrez, Chiapas, México, 1926. Los libros de este poeta de la lengua emotiva y abrupta pero también tierna y conmovedora son: Horal *(1950),* La señal *(1951),* Tarumba *(1956),* Diario semanario y otros poemas en prosa *(1961),* Recuento de poemas *(1962),* Yuria *(1967),* Algo sobre la muerte del mayor Sabines *(1972),* Maltiempo *(1972) y* Nuevo recuento de poemas *(1977 y 1980). El desgarramiento dramático, tanto como el escepticismo lúdico y el lirismo a flor de piel, hacen de esta poesía confesional una fuente viva de la emotividad zozobrante del sentido y el sinsentido de la existencia. Poesía poderosa y excesiva, es a la vez una de las instancias más arriesgadas de la posibilidad de decir más, y sin tabúes, en nuestro idioma.*

MI CORAZÓN ME RECUERDA. . .

Mi corazón me recuerda que he de llorar
por el tiempo que se ha ido, por el que se va.

Agua del tiempo que corre, muerte abajo,
tumba abajo, no volverá.

Me muero todos los días
sin darme cuenta, y está
mi cuerpo girando
en la palma de la muerte
como un trompo de verdad.

Hilo de mi sangre, ¿quién te enrollará?

Agua soy que tiene cuerpo,
la tierra la beberá.

Fuego soy, aire compacto,
no he de durar.

El viento sobre la tierra
tumba muertos, sobre el mar,
los siembra en hoyos de arena,
les echa cal.

Yo soy el tiempo que pasa,
es mi muerte la que va
en los relojes andando hacia atrás.

ME TIENES EN TUS MANOS

Me tienes en tus manos
y me lees lo mismo que un libro.
Sabes lo que yo ignoro
y me dices las cosas que no me digo.
Me aprendo en ti más que en mí mismo.
Eres como un milagro de todas horas,
como un dolor sin sitio.
Si no fueras mujer fueras mi amigo.
A veces quiero hablarte de mujeres
que a un lado tuyo persigo.
Eres como el perdón
y yo soy como tu hijo.
¡Qué buenos ojos tienes cuando estás conmigo!
¡Qué distante te haces y qué ausente
cuando a la soledad te sacrifico!
Dulce como tu nombre, como un higo,
me esperas en tu amor hasta que arribo.
Tú eres como mi casa,
eres como mi muerte, amor mío.

ANDO BUSCANDO A UN HOMBRE...

Ando buscando a un hombre que se parezca a mí
para darle mi nombre, mi mujer y mi hijo,
mis libros y mis deudas.
Ando buscando a quién regalarle mi alma,
mi destino, mi muerte.

¡Con qué gusto lo haría,
con qué ternura me dejaría en sus manos!

A ESTAS HORAS, AQUÍ

Habría que bailar ese danzón que tocan en el cabaret de
      abajo,
dejar mi cuarto encerrado
y bajar a bailar entre borrachos.
Uno es un tonto en una cama acostado,
sin mujer, aburrido, pensando,
sólo pensando.
No tengo "hambre de amor", pero no quiero
pasar todas las noches embrocado
mirándome los brazos,
o, apagada la luz, trazando líneas con la luz del cigarro.
Leer, o recordar,
o sentirme tufo de literato,
o esperar algo.
Habría que bajar a una calle desierta
y con las manos en las bolsas, despacio,
caminar con mis pies e irles diciendo:
uno, dos, tres, cuatro. . .
Este cielo de México es obscuro,
lleno de gatos,
con estrellas miedosas
y con el aire apretado.
(Anoche, sin embargo, había llovido,
y era fresco, amoroso, delgado.)
Hoy habría que pasármela llorando
en una acera húmeda, al pie de un árbol,
o esperar un tranvía escandaloso
para gritar con fuerzas, bien alto.
Si yo tuviera un perro podría acariciarlo.
Si yo tuviera un hijo le enseñaría mi retrato
o le diría un cuento
que no dijera nada pero que fuera largo.
Yo ya no quiero, no, yo ya no quiero
seguir todas las noches vigilando
cuándo voy a dormirme, cuándo.

232

Yo lo que quiero es que pase algo,
que me muera de veras
o que de veras esté fastidiado,
o cuando menos que se caiga el techo
de mi casa un rato.

La jaula que me cuente sus amores con el canario.
La pobre luna, a la que todavía le cantan los gitanos,
y la dulce luna de mi armario,
que me digan algo,
que me hablen en metáforas, como dicen que hablan,
este vino es amargo,
bajo la lengua tengo un escarabajo.

¡Qué bueno que se quedara mi cuarto
toda la noche solo,
hecho un tonto, mirando!

ALGO SOBRE LA MUERTE DEL MAYOR SABINES

V

De las nueve de la noche en adelante
viendo la televisión y conversando
estoy esperando la muerte de mi padre.
Desde hace tres meses, esperando.
En el trabajo y en la borrachera,
en la cama sin nadie y en el cuarto de niños,
en su dolor tan lleno y derramado,
su no dormir, su queja y su protesta,
en el tanque de oxígeno y las muelas
del día que amanece, buscando la esperanza.
Mirando su cadáver en los huesos
que es ahora mi padre,
e introduciendo agujas en las escasas venas,
tratando de meterle la vida, de soplarle
    en la boca el aire. . .

(Me avergüenzo de mí hasta los pelos
por tratar de escribir estas cosas.
¡Maldito el que crea que esto es un poema!)

Quiero decir que no soy enfermero,
padrote de la muerte,
orador de panteones, alcahuete,
pinche de Dios, sacerdote de las penas.
Quiero decir que a mí me sobra el aire...

VI

Te enterramos ayer.
Ayer te enterramos.
Te echamos tierra ayer.
Quedaste en la tierra ayer.
Estás rodeado de tierra
desde ayer.
Arriba y abajo y a los lados
por tus pies y por tu cabeza
está la tierra desde ayer.
Te metimos en la tierra,
te tapamos con tierra ayer.
Perteneces a la tierra
desde ayer.
Ayer te enterramos
en la tierra, ayer.

VII

Madre generosa
de todos los muertos,
madre tierra, madre,
vagina del frío,
brazos de intemperie,
regazo del viento,
nido de la noche,
madre de la muerte,
recógelo, abrígalo,
desnúdalo, tómalo,
guárdalo, acábalo.

RECADO A ROSARIO CASTELLANOS

Sólo una tonta podía dedicar su vida a la soledad y al
    amor.
Sólo una tonta podía morirse al tocar una lámpara,
si lámpara encendida,
desperdiciada lámpara de día eras tú.
Retonta por desvalida, por inerme,
por estar ofreciendo tu canasta de frutas a los árboles,
tu agua al manantial,
tu calor al desierto,
tus alas a los pájaros.
Retonta, rechayito, remadre de tu hijo y de ti misma.
Huérfana y sola como en las novelas,
presumiendo de tigre, ratoncito,
no dejándote ver por tu sonrisa,
poniéndote corazas transparentes,
colchas de terciopelo y de palabras
sobre tu desnudez estremecida.

¡Cómo te quiero Chayo, cómo duele
pensar que traen tu cuerpo! —así se dice—
(¿Dónde dejaron tu alma? ¿No es posible
rasparla de la lámpara,
recogerla del piso con una escoba?
¿Qué, no tiene escobas la Embajada?)
¡Cómo duele, te digo, que te traigan,
te pongan, te coloquen, te manejen,
te lleven de honra en honra funerarias!
(¡No me vayan a hacer a mí esa cosa
de los Hombres Ilustres, con una chingada!)
¡Cómo duele, Chayito! ¿Y esto es todo?
¡Claro que es todo, es todo!
Lo bueno es que hablan bien en el *Excélsior*
y estoy seguro de que algunos lloran,
te van a dedicar tus suplementos,
poemas mejores que éste, estudios, glosas,
¡qué gran publicidad tienes ahora!

La próxima vez que platiquemos
te diré todo el resto.

Ya no estoy enojado.
Hace mucho calor en Sinaloa.
Voy a irme a la alberca a echarme un trago.

IDEA VILARIÑO

Montevideo, 1920. Es autora de La suplicante *(1945),* Cielo
cielo *(1947),* Paraíso perdido *(1949),* Por aire sucio *(1951),*
Nocturnos *(1955),* Pobre mundo *(1966),* Poemas de amor
(1962), Los salmos *(1974),* No *(1980), además de selecciones
y compilaciones temáticas. También ha escrito ensayos
sobre poesía y en torno a los motivos del tango. Su poesía
es inmediatamente reconocible por su radical negatividad,
que refuta las instancias de acuerdo en nombre de una an-
gustia desasosegada esencial, y por el laconismo desnudo
de su lenguaje. Esa íntima violencia existencial es una
rebeldía sistemática, y esa palabra descarnada una verdad
moral.*

PARAÍSO PERDIDO

Lejano infancia paraíso cielo
oh seguro paraíso.
Quiero pedir que no y volver. No quiero
oh no quiero no quiero madre mía
no quiero ya no quiero no este mundo.
Harta es la luz con mano de tristeza
harta la sucia sucia luz vencida
hartas la voz la boca la catada
y regustada inercia de la forma.
Si no da para el día si el cansancio
si la esperanza triturada y la alta
pesadumbre no dan para la vida
si el tiempo arrastra muerto de un costado
si todo para arder para sumirse
para dejar la voz temblando estarse
el cuerpo destinado la mirada
golpeada el nombre herido rindan cuentas.
No quiero ya no quiero hacer señales
mover la mano no ni la mirada

ni el corazón. No quiero ya no quiero
la sucia sucia sucia luz del día.
Lejano infancia paraíso cielo
oh seguro seguro paraíso.

NADIE

Ni tú
nadie
ni tú
que me lo pareciste
menos que nadie
tú
menos que nadie
menos que cualquier cosa de la vida
y ya son poco y nada
las cosas de la vida
de la vida que pudo ser
que fue
que ya nunca podrá volver a ser
una ráfaga
un peso
una moneda viva y valedera.

EL OJO

Qué pasa ahora
qué es este prodigio este
desplome de prodigios conmoviendo la noche.
Qué es esto preguntamos
qué es esto y hasta dónde.
El mundo cede vuelve
retrocede
se borra se derrumba se hunde
lejos
deja de ser.
Qué será de nosotros
qué es esto preguntamos espantados

qué es.
Y sin embargo
sobre el sordo delirio sobre el fuego
de todo lo que quema y que se quema
en lo más implacable de la noche
en lo más ciego de la noche está
planeando sobre el colmo y la ceguera
un ojo frío y despiadado y neutro
que no entra en el juego
que no se engaña nunca
que se ríe.

QUÉ FUE LA VIDA

Qué fue la vida
qué
qué podrida manzana
qué sobra
qué desecho

Si era una rosa
si era
una nube dorada
y debió florecer
liviana
por el aire.

Si era una rosa
si era
una llama feliz
si era cualquier cosa
que no pese
no duela
que se complazca en ser
que sea fácil
fácil.

No pudo consistir en corredores
en madrugadas sórdidas
en asco

en tareas sin luz
en rutinas
en plazos.
No pudo ser
no pudo.

No eso
lo que fue
lo que es
el aire sucio de la calle
el invierno
las faltas varias las
miserias
el cansancio

en un mundo desierto.

PASAR

Quiero y no quiero
busco
un aire negro un cieno
relampagueante
un alto
una hora absoluta
mía ya para siempre
Quiero y no quiero
espero
y no
y desespero
y por veces aparto
con todo olvido todo abandono toda
felicidad
ese día completo
esa huida ese más
ese desdén entero
esa destituida instancia
ese vacío
más allá del amor
de su precario don

240

de su no
de su olvido
esa puerta sin par
el solo paraíso.
Quiero y no quiero
quiero
quiero sí y cómo quiero
dejarlo estar así
olvidar para siempre
darme vuelta
pasar
no sonreír
salirme
en una fiesta grave
en una dura luz
en un aire cerrado
en un hondo compás
en una invulnerable
terminada figura.

MÁS SOLEDAD

Como una sopa amarga
como una dura cucharada atroz
empujada hasta el fondo de la boca
hasta golpear la blanda garganta dolorida
y abrir su horrible náusea
su dolorosa insoportable náusea
de soledad
que es soledad
que es forma del morir
que es muerte.

1

Decir no
decir no
atarme al mástil
pero
deseando que el viento lo voltee

que la sirena suba y con los dientes
corte las cuerdas y me arrastre al fondo
diciendo no no no
pero siguiéndola.

6

Es mentira.
Sin duda.
Pero qué
pero cómo
pero de qué otro modo
con qué cara
seguir vivo.
Seguir.

7

Qué asco
qué vergüenza
este animal ansioso
apegado a la vida.

19

Me cortan las dos manos
los dos brazos
las piernas
me cortan la cabeza.
Que me encuentren.

21

Ojos
sos todos ojos
que se van a morir
se están muriendo.
Tus ojos
tus antenas
tus dulces aparatos.

23

Alguno de estos días
se acabarán las bromas
y todo eso
esa farsa
esa juguetería
las marionetas sucias
los payasos
habrán sido la vida.

JUAN SÁNCHEZ PELÁEZ

Altagracia, Venezuela, 1922. El más importante poeta de su país, y poseedor de una voz propia en el concierto latinoamericano, Sánchez Peláez ha producido una decantada, brillante y ejemplar obra poética, inspirado en el ejemplo rebelde y exploratorio del surrealismo. Su poesía está reunida en Un día sea *(1969); ha publicado luego* Rasgos comunes *(1975) y* Por cuál causa o nostalgia *(1981). La pasión amorosa, el desamparo existencial, los paisajes de la memoria, la entrevisión onírica; y, sobre todo, la calidad transformadora del conocer poético, que establece las pérdidas y las sumas de la errancia humana, distinguen a esta voz íntima y plácida, agónica y nostálgica.*

PROFUNDIDAD DEL AMOR

Las cartas de amor que escribí en mi infancia eran memorias de un futuro paraíso perdido. El rumbo incierto de mi esperanza estaba signado en las colinas musicales de mi país natal. Lo que yo perseguía era la corza frágil, el lebrel efímero, la belleza de la piedra que se convierte en ángel.

Ya no desfallezco ante el mar ahogado de los besos.
Al encuentro de las ciudades:
Por guía los tobillos de una imaginada arquitectura
Por alimento la furia del hijo pródigo
Por antepasados, los parques que sueñan en la nieve, los árboles que incitan a la más grande melancolía, las puertas de oxígeno que estremece la bruma cálida del sur, la mujer fatal cuya espalda se inclina dulcemente en las riberas sombrías.
Yo amo la perla mágica que se esconde en los ojos de los silenciosos, el puñal amargo de los taciturnos.
Mi corazón se hizo barca de la noche y custodia de los oprimidos.

Mi frente es la arcilla trágica, **el cirio** mortal de los caídos, la campana de las tardes de otoño, el velamen dirigido hacia el puerto menos venturoso o al más desposeído por las ráfagas de la tormenta.
Yo me veo cara al sol, frente a las bahías mediterráneas, voz que fluye de un césped de pájaros.
Mis cartas de amor no eran cartas de amor sino **vísceras** de soledad.
Mis cartas de amor fueron secuestradas por los halcones ultramarinos que atraviesan los espejos de la infancia.
Mis cartas de amor son ofrendas de un paraíso de cortesanas.

¿Qué pasará más tarde, por no decir mañana? murmura el viejo decrépito. Quizás la muerte silbe, ante sus ojos encantados, la más bella balada de amor.

UN DÍA SEA

Si solamente reposaran tus quejas a la orilla de mi
    país,
¿Hasta dónde podría llegar yo, hasta dónde podría?
Humanos, mi sangre es culpable.
Mi sangre no canta como una cabellera de laúd.
Ruedo a un pórtico de niebla estival
Grito en un mundo sin agua ni sentido
Un día sea. Un día finalizará este sueño.
Yo me levanto.
Yo te buscaré, claridad simple.
Yo fui prisionero en una celda
    de abúlicos mercaderes.

Me veo en constante fuga.
Me escapo a mí mismo
Y desciendo a mis oquedales de pavor.
Me despojo de imágenes falsas
No escucharé.
Al nivel de la noche, mi sangre
    es una estrella
    que desvía de ruta.

He aquí el llamamiento. He aquí la voz.
Un mundo anterior, un mundo alzado sobre la dicha
    futura
Flota en la libre voluntad de los navíos.

Leones, no hay leones.
Mujeres, no hay mujeres.

Aquí me perteneces, vértigo anonadante —en mis palmas
    arrodilladas.

Un diluvio de fósforo primitivo en las cabinas de la tierra
    insomne.
El busto de las orquídeas
    iluminando como una antorcha el tacto de la
    tempestad.

Yo soy lo que no soy: Un paso de fervor. Un paso.
Me separan de ti. Nos separan.
Yo me he traicionado, inocencia vertical.
Me busco inútilmente.
¿Quién soy yo?

La mano del sollozo con su insignia de tímida flauta
        excavará el yeso desafiante en mis calzadas
        sobre las esfinges y los recuerdos.

Mi animal de costumbre me observa y me vigila.
Mueve su larga cola. Viene hasta mí
A una hora imprecisa.

Me devora todos los días, a cada segundo.

Cuando voy a la oficina me pregunta:
    "¿Por qué trabajas
    Justamente
    Aquí?"

Y yo le respondo, muy bajo, casi al oído:
Por nada, por nada.
Y como soy supersticioso, toco madera
De repente,
Para que desaparezca.

Estoy ilógicamente desamparado:
De las rodillas para arriba,
A lo largo de esta primavera que se inicia
Mi animal de costumbre me roba el sol
Y la claridad fugaz de los transeúntes.

Yo nunca he sido fiel a la luna ni a la lluvia ni a los
  guijarros de la playa.

Mi animal de costumbre me toma por las muñecas, me
  seca las lágrimas.

A una hora imprecisa
Baja del cielo.

A una hora imprecisa
Sorbe el humo de mi pobre sopa.

A una hora imprecisa
En que expío mi sed
Pasa con jarras de vino.

A una hora imprecisa
Me matará, recogerá mis huesos
Y ya mis huesos metidos en un gran saco, hará de mí
Un pequeño barco,
Una diminuta burbuja sobre la playa.

Entonces sí
Seré fiel
A la luna
La lluvia
El sol
Y los guijarros de la playa.

Entonces,
Persistirá un extraño rumor
En torno al árbol y la víctima;
Persistirá. . .

Barriendo para siempre

Las rosas,
Las hojas dúctiles
Y el viento.

FILIACIÓN OSCURA

No es el acto secular de extraer candela frotando una
piedra.
    No.

Para comenzar una historia verídica es necesario atraer
en sucesiva ordenación de ideas las ánimas, el purgatorio
y el infierno.

Después, el anhelo humano corre el señalado albur.
Después, uno sabe lo que ha de venir o lo ignora.

Después, si la historia es triste acaece la nostalgia.
    Hablamos del cine mudo

No hay antes ni después; ni acto secular ni historia
verídica.

Una piedra con un nombre o ninguno. Eso es todo.

Uno sabe lo que sigue. Si finge es sereno. Si duda, caviloso.

En la mayoría de los casos, uno no sabe nada.

Hay vivos que deletrean, hay vivos que hablan tutéandose
    y hay muertos que nos tutean,
    pero uno no sabe nada.

En la mayoría de los casos, uno no sabe nada.

ROBERTO JUARROZ

Dorrego, provincia de Buenos Aires, 1925. En su serie de "poesía vertical" ha explorado tanto el espacio como la lógica de las relaciones entre los nombres, las cosas y los hombres, y lo han hecho con penetración paradójica, inteligencia irónica y dramática, y palabra deductiva al modo de un teorema interior. Sus títulos son Poesía vertical *(1958),* Seis poemas sueltos *(1960),* Segunda poesía vertical *(1963),* Tercera poesía vertical *(1965),* Cuarta poesía vertical *(1969),* Quinta poesía vertical *(1974),* Sexta poesía vertical *(1975),* Séptima poesía vertical *(1982).*

POESÍA VERTICAL

62

El hábito de mi soledad
se desparrama por mi compañía
y las cosas caben en un espacio menor que ellas.

Si quien me acompaña es un hombre,
el ruedo de su atención
se asimila a la pulpa de la mía
y entre los dos viven un fruto.

Si es la sombra de un hombre,
cabe conmigo en la peripecia de callarme.

Si es la ausencia de un hombre,
pernoctamos ambos en los dedos flexibles
de una espera que puede prescindir de sus razones.

Si ni siquiera es un hombre,
nos instalamos sencillamente
en la raíz del uno anónimo.

El hábito de mi soledad
ha salvado al espacio,
lo ha disuelto en las cosas,
lo ha entregado a sus formas más astutas,
lo ha curvado sobre una superficie más interna.
Y el espacio se mueve ahora con las cosas.

2

El otro que lleva mi nombre
ha comenzado a desconocerme.
Se despierta donde yo me duermo,
me duplica la persuasión de estar ausente,
ocupa mi lugar como si el otro fuera yo,
me copia en las vidrieras que no amo,
me agudiza las cuencas desistidas,
descoloca los signos que nos unen
y visita sin mí las otras versiones de la noche.

Imitando su ejemplo,
ahora empiezo yo a desconocerme.
Tal vez no exista otra manera
de comenzar a conocernos.

22

Qué criterio de pájaro inventado
construye la figura de la tarde
con una morosidad sin decadencia,
como si en vez de ser el pájaro el que vuela en el aire
fuera el aire el que vuela en el pájaro.

La piel vertebral de mis visiones
perfecciona su cauta transparencia
y construye esta hora de mí mismo
como si en vez de ser yo quien la transita
fuera el paso fantástico de todo.

Entre la tarde y yo,
entre su pájaro y el mío,
cabe hoy la partitura
más escueta y más sabia:

un texto que está vivo
como si no estuviera vivo.

1

La vida dibuja un árbol
y la muerte dibuja otro.
La vida dibuja un nido
y la muerte lo copia.
La vida dibuja un pájaro
para que habite el nido
y la muerte de inmediato
dibuja otro pájaro.

Una mano que no dibuja nada
se pasea entre los dos dibujos
y cada tanto cambia uno de sitio.
Por ejemplo:
el pájaro de la vida
ocupa el árbol dibujado por la vida.

Otras veces
la mano que no dibuja nada
borra un dibujo de la serie.
Por ejemplo:
el árbol de la muerte
sostiene el nido de la muerte,
pero no lo ocupa ningún pájaro.
Y otras veces
la mano que no dibuja nada
se convierte a sí misma
en imagen sobrante
con figura de pájaro,
con figura de árbol,
con figura de nido.
Y entonces, sólo entonces,
no falta ni sobra nada.
Por ejemplo:
dos pájaros
ocupan el nido de la vida
sobre el árbol de la muerte.

O el árbol de la vida
sostiene dos nidos
en los que habita un solo pájaro.

O un pájaro único
habita un solo nido
sobre el árbol de la vida
y el árbol de la muerte.

10

Hay vidas que duran un instante:
su nacimiento.

Hay vidas que duran dos instantes:
su nacimiento y su muerte.

Hay vidas que duran tres instantes:
su nacimiento, su muerte y una flor.

18

Voy anotando imágenes:
las entrelíneas de un temblor,
un cociente furtivo de la sombra,
el residuo de un relámpago.

Voy copiando modelos:
la vida apretada en un muñón,
la síntesis que se completa en un suicidio,
un pan que rompe un beso.

Voy subrayando textos:
el vacío que suspende una frase,
una palabra que pierde el equilibrio,
una disonancia que canta.

Voy llenando dibujos:
el modo con que practico el infinito,
la ocupación también transitoria de la muerte,
el préstamo sin garantías de esta realidad.

Voy llegando al **comienzo**:
la palabra sin nadie,
el último silencio,
la página que ya no se numera.

Y así encuentro la forma
de probar que la vida
calla más que la muerte.

7

¿Cómo amar lo imperfecto,
si escuchamos a través de las cosas
cómo nos llama lo perfecto?

¿Cómo alcanzar a seguir
en la caída o el fracaso de las cosas
la huella de lo que no cae ni fracasa?

Quizá debamos aprender que lo imperfecto
es otra forma de la imperfección:
la forma que la perfección asume
para poder ser amada.

20

Callar puede ser una música,
una melodía diferente,
que se borda con hilos de ausencia
sobre el revés de un extraño tejido.

La imaginación es la verdadera historia del mundo.
La luz presiona hacia abajo.
La vida se derrama de pronto por un hilo suelto.

Callar puede ser una música
o también el vacío,
ya que hablar es taparlo.

O callar puede ser tal vez
la música del vacío.

40

Desbautizar al mundo,
sacrificar el nombre de las cosas
para ganar su presencia.

El mundo es un llamado desnudo,
una voz y no un nombre,
una voz con su propio eco a cuestas.

Y la palabra del hombre es una parte de esa voz,
no una señal con el dedo,
ni un rótulo de archivo,
ni un perfil de diccionario,
ni una cédula de identidad sonora,
ni un banderín indicativo
de la topografía del abismo.

El oficio de la palabra,
más allá de la pequeña miseria
y la pequeña ternura de designar esto o aquello,
es una acto de amor: crear presencia.

El oficio de la palabra
es la posibilidad de que el mundo diga al mundo,
la posibilidad de que el mundo diga al hombre.

La palabra: ese cuerpo hacia todo.
La palabra: esos ojos abiertos.

(para Roger Munier)

105

La luz es un obstáculo para ver.
Y también lo son el objeto mirado
y el ojo que lo mira.
La mirada es un pensamiento todavía sin forma.

Ver es en cambio abrir una avenida de pensamiento
más allá de la luz.

Yo he tocado tu sueño
con las manos que me dio mi visión.
Tu has tocado mi muerte
con el tacto completo que inventó tu ternura.
Y los dos, sin saberlo,
hemos visto más allá de nosotros
y también sin nosotros
una luz donde ambos
somos uno y no dos.

Y ahora hay que ir aún más lejos:
hay que ver desde allí
cómo uno se convierte en ninguno.

CARLOS GERMÁN BELLI

Lima, 1927. Los libros suyos son Poemas *(1958)*, ¡Oh, Hada Cibernética! *(1961)*, El pie sobre el cuello *(1964)*, Por el monte abajo *(1966)*, Sextinas y otros poemas *(1970)*, En alabanza del bolo alimenticio *(1979)*. La poesía de Belli es una de las mejores convergencias de la exploración moderna de la tradición poética y la crítica de la realidad depredada contemporánea. Con los emblemas, figuras y tópicos de la tradición española del verso y la métrica petrarquizante, Belli analiza los dramas del menoscabo y la carencia del habitante de la urbe subdesarrollada; y lo hace apelando a los repertorios tecnológicos, al habla popular, a las jergas periodísticas; con inteligencia formal y con pasión comunicativa, su obra ha crecido como una de las más características respuestas del arte nuestro a la desigualdad de todo orden; respuesta que vibra con la indignación de la vida devorada por la muerte, pero también con la pasión del eros evocativo y convocativo que nos reafirma.*

SEGREGACIÓN Nº 1

(A MODO DE UN PRIMITIVO CULTO)

Yo, mamá, mis dos hermanos
y muchos peruanitos
abrimos un hueco hondo, hondo
donde nos guarecemos,
porque arriba todo tiene dueño,
todo está cerrado con llave,
sellado firmemente,
porque arriba todo tiene reserva:
la sombra del árbol, las flores,
los frutos, el techo, las ruedas,
el agua, los lápices,

y optamos por hundirnos
en el fondo de la tierra,
más abajo que nunca,
lejos, muy lejos de los jefes,
hoy domingo,
lejos, muy lejos de los dueños,
entre las patas de los animalitos,
porque arriba
hay algunos que manejan todo,
que escriben, que cantan, que bailan,
que hablan hermosamente,
y nosotros rojos de vergüenza,
tan sólo deseamos desaparecer
en pedacitititos.

POEMA

No me encuentro en mi salsa:
escucho, palpo, miro
el color de este nuevo domicilio
con perfil de árboles,
con rocío a la mano,
con ríos que atraviesan el umbral
y hacen florecer una grama suave
al borde de mis pies,
con una oreja que me escucha todo,
con unos objetos que se me acercan
para que los use
hasta más allá de mi muerte.

PAPÁ, MAMÁ

Papá, mamá,
para que yo, Pocho y Mario
sigamos todo el tiempo en el linaje humano,
cuánto luchasteis vosotros
a pesar de los bajos salarios del Perú,
y tras de tanto tan sólo me digo:

"venid, muerte, para que yo abandone
este linaje humano,
y nunca vuelva a él,
y de entre otros linajes escoja al fin
                 una faz de risco,
                 una faz de olmo,
                 una faz de búho."

¡OH PADRES SABEDLO BIEN...!

¡Oh padres, sabedlo bien:
el insecto es intransmutable en hombre,
mas el hombre es transmutable en insecto!;
¿acaso no pensabais, padres míos,
cuando acá en el orbe sin querer matabais
un insecto cualquiera,
que hallábase posado oscuramente
del bosque en el rincón más manso y lejos,
para no ser visto por los humanos
ni en el día ni en la noche,
no pensabais, pues, que pasando el tiempo
algunos de vuestros hijos
volveríanse en inermes insectos,
aun a pesar de vuestros mil esfuerzos
para que todo el tiempo
pesen y midan como los humanos?

¡OH HADA CIBERNÉTICA!...

¡Oh Hada Cibernética!, ya líbranos
con tu eléctrico seso y casto antídoto,
de los oficios hórridos humanos,
que son como tizones infernales
encendidos de tiempo inmemorial
por el crudo secuaz de las hogueras;
amortigua, ¡oh señora!, la presteza
con que el cierzo sañudo y tan frío

bate las nuevas aras, en el humo enhiestas,
de nuestro cuerpo ayer, cenizas hoy
que ni siquiera pizca gozó alguna,
de los amos no ingas privativo
e ocio del amor y la sapiencia.

CEPO DE LIMA

Como cresta de gallo acuchillado,
un largo granulado pellejuelo,
de la garganta pende con exceso;

y por debajo de las ambas patas,
cascotes no de yeso, mas de carne,
como mustios escombros de una casa.

¿Por qué estos de cascote fieros montes
y tal feo pellejo mal mi grado,
si flaco hoy ni corvado viejo soy?

Por tu cepo es, ¡ay Lima!, bien lo sé,
que tanto cuna cuanto tumba es siempre,
para quien acá nace, vive y muere.

ROBOT SUBLUNAR

¡Oh sublunar robot!
por entre cuya fúlgida cabeza
la diosa Cibernética
el pleno abecé humano puso oculto,
cual indeleble sello,
en las craneales arcas para siempre;

envídiolo yo cuánto,
porque en el escolar malsano cepo,
por suerte se vio nunca
un buen rato de su florida edad,
ni su cráneo fue polvo
en los morteros de la ilustración;

que tal robot dichoso
las gordas letras persiguió jamás,
y antes bien engranaron
en las dentadas ruedas de su testa,
no más al concebirlo
el óvulo fabril de la mecánica;

y más lo envidio yo,
porque a sí mismo bástase seguro,
y ágil cual deportista,
de acá para acullá expedito vive,
sin el sanguíneo riego
del ayer, hoy, mañana ineludible.

EN EL COTO DE LA MENTE

En las vedadas aguas cristalinas
del exclusivo coto de la mente,
un buen día nadar como un delfín,
guardando tras un alto promontorio
la ropa protectora pieza a pieza,
en tanto entre las ondas transparentes,
sumergido por vez primera a fondo
sin pensar nunca que al retorno en fin
al borde de la firme superficie,
el invisible dueño del paraje
la ropa alce furioso para siempre
y cuán desguarnecido quede allí,
aquél que los arneses despojóse,
para con premeditación nadar,
entre sedosas aguas, pero ajenas,
sin pez siquiera ser, ni pastor menos.

LA CARA DE MIS HIJAS

Este cielo del mundo siempre alto,
antes jamás mirado tan de cerca,
que de repente veo en el redor,

en una y otra de mis ambas hijas,
cuando perdidas ya las esperanzas
que alguna vez al fin brillara acá
una mínima luz del firmamento,
lo oscuro en mil centellas desatando;
que en cambio veo ahora por doquier,
a diario a tutiplén enceguecéndome
todo aquello que ajeno yo creía,
y en paz quedo conmigo y con el mundo
por mirar ese lustre inalcanzable,
aunque sea en la cara de mis hijas.

SEXTINA DE LOS DESIGUALES

Un asno soy ahora, y miro a yegua,
bocado del caballo y no del asno,
y después rozo un pétalo de rosa,
con estas ramas cuando mudo en olmo,
en tanto que mi lumbre de gran día,
el pubis ilumina de la noche.

Desde siempre amé a la secreta noche,
exactamente igual como a la yegua,
una esquiva por ser yo siempre día,
y la otra por mirarme no más asno,
que ni cuando me cambio en ufano olmo,
conquistar puedo a la exquisita rosa.

Cuánto he soñado por ceñir a rosa,
o adentrarme en el alma de la noche,
mas solitario como día u olmo
he quedado y aun ante rauda yegua,
incansable en mis momentos de asno,
tan desvalido como el propio día.

Si noche huye de mi ardiente luz de día,
y por pobre olmo olvídame la rosa,
¿cómo me las veré luciendo en asno?

Que sea como fuere, ajena noche,

no huyáis del día; ni del asno, ¡oh yegua!;
ni voz, flor, del eterno inmóvil olmo.

Mas sé bien que la rosa nunca a olmo
pertenecerá ni la noche al día,
ni un híbrido de mí querrá la yegua;
y sólo alcanzo espinas de la rosa.
en tanto que la impenetrable noche,
me esquiva por ser día y olmo y asno.

Aunque mil atributos tengo de asno,
en mi destino pienso siendo olmo,
ante la orilla misma de la noche;
pues si fugaz mi paso cuando día,
o inmóvil punto al lado de la rosa,
que vivo y muero por la fina yegua.

¡Ay! ni olmo a la medida de la rosa,
y aun menos asno de la esquiva yegua,
mas yo día ando siempre tras la noche.

Granada, Nicaragua, 1925. Uno de los poetas más influyentes en la nueva dicción hispanoamericana tanto por su flexible coloquio como por su inmediatez de registro y su crítica política a las distorsiones de la modernización. Su poesía está en La ciudad deshabitada *(1946),* Hora Cero *(1960),* Gethsemani, Ky. *(1960),* Oración por Marilyn Monroe y otros poemas *(1965),* El estrecho dudoso *(1966),* Homenaje a los indios americanos *(1969),* Vida en el amor *(1970),* Oráculo de Managua *(1973),* Nueva antología poética *(1978),* Los campesinos de Solentiname pintan el Evangelio *(1982); ha publicado además antologías de poesía de su país y testimonios sociopolíticos. Su obra se basa en una permanente apelación al lector, con cuya participación en el coloquio se cumple la poética de una política del discurso, según la cual la poesía tiene la misión superior de rehacer el consenso gracias a la moral de una palabra común verdadera.*

2 A.M.
ES LA HORA DEL OFICIO NOCTURNO

2 A.M. Es la hora del Oficio Nocturno, y la iglesia
en penumbra parece que está llena de demonios.
Ésta es la hora de las tinieblas y de las fiestas.
La hora de mis parrandas. Y regresa mi pasado.
    "Y mi pecado está siempre delante de mí."

Y mientras recitamos los salmos, mis recuerdos
interfieren el rezo como radios y como roconolas.
Vuelven viejas escenas de cine, pesadillas, horas
solas en hoteles, bailes, viajes, besos, bares.
Y surgen rostros ovidados. Cosas siniestras.
Somoza asesinado sale de su mausoleo. (Con Sehón, rey
    de los amorreos, y Og, rey de Basán.)

Las luces del "Copacabana" rielando en el agua negra
del malecón, que mana de las cloacas de Managua.
Conversaciones absurdas de noches de borrachera
que se repiten y se repiten como un disco rayado.
Y los gritos de las ruletas, y las roconolas.
    "Y mi pecado está siempre delante de mí."

Es la hora en que brillan las luces de los burdeles
y las cantinas. La casa de Caifás está llena de gente.
Las luces del palacio de Somoza están prendidas.
Es la hora en que se reúnen los Consejos de Guerra
y los técnicos en torturas bajan a las prisiones.
La hora de los policías secretos y de los espías,
cuando los ladrones y los adúlteros rondan las casas
y se ocultan los cadáveres. Un bulto cae al agua.
Es la hora del sudor en el huerto,y de las tentaciones.
Afuera los primeros pájaros cantan tristes,
llamando al sol. Es la hora de las tinieblas.
Y la iglesia está helada, como llena de demonios,
mientras seguimos en la noche recitando los salmos.

COMO LATAS DE CERVEZA VACÍAS

Como latas de cerveza vacías y colillas
de cigarrillos apagados, han sido mis días.
Como figuras que pasan por una pantalla de televisión
y desaparecen, así ha pasado mi vida.
Como los automóviles que pasaban rápidos por las
        carreteras
con risas de muchachas y música de radios. . .
Y la belleza pasó rápida, como el modelo de los autos
y las canciones de los radios que pasaron de moda.
Y no ha quedado nada de aquellos días, nada,
más que latas vacías y colillas apagadas,
risas en fotos marchitas, boletos rotos,
y el aserrín con que al amanecer barrieron los bares.

SALMO 5

Escucha mis palabras oh Señor
                          Oye mis gemidos
Escucha mi protesta
Porque no eres tú un Dios amigo de los dictadores
ni partidario de su política
ni te influencia la propaganda
ni estás en sociedad con el gángster

No existe sinceridad en sus discursos
ni en sus declaraciones de prensa

Hablan de paz en sus discursos
mientras aumentan su producción de guerra

Hablan de paz en las Conferencias de Paz
y en secreto se preparan para la guerra
    Sus radios mentirosos rugen toda la noche
Sus escritorios están llenos de planes criminales
       y expedientes siniestros
Pero tú me salvarás de sus planes
Hablan con la boca de las ametralladoras
Sus lenguas relucientes
                   son las bayonetas. . .
Castígalos oh Dios
             malogra su política
confunde sus memorándums
                  impide sus programas.

A la hora de la Sirena de Alarma
tú estarás conmigo
tú serás mi refugio el día de la Bomba

Al que no cree en la mentira de sus anuncios comerciales
ni en sus campañas publicitarias ni en sus campañas
    políticas
               tú lo bendices
Lo rodeas con tu amor
                  como con tanques blindados

ECONOMÍA DE TAHUANTINSUYU

No tuvieron dinero
    el oro era para hacer la lagartija
y no MONEDAS
              los atavíos
                        que fulguraban como fuego
                  a la luz del sol o las hogueras
las imágenes de los dioses
                 y las mujeres que amaron
y no monedas
    Millares de fraguas brillando en la noche
        de los Andes
y con abundancia de oro y plata
              no tuvieron dinero
supieron
    vaciar laminar soldar grabar
el oro y la plata
    el oro: el sudor del sol
        la plata: las lágrimas de la luna
      Hilos cuentas filigranas
              alfileres
              pectorales
              cascabeles
pero no DINERO
y porque no hubo dinero
              no hubo prostitución ni robo
    las puertas de las casas las dejaban abiertas
ni Corrupción Administrativa ni desfalcos
          —cada 2 años
    daban cuenta de sus actos en el Cuzco
Porque no hubo comercio ni moneda
                        no hubo
la venta de indios
         Nunca se vendió ningún indio
Y hubo chicha para todos

No conocieron el valor inflatorio del dinero
su moneda era el Sol que brilla para todos
el Sol que es de todos y a todos hace crecer
el Sol sin inflación ni deflación: y no
esos sucios "soles" con que se paga al peón

(que por un sol peruano te mostrará sus ruinas)
y se comía 2 veces al día en todo el Imperio

                    Y no fueron los financistas
                    los creadores de sus mitos

Después fue saqueado el oro de los templos del Sol
y puesto a circular en lingotes
                              con las iniciales de Pizarro
La moneda trajo los impuestos
y con la Colonia aparecieron los primeros mendigos

El agua ya no canta en los canales de piedra
las carreteras están rotas
las tierras secas como momias
                              como momias
de muchachas alegres que danzaron
en *Airiway* (abril)
                    el Mes de la Danza del Maíz Tierno
ahora secas y en cuclillas en Museos

Manco Capac! Manco Capac!
                         Rico en virtudes y no en dinero
(Mancjo: "virtud", Capacj: "rico")
"Hombre rico en virtudes"
Un sistema económico sin MONEDA
la sociedad sin dinero que soñamos
Apreciaban el oro pero era
como apreciaban también la piedra o el pasto
y lo ofrecieron de comida
                         como pasto
    a los caballos de los conquistadores
viéndolos mascar metal (los frenos)
                         con sus espumosas bocas
No tuvieron dinero
Y nadie se moría de hambre en todo el Imperio
y la tintura de sus ponchos ha durado 1 000 años
aun las princesas hilaban en sus husos
los ciegos eran empleados en desgranar el maíz
los niños en cazar pájaros
MANTENER LOS INDIOS OCUPADOS
                         era un slogan inca

trabajaban los cojos los mancos los ancianos
                              no había ociosos ni desocupados
se daba de comer al que no podía trabajar
y el Inca trabajaba pintando y dibujando
A la caída del Imperio
                              el indio se sentó en cuclillas
como un montón de cenizas
y no ha hecho nada sino pensar. . .
                              indiferente a los rascacielos
                    a la Alianza para el Progreso
                              ¿Pensar? Quién sabe
El constructor de Macchu Picchu
en casa de cartón
                    y latas de Avena Quaker
El tallador de esmeraldas hambriento y hendiondo
                              (el turista toma su foto)
Solitarios como cactus
silenciosos como el paisaje —al fondo— de los Andes
                              Son cenizas
    son cenizas
que avienta el viento de los Andes
y la llama llorosa cargada de leña
mira mudamente al turista
pegada a sus amos

No tuvieron dinero
                    Nunca se vendió a nadie
Y no explotaron a los mineros
PROHIBIDA
la extracción del mercurio de movimientos de culebra
                    (que daba temblores a los indios)
Prohibida la pesca de perlas
Y el ejército no era odiado por el pueblo
La función del Estado
                              era dar de comer al pueblo
La tierra del que la trabajaba
                              y no del latifundista
Y las Pléyades custodiaban los maizales
    Hubo tierra para todos
        El agua y el guano gratis
        (no hubo monopolio de guano)
Banquetes obligatorios para el pueblo

Y cuando empezaban las labores del año
con cantos y chicha se distribuían las tierras
        y al son del tambor de piel de tapir
        al son de la flauta de hueso de jaguar
el Inca abría el primer surco con su arado de oro
Aun las momias se llevaban su saquito de granos
para el viaje del más allá

Hubo protección para los animales domésticos
legislación para las llamas y vicuñas
aun los animales de la selva tenían su código
            (que ahora no lo tienen los Hijos del Sol)

De la Plaza de la Alegría en el Cuzco
        (el centro del mundo)
                            partían las 4 calzadas
hacia las 4 regiones en que se dividía el Imperio
    "Los Cuatro Horizontes"
        TAHUANTINSUYU
                Y los puentes colgantes
sobre ríos rugientes
                    carreteras empedradas
caminitos serpenteantes en los montes
todo confluía
                    a la Plaza de la Alegría en el Cuzco
                        el centro del mundo

El heredero del trono
    sucedía a su padre en el trono
                        MAS NO EN LOS BIENES
¿Un comunismo agrario?
Un comunismo agrario
"EL IMPERIO SOCIALISTA DE LOS INCAS"
Neruda: no hubo libertad
                        sino seguridad social
Y no todo fue perfecto en el "Paraíso Incaico"
Censuraron la historia contada por nudos
Moteles gratis en las carreteras
        sin libertad de viajar
¿Y las purgas de Atahualpa?
                    ¿El grito del exiliado
en la selva amazónica?

El Inca era dios

era Stalin

(ninguna oposición tolerada)

Los cantores sólo cantaron la historia oficial
Amaru Tupac fue borrado de la lista de reyes.

Pero sus mitos

¡no de economistas!

La verdad religiosa

y la verdad política

eran para el pueblo una misma verdad
una economía *con* religión

las tierras del Inca eran aradas por último
primero las del Sol (las del culto)
después las de viudas y huérfanos
después las del pueblo

y las tierras del Inca aradas por último

Un Imperio de *ayllus*

ayllus de familias trabajadoras

animales vegetales minerales

también divididos en *ayllus*

el universo entero todo un gran *Ayllu*
(y hoy en vez del *ayllu*: los latifundios)
No se podía enajenar la tierra
Llacta mama (la tierra) era de todos

Madre de todos

Las cosechas eran hechas con cánticos y chicha
hoy hay pánico en la Bolsa por las buenas cosechas

—el Espectro de la Abundancia—

AP, NUEVA YORK,

(en la larga tira de papel amarillo)

AZÚCAR MUNDIAL PARA ENTREGAS FUTURAS BAJÓ HOY
LAS VENTAS FUERON INFLUIDAS POR LA BAJA DE PRECIOS
EN EL MERCADO EXPORTADOR Y POR LAS PREDICCIONES DE
QUE LA PRODUCCIÓN MUNDIAL ALCANZARÁ UNA CIFRA SIN
PRECEDENTES

como estremece también a la Bolsa

el Fantasma de la Paz

tiembla el teletipo
EL MERCADO DE VALORES SUFRIÓ HOY SU BAJA MÁS
PRONUNCIADA

U.S. STEEL. 3.1. A 322.5, BASE METALS. 42 A 70.98 MC1038AES
                    (en la larga tira amarilla)

Ahora
la cerámica está desteñida y triste
el carmín del achiote
                    ya no ríe en los tejidos
el tejido se ha hecho pobre
                              ha perdido estilo
    menos hilos de trama por pulgada
                         y ya no se hila el "hilo perfecto"
Llacta mama (la tierra) es de los terratenientes
está presa en el Banco la mariposa de oro
el dictador es rico en dinero y no en virtudes
                    y qué melancólica
           qué melancólica la música de los yaravíes
A los reinos irreales de la coca
                    o la chicha
                    confinado ahora el Imperio Inca
                    (sólo entonces son libres y alegres
                                  y hablan fuerte
y existen otra vez en el Imperio Inca)

En la Puna
              una flauta triste
                         una
tenue flauta como un rayo de luna
                    y el quejido de una quena
con un canto quechua. . .
              Chuapi punchapi tutacaya
                    («anocheció en mitad del día»)
                    pasa un pastor con su rebaño de llamas
y tintinean las campanitas
           entre las peñas

                              que antaño fueron
                              muro pulido

¿Volverá algún día Manco Capac con su arado
                              de oro?
¿Y el indio hablará otra vez?
¿Se podrá
       reconstruir con estos tiestos

271

                                        la luminosa vasija?
¿Trabar otra vez
                    en un largo muro
                    los monolitos
que ni un cuchillo quepa en las junturas?
Que ni un cuchillo quepa en las junturas
¿Restablecer las carreteras rotas
                        de Suramérica
hacia los Cuatro Horizontes
                                con sus antiguos correos?
¿Y el universo del indio volverá a ser un *Ayllu*?

El viaje era al más allá y no al Museo
                    pero en la vitrina del museo
la momia aún aprieta en su mano seca
                    su saquito de granos.

III

ENRIQUE LIHN

Santiago de Chile, 1929. Sus libros son los siguientes: Nada se escurre *(1949),* Poemas de este tiempo y de otro *(1955),* La pieza oscura *(1963),* Poesía de paso *(1966),* Escrito en Cuba *(1969),* La musiquilla de las pobres esferas *(1969),* Algunos poemas *(antología, 1972),* Por fuerza mayor *(1975),* París, situación irregular *(1977),* A partir de Manhattan *(1979),* Estación de los desamparados *(1982),* Al bello aparecer de este lucero *(1983). Es autor también de un tomo de cuentos,* Agua de arroz *(1964), y de las novelas* Batman en Chile *(1973),* La orquesta de cristal *(1976) y* El arte de la palabra *(1979). Por lo menos desde* La pieza oscura *Lihn es uno de los mayores poetas latinoamericanos, por la extraordinaria ductilidad de su textura enunciativa, y también por la calidad abierta de su texto fragmentario, alusivo y recursivo, expandido sobre los discursos posfreudianos, las artes autorreferenciales y la tadición literaria y retórica de las vanguardias. Esta poesía es una de las dicciones más exactas de nuestro vivir y desvivir urbano.*

LA PIEZA OSCURA

La mixtura del aire en la pieza oscura, como si el cielorraso
      hubiera amenazado
una vaga llovizna sangrienta.
De ese licor inhalamos, la nariz sucia, símbolo de inocencia
      y de precocidad
juntos para reanudar nuestra lucha en secreto, pero no
      sabíamos no ignorábamos qué causa;
juego de manos y de pies, dos veces villanos, pero
      igualmente dulces
que una primera pérdida de sangre vengada a dientes y
      uñas o, para una muchacha
dulces como una primera efusión de su sangre.

Y así empezó a girar la vieja rueda —símbolo de la vida—
        la rueda que se atasca como si no volara,
entre una y otra generación, en un abrir de ojos brillantes
        y un cerrar de ojos opacos
con un imperceptible sonido musgoso.
Centrándose en su eje, a imitación de los niños que
        rodábamos de dos en dos, con las orejas rojas
        —símbolos del pudor que saborea su ofensa—,
        rabiosamente tiernos,
la rueda dio unas vueltas en falso como en una edad
        anterior a la invención de la rueda
en el sentido de las manecillas del reloj y en su contrasentido.
Por un momento reinó la confusión en el tiempo. Y yo
        mordí largamente en el cuello a mi prima Isabel,
en un abrir y cerrar del ojo del que todo lo ve, como en
        una edad anterior al pecado
pues simulábamos luchar en la creencia de que esto
        hacíamos; creencia rayana en la fe como el juego
        en la verdad
y los hechos se aventuraban apenas a desmentirnos
con las orejas rojas.

Dejamos de girar por el suelo, mi primo Ángel vencedor
        de Paulina, mi hermana; yo de Isabel, envueltas
        ambas
ninfas en un capullo de frazadas que las hacía estornudar
        —olor a naftalina en la pelusa del fruto—.
Ésas eran nuestras armas victoriosas y las suyas vencidas
        confundiéndose unas con otras a modo de nidos
        como celdas, de celdas como abrazos, de abrazos
        como grillos en los pies y en las manos.
Dejamos de girar con una rara sensación de vergüenza,
        sin conseguir formularnos otro reproche
que el de haber postulado a un éxito tan fácil.
La rueda daba ya unas vueltas perfectas, como en la época
        de su aparición en el mito, como en su edad de
        madera recién carpintereada
con un ruido de canto de gorriones medievales;
el tiempo volaba en la buena dirección. Se lo podía oír
        avanzar hacia nosotros
mucho más rápido que el reloj del comedor cuyo tic-tac
        se enardecía por romper tanto silencio.

El tiempo volaba como **para arrollarnos** con un ruido de
aguas espumosas **más rápidas en** la proximidad de
la rueda del molino, con alas de gorriones
—símbolos del salvaje orden libre— con todo él **por**
único objeto desbordante
y la vida —símbolo de la rueda— se adelantaba a pasar
tempestuosamente haciendo girar la rueda a velocidad
acelerada, como en una molienda de tiempo,
tempestuosa.
Yo solté a mi cautiva y caí de rodillas, como si hubiera
envejecido de golpe, presa de dulce, de empalagoso
pánico
como si hubiera conocido, más allá del amor en la flor
de su edad, la crueldad del corazón en el fruto del
amor, la corrupción del fruto y luego. . . el carozo
sangriento, afiebrado y seco.

¿Qué será de los niños que fuimos? Alguien se precipitó
a encender la luz, más rápido que el pensamiento
de las personas mayores.
Se nos buscaba ya en el interior de la casa, en **las**
inmediaciones del molino: la pieza oscura como **el**
claro de un bosque.
Pero siempre hubo tiempo para ganárselo a los sempiternos
cazadores de niños. Cuando ellos entraron al **comedor,**
allí estábamos los ángeles sentados a la mesa
ojeando nuestras revistas ilustradas —los hombres a un
extremo, las mujeres al otro—
en un orden perfecto, anterior a la sangre.

En el contrasentido de las manecillas del reloj se desatascó
la rueda antes de girar y ni siquiera nosotros pudimos
encontrarnos a la vuelta del vértigo, cuando entramos
en el tiempo
como en aguas mansas, serenamente veloces;
en ellas nos dispersamos para siempre, al igual que los
restos de un mismo naufragio.
Pero una parte de mí no ha girado al compás de la rueda,
a favor de la corriente.
Nada es bastante real para un fantasma. Soy en parte ese
niño que cae de rodillas
dulcemente **abrumado de imposibles presagios**

277

y no he cumplido aún toda mi edad
ni llegaré a cumplirla como él
de una sola vez y para siempre.

BARRO

I

Barro, rencor inagotable. Toda otra fuente termina por
  ceder
a la presión de esta materia original.
Los días del agua están contados, pero no así los días del
  barro
que sustituye al agua cuando ciegan el pozo.
No así los días del barro que nos remontan al séptimo día.
De niños jugábamos con él, nada tiene de extraño que
  juegue con nosotros,
los creados a imagen y semejanza suya.

II

Dios padre, Dios hijo, Dios espíritu santo:
tierra y agua; luego el barro que en el principio era.
Un solo sentimiento en el origen de todos:
este rencor inagotable.

III

Tarde o temprano volveremos a ser razonables.
Está en el orden de las cosas, nada se sabe de ellas
  mientras no las tomamos con relativa calma,
como si nada hubiera sucedido.

IV

No hay más extraño que uno. Es la apariencia de otro
  quien terminó por frecuentarnos,
por aceptar finalmente una invitación reiterada.
Me pareció ver a mi sombra cuando le abrí la puerta,
  justo en el momento en que íbamos a salir.
La función había comenzado. "Adelante. Adelante".

"Te estábamos esperando", dije yo y ella dijo: "No
reconozco a los ingratos"
con un curioso temblor en la voz.

PORQUE ESCRIBÍ

Ahora que quizás, en un año de calma,
piense: la poesía me sirvió para esto:
no pude ser feliz, ello me fue negado,
pero escribí.

Escribí: fui la víctima
de la mendicidad y el orgullo mezclados
y ajusticié también a unos pocos lectores;
tendía la mano en puertas que nunca, nunca he visto;
una muchacha cayó, en otro mundo, a mis pies.

Pero escribí: tuve esta rara certeza,
la ilusión de tener el mundo entre las manos
—¡qué ilusión más perfecta! como un cristo barroco
con toda su crueldad innecesaria—.
Escribí, mi escritura fue como la maleza
de flores ácimas pero flores en fin,
el pan de cada día de las tierras eriazas:
una caparazón de espinas y raíces.
De la vida tomé todas estas palabras
como un niño oropel, guijarros junto al río:
las cosas de una magia, perfectamente inútiles
pero que siempre vuelven a renovar su encanto.

La especie de locura con que vuela un anciano
detrás de las palomas imitándolas
me fue dada en lugar de servir para algo.
Me condené escribiendo a que todos dudaran
de mi existencia real
(días de mi escritura, solar del extranjero).
Todos los que sirvieron y los que fueron servidos
digo que pasarán porque escribí
y hacerlo significa trabajar con la muerte
codo a codo, robarle unos cuantos secretos.

En su origen el río es una veta de agua
—allí, por un momento, siquiera, en esa altura—
luego, al final, un mar que nadie ve
de los que están braceándose la vida.
Porque escribí fui un odio vergonzante,
pero el mar forma parte de mi escritura misma:
línea de la rompiente en que un verso se espuma
yo puedo reiterar la poesía.

Estuve enfermo, sin lugar a dudas
y no sólo de insomnio,
también de ideas fijas que me hicieron leer
con obscena atención a unos cuantos psicólogos,
pero escribí y el crimen fue menor,
lo pagué verso a verso hasta escribirlo,
porque de la palabra que se ajusta al abismo
surge un poco de oscura inteligencia
y a esa luz muchos monstruos no son ajusticiados.

Porque escribí no estuve en casa del verdugo
ni me dejé llevar por el amor a Dios
ni acepté que los hombres fueran dioses
ni me hice desear como escribiente
ni la pobreza me pareció atroz
ni el poder una cosa deseable
ni me lavé ni me ensucié las manos
ni fueron vírgenes mis mejores amigas
ni tuve como amigo a un fariseo
ni a pesar de la cólera
quise desbaratar a mi enemigo.

Pero escribí y me muero por mi cuenta,
porque escribí porque escribí estoy vivo.

UNA NOTA ESTRIDENTE

La primavera se esfuerza por reiterar sus encantos
        como si nada hubiera sucedido
desde la última vez que los inventariaste

en el lenguaje de la juventud, retoñado de arcaísmos,
        cuando la poesía
era aun, en la vieja casa del idioma, una maestra de
        escuela.
Y no hay cómo expulsar a los gorriones
de las ruinas del templo en que el sueño enjaulado,
león de circo pobre que atormentan las moscas
se da vueltas y vueltas rumiándose a sí mismo:
extranjero en los suburbios de Nápoles, arrojado allí
        por una ola de equívocos.
A esos cantos miserables debieras adaptar
estas palabras en que oscila tu historia
entre el silencio justo o el abundar en ellas
al modo de los pájaros: una nota estridente,
una sola: estoy vivo.

NUNCA SALÍ DEL HORROROSO CHILE

Nunca salí del horroroso Chile
mis viajes que no son imaginarios
tardíos sí —momentos de un momento—
no me desarraigaron del eriazo
remoto y presuntuoso
Nunca salí del habla que el Liceo Alemán
me infligió en sus dos patios como en un regimiento
mordiendo en ella el polvo de un exilio imposible
Otras lenguas me inspiran un sagrado rencor:
el miedo de perder con la lengua materna
toda la realidad. Nunca salí de nada.

CARNE DE INSOMNIO

Ruiseñor comí de tu carne y me hice adicto
al insomnio que ella contagia, por el cual
yo ya tenía una afición extraña
    Oigo venir tu canto mudo aún
anudando la noche y el deseo de verte
Y no duermo jamás, sólo las horas

que muerdo el pan del preso y bebo el agua
de su Leteo en el tazón de fierro
Quieren que sobreviva a esta locura
y responda a tu canto con mi grito
por eso duermo poco y muero mucho
ruiseñor, escuchándote
"ave parlera la que fue niña muda".

Me parece la celda
no más la emanación de un lindo insomnio
y me parece frívolo compararlas con otras
de tantas. Es la noche sin ti con el regusto
de tu carne que produce el insomnio, Filomela
y una adicción al canto con que ese pajarillo
virtuoso de mi oído, me desvela
—oh maravilla— y maravilla
porque es su canto mudo el que estoy escuchando
a la niña no al ave, esangrentada en pájaro.

RAFAEL CADENAS

Caracas, 1930. Sus libros son Cantos iniciales *(1946),* Los cuadernos del destierro *(1960),* Falsas maniobras *(1966),* Memorial *(1977),* Intemperie. *La obra poética de Cadenas posee una calidad notable, que la convierte en una de las más interesantes en la actualidad poética nuestra: su extraordinaria flexibilidad expresiva, que le permite pasar del poema en prosa, denso de figuraciones terrestres, al apunte mínimo, cifra de revelaciones interiores, y recorrer también la confesión irónica, el coloquio dramático, la nostalgia elegiaca, formas de un habla a la vez íntimamente sujeta pero volcada hacia la comunión hablada con el lector privilegiado por esta comunicación ritual.*

VOZ

I

Tierra
ganada a las sequedades.

II

Acuñar quimeras
como soles muertos
para los ojos de un fantasma,
no es tu tarea.

III

Si callas
todavía te oyes tú,
el muy lleno,
que nada vales
(o sólo vales en tu error).

IV

Ella no busca a alguien
y al encontrarlo se marcha.

V

Como nadie responde
lo haces tú.
Pero antes ¡cuántas noches tiene que atravesar tu voz!
humildes noches perdidas en la sequedad de los labios
que al fin aprenden
(aprenden
y siempre están en peligro).

VI

Cuando en verdad callas
otra es la voz,
pero ¡qué extraña entonces!
con su velado requerimiento,
su murmullo de noche,
su escasez.
Escándalo de pobreza.

VII

Una ausencia te funda.

Una ausencia te recoge.

VIII

Por encima del lujo, la belleza, el brillo.
En una austeridad,
en el pudor titubeante,
en la continencia de la insinuación.
Como dibujo que no se puede asir,
pero existe.
Entreoscuro corredor que conduce, muestra y abandona.

IX

Voz antigua,
ocultabas la ruta.

Ahora ocupas tu puesto.
Ya no hay conjuro.

X

Templa la noche el habla
que busca ajustarse
más allá de todo efecto.

XI

Lenguaje
emanado
           puntual
                    fehaciente,
no el engaño
de la palabra que sirve a alguien.

XII

Palabras no quiero.
Sólo la luz de la atención.

BUNGALOW

Paisaje que me resguarda de un olvido necesario.
Palmeras, acacias, sauces a pico.
     l que hace cantar los techos.

   :cuerdo que nunca estuve más unido: más próximo
a mí. Rostro duro de mi amante. Dibujo guardado.

Después, sólo admití situaciones; apenas he inventado
trampas para huir.

FRACASO

Cuanto he tomado por victoria es sólo humo.

Fracaso, lenguaje del fondo, pista de otro espacio más
exigente, difícil de entreleer es tu letra.

Cuando ponías tu marca en mi frente, jamás pensé en
el mensaje que traías, más precioso que todos
los triunfos.

Tu llameante rostro me ha perseguido y yo no supe que
era para salvarme.

Por mi bien me has relegado a los rincones, me negaste
fáciles éxitos, me has quitado salidas.

Era a mí a quien querías defender no otorgándome brillo.

De puro amor por mí has manejado el vacío que tantas
noches me ha hecho hablar afiebrado a una ausente.

Por protegerme cediste el paso a otros, has hecho que una
mujer prefiera a alguien más resuelto, me desplazaste
de oficios suicidas.

Tú siempre has venido al quite.

Sí, tu cuerpo llagado, escupido, odioso, me ha recibido
en mi más pura forma para entregarme a la nitidez
del desierto.

Por locura te maldije, te he maltratado, blasfemé contra ti.

Tú no existes.

Has sido inventado por la delirante soberbia.

¡Cuánto te debo!

Me levantaste a un nuevo rango limpiándome con una esponja áspera, lanzándome a mi verdadero campo de batalla, cediéndome las armas que el triunfo abandona.

Me has conducido de la mano a la única agua que me refleja.

Por ti yo no conozco la angustia de representar un papel, mantenerme a la fuerza en un escalón, trepar con esfuerzos propios, reñir por jerarquías, inflarme hasta reventar.

Me has hecho humilde, silencioso y rebelde.

Yo no te canto por lo que eres, sino por lo que no me has dejado ser. Por no darme otra vida. Por haberme ceñido.

Me has brindado sólo desnudez.

Cierto que me enseñaste con dureza ¡y tú mismo traías el cauterio! pero también me diste la alegría de no temerte.

Gracias por quitarme espesor a cambio de una letra gruesa.

Gracias a ti que me has privado de hinchazones.

Gracias por la riqueza a que me has obligado.

Gracias por construir con barro mi morada.

Gracias por apartarme.

Gracias.

ARS POETICA

Que cada palabra lleve lo que dice.
Que sea como el temblor que la sostiene.
Que se mantenga como un latido.
No he de proferir adornada falsedad ni poner tinta dudosa
ni añadir brillos a lo que es.
Esto me obliga a oírme. Pero estamos aquí para decir
verdad.
Seamos reales.
Quiero exactitudes aterradoras.
Tiemblo cuando creo que me falsifico. Debo llevar en peso
mis palabras. Me poseen tanto como yo a ellas.

Si no veo bien, dime tú, tú que me conoces, mi mentira,
señálame la impostura, restrégame la estafa. Te lo
agradeceré, en serio. Enloquezco por corresponderme.
Sé mi ojo, espérame en la noche y divísame, escrútame,
sacúdeme.

ALEJANDRA PIZARNIK

Provincia de Buenos Aires, 1936 -París, 1972. Su apasionado reflexionar poético demuestra no sólo su calidad sino también su fidelidad a una poética de la visión, el asombro y la percepción; sus paisajes no son, sin embargo, autoafirmativos sino que subrayan el malestar, el desasosiego. Sus libros son La tierra más ajena *(1955),* La última inocencia *(1956),* Las aventuras perdidas *(1958),* Árbol de Diana *(1962),* Los trabajos y las noches *(1965),* Extracción de la piedra de la locura *(1968),* El infierno musical *(1971).*

EL DESEO DE LA PALABRA

La noche, de nuevo la noche, la magistral sapiencia de lo oscuro, el cálido roce de la muerte, un instante de éxtasis para mí, heredera de todo jardín prohibido.

Pasos y voces del lado sombrío del jardín. Risas en el interior de las paredes. No vayas a creer que están vivos. No vayas a creer que no están vivos. En cualquier momento la fisura en la pared y el súbito desbandarse de las niñas que fui.

Caen niñas de papel de variados colores. ¿Hablan los colores? ¿Hablan las imágenes de papel? Solamente hablan las doradas y de ésas no hay ninguna por aquí.

Voy entre muros que se acercan, que se juntan. Toda la noche hasta la aurora salmodiaba: *Si no vino es porque no vino.* Pregunto. ¿A quién? Dice que pregunta, quiere saber a quién pregunta. Tú ya no hablas con nadie. Extranjera a muerte está muriéndose. Otro es el lenguaje de los agonizantes.

He malgastado el don de transfigurar a los prohibidos (los siento respirar adentro de la paredes). Imposible narrar mi día, mi vía. Pero contempla absolutamente sola la desnudez de estos muros. Ninguna flor crece ni crecerá del milagro. A pan y agua toda la vida.

En la cima de la alegría he declarado acerca de una música jamás oída. ¿Y qué? Ojalá pudiera vivir solamente en éxtasis, haciendo el cuerpo del poema con mi cuerpo, rescatando cada frase con mis días y con mis semanas, infundiéndole al poema mi soplo a medida que cada letra de cada palabra haya sido sacrificada en las ceremonias del vivir.

REVELACIONES

En la noche a tu lado
las palabras son claves, son llaves.
El deseo de morir es rey.

Que tu cuerpo sea siempre
un amado espacio de revelaciones.

FRONTERAS INÚTILES

un lugar
no digo un espacio
hablo de
         qué
hablo de lo que no es
hablo de lo que conozco

no el tiempo
sólo todos los instantes
no el amor
no
     sí
no

un lugar de ausencia
un hilo de miserable unión.

EN ESTA NOCHE, EN ESTE MUNDO

a Martha I. Moia

I

en esta noche en este mundo
las palabras del sueño de la infancia de la muerte
nunca es eso lo que uno quiere decir
la lengua natal castra
la lengua es un órgano de conocimiento
del fracaso de todo poema
castrado por su propia lengua
que es el órgano de la re-creación
del re-conocimiento
pero no el de la resurrección
de algo a modo de negación
de mi horizonte de maldoror con su perro
y nada es promesa
entre lo decible
que equivale a mentir
(todo lo que se puede decir es mentira)
el resto es silencio
sólo que el silencio no existe

II

no
las palabras
no hacen el amor
hacen la ausencia
si digo *agua* ¿beberé?
si digo *pan* ¿comeré?

III

en esta noche en este mundo
extraordinario silencio el de esta noche

291

lo que pasa con el alma es que no se ve
lo que pasa con la mente es que no se ve
lo que pasa con el espíritu es que no se ve
¿de dónde viene esta conspiración de invisibilidades?
ninguna palabra es visible

sombras
recintos viscosos donde se oculta
la piedra de la locura
corredores negros
los he recorrido todos
¡oh quédate un poco más entre nosotros!

mi persona está herida
mi primera persona del singular

escribo como quien con un cuchillo alzado en la
        oscuridad
escribo como estoy diciendo
la sinceridad absoluta continuaría siendo
lo imposible
¡oh quédate un poco más entre nosotros!

IV

los deterioros de las palabras
deshabitando el palacio del lenguaje
el conocimiento entre las piernas
¿qué hiciste del don del sexo?
oh mis muertos
me los comí me atraganté
no puedo más de no poder más
palabras embozadas
todo se desliza
hacia la negra licuefacción

V

y el perro de maldoror
en esta noche en este mundo
donde todo es posible
salvo
el poema

hablo en fácil hablo en difícil
sabiendo que no se trata de eso
siempre no se trata de eso
oh ayúdame a escribir el poema más prescindible
          el que no sirva ni para
          ser inservible
ayúdame a escribir palabras
en esta noche en este mundo

8 de octubre de 1971

DICE QUE NO SABE DEL MIEDO...

a Laure Bataillon

dice que no sabe del miedo de la muerte del amor
dice que tiene miedo de la muerte del amor
dice que el amor es muerte es miedo
dice que la muerte es miedo es amor
dice que no sabe

SÓLO LA SED

sólo la sed
el silencio
ningún encuentro

cuídate de mí amor mío
cuídate de la silenciosa en el desierto
de la viajera con el vaso vacío
y de la sombra de su sombra

QUIÉN DEJARÁ DE HUNDIR SU MANO. . .

a Aurora y Julio Cortázar

AHORA BIEN:

Quién dejará de hundir su mano en busca del tributo
para la pequeña olvidada. El frío pagará. Pagará
el viento. La lluvia pagará. Pagará el trueno.

POR UN MINUTO DE VIDA BREVE

por un minuto de vida breve
única de ojos abiertos
por un minuto de ver
en el cerebro flores pequeñas
danzando como palabras en la boca de un mudo

ELLA SE DESNUDA EN EL PARAÍSO

ella se desnuda en el paraíso
de su memoria
ella desconoce el feroz destino
de sus visiones
ella tiene miedo de no saber nombrar
lo que no existe

SALTA CON LA CAMISA EN LLAMAS

Salta con la camisa en llamas
de estrella a estrella,
de sombra en sombra.
Muere de muerte lejana
la que ama al viento.

ESTOS HUESOS BRILLANDO EN LA NOCHE

Estos huesos brillando en la noche,
estas palabras como piedras preciosas
en la garganta viva de un pájaro petrificado
este verde muy amado,
este lila caliente,
este corazón sólo misterioso.

EXPLICAR CON PALABRAS...

explicar con palabras de este mundo
que partió de mí un barco llevándome

EL POEMA QUE NO DIGO

El poema que no digo,
el que no merezco.
Miedo de ser dos
camino del espejo:
alguien en mí dormido
me come y me bebe.

FAYAD JAMIS

Zacatecas, México, 1930. Poeta cubano, se inició como uno de los jóvenes escritores presentados por la revista Orígenes *de José Lezama Lima. Sus libros son:* Brújula *(1949),* Los párpados y el polvo *(1954),* Vagabundo del alba *(1959),* Cuatro poemas en China *(1961),* Los puentes *(1962),* La pedrada *(1962),* Por esta libertad *(1962),* La pedrada *(selección poética, 1951-1973, 1981) y* Tintas *(1980), este último dedicado a su obra plástica. Jamis proviene del surrealismo, de la tradición órfica y simbolista, pero su versión es estrictamente contemporánea, gracias a la calidad dramática que confiere a sus signos, a la vez oníricos y existenciales.*

VAGABUNDO DEL ALBA

La mañana pálida de París crece sobre mis hombros
después de la noche larga mi amor esta brisa
Las hojas color de miel del otoño deslizándose por las
    calles
en las aceras las hojas del otoño sobre la cabeza de los
    mendigos
Aún ellos duermen una mujer se ha levantado ha recogido
    una boina
que había a los pies de un durmiente y le ha cubierto el
    rostro
La ternura de esa mujer debajo de sus harapos negros
como la flor pálida del día como la paloma
que revolotea sobre el Sena de humo de cristal de plata

Así es aquí el amanecer yo te lo digo ahora que es otoño
así es el alba la ciudad está muerta sus huesos pueden
    ser palpados
y nadie dirá nada los policías duermen sus orejas de
    corcho
las leyes duermen la miseria dormita yo camino camino

primer hombre de **este nuevo día como si la** ciudad fuera
     mi mujer
y yo la contemplara **dormida desnuda** el cielo **naciendo**
     de su espalda

Así es París yo te lo digo a veces sueño que recorro un
     mundo muerto
después de la última bomba muerta hasta la esperanza
Yo no comprendo mucho pero me siento un poco Robinsón
     Crusoë
Robinsón de esta terrible hermosa grande ciudad que se
     llama París
Los gatos salen de todas partes buenos días los latones
     de basura están llenos
juguetes rotos frutas podridas trajes papeles desgarrados
papeles donde el olvido ha dejado su oscura cicatriz
El mundo la civilización todo eso ha muerto los gatos y
     yo sobrevivimos
Frente a uno de estos puentes escogeré mi casa
tal vez aquella de la cortina roja en la ventana
o la otra que avanza como si quisiera saludarme **buenos**
     días

Pero no no es verdad detrás de todos esos muros **grises**
     hay hombres
que respiran roncan y sueñan
hombres que quizás recuerdan un grito perdido en el valle
     turquesa de los siglos
hombres que acaso están pensando en los nuevos modelos
     de automóviles
en su trabajo en el amor tal vez en la muerte
Aquella mancha negra que arrastra la corriente es un
     cartón
creía que era una tortuga creía que era un ahogado
y no es más que un cartón a su alrededor flotan tres hojas
como tres corazones de miel tres cifras del otoño
Los árboles salen del río como el humo de los cigarros
Otra paloma revolotea su sombra blanca sobre el **agua**
     gris
Los urinarios tienen la belleza astuta de ciertas **iglesias**
     de Castilla
voy entrando en ellos para hacer algo mientras pienso

mientras camino mi amor es decir nadie el mundo esas
      hojas
Los semáforos le dan paso a los gatos a la brisa
en la frente del día pálido estas luces de ámbar

Anoche hablaban de la guerra siempre la guerra
cadáveres espuma de eternidad cadáveres
pero no todos saben cómo es dulce la libertad por ejemplo
      a estas horas
en que el carro blanco del lechero viene detrás de sus
      bestias blancas
Una muchacha de Israel me hablaba de la juventud de su
      país
ella no tiene religión ella ama a París ella ama al mundo
mañana todos tendremos el mismo rostro de bronce y
      hablaremos la misma lengua
mañana aunque usted no lo quiera señor general señor
      comerciante señor de espejuelos de alambre y
      ceniza
pronto la nueva vida el hombre nuevo levantarán sus
      ciudades
encima de vuestros huesos y los míos encima del polvo
      de Notre-Dame

En la primera panadería que se abra compraré un gran pan
como hacía en mi país sólo que ahora no me acompañan
      mis amigos
y que ya no tengo veinte años
Entonces hubiera visto todas esas sombras de otro color
hubiera silbado hubiera arrastrado el recuerdo de una
      muchacha trigueña
En fin todas esas cosas se van quedando atrás
ahora es más importante trabajar para vivir
Algunos pájaros empiezan a cantar las hojas secas caen
Me voy alejando del río de las lanchas de los puentes
      blancos
parece que estos edificios fueran a caer sobre mi cabeza
se van volviendo gibosos al paso de los siglos
la rue du Chat-qui-Pêche me hace imaginar historias
      terribles
Pero es mejor continuar es el alba es el alba
las manos en los bolsillos proseguir proseguir

Dos carniceros dan hachazos sobre la mitad de una res
eso no es nada divertido y sin embargo me gusta mirar
mi alma es aún un poco carnicera estamos en 1956
Mañana quizás no será así quizás no habrá carniceros ni
    verdugos
mi corazón un poco verdugo y un poco ahorcado
tu corazón tu corazón serán polvo agua viento
para los nuevos girasoles
cada semilla como una abeja dormida

El día pálido era blanco ahora amarillea
algunas chimeneas parece que fueran a encenderse
Pasa un soldado con una maleta enorme
rumbo a la Gare de Lyon rumbo a Egipto la muerte
Pasa una mujer en bicicleta ella va a su trabajo
cuando el sol está a la altura de las rodillas como el trigo
todos los días ella va a su trabajo toda la vida
Pasa un camión cargado de vino de estrépito de alba
Ya estoy en el boulevard Saint-Germain miro las vitrinas
    de las librerías
Algún día compraré un buen diccionario las obras
    completas de Rimbaud
muchos libros mejor es no hablar de eso
Por todas partes hay mendigos durmiendo aquél parece
    un niño
entre su cabeza y el cemento de la acera no hay más que
    una lámina helada
Tengo ganas de tomarme café con leche tengo hambre y
    sed
el alba amarilla tiene un mal sabor en mi boca
París comienza a despertar ya no soy un Robinsón
más bien un extranjero más bien un fantasma
más bien un hombre que no ha dormido
vagabundo de la ciudad el otoño y el alba
mientras mi amor ha de estar mirando las cumbres del
    Perú
o el cielo esmaltado de China
Yo no lo sé mis pies se cansan eso es todo eso es todo
Después de haber amado vivir el nuevo día
es hermoso
En la ciudad y el corazón arde la misma llama.

POR ESTA LIBERTAD

Por esta libertad de canción bajo la lluvia
habrá que darlo todo
Por esta libertad de estar estrechamente atados
a la firme y dulce entraña del pueblo
habrá que darlo todo
Por esta libertad de girasol abierto en el alba de fábricas
        encendidas y escuelas iluminadas
y de tierra que cruje y niño que despierta
habrá que darlo todo
No hay alternativa sino la libertad
No hay más camino que la libertad
No hay otra patria que la libertad
No habrá más poema sin la violenta música de la libertad

Por esta libertad que es el terror
de los que siempre la violaron
en nombre de fastuosas miserias
Por esta libertad que es la noche de los opresores
y el alba definitiva de todo el pueblo ya invencible
Por esta libertad que alumbra las pupilas hundidas
                los pies descalzos
                los techos agujereados
                y los ojos de los niños que deambulaban en
                    el polvo
Por esta libertad que es el imperio de la juventud
Por esta libertad
bella como la vida
habrá que darlo todo
si fuere necesario
hasta la sombra
y nunca será suficiente.

MARCO ANTONIO MONTES DE OCA

México, 1932. Su amplia obra está compilada en Poesía
reunida *(1971). Sus libros más importantes son* Ruina de
la infame Babilonia *(1953), que presentó la extraordina-
ria capacidad figurativa de un poeta que empezó a hablar
con libertad y autoridad;* Delante de la luz cantan los pá-
jaros *(1959), uno de los momentos más hermosos de su
obra, por el lirismo apasionado que comunicó con idéntica
audacia imaginativa;* Cantos al sol que no se alcanza *(1964),
no menos lujoso y asimismo vehemente; y* Vendimia del
juglar *(1965), que inicia su proceso de decantamiento fi-
gurativo sin abandonar su culto de la imagen, su capaci-
dad para renominar, y su mayor agudeza en el diseño de
la fábula poética.* Comparecencias (Poesía, 1968-1980, *1980)
inicia otro período, con aproximaciones más coloquialis-
tas, poemas sucintos y suerte de anotaciones imaginativas.
Pocas veces nuestro idioma ha conocido una celebración
de sus poderes de gratuidad y felicidad expresivas.*

RUINA DE LA INFAME BABILONIA

a mis padres

I

    Todo se ahoga de pena
y las mismas escafandras se amoratan bajo el mar.
El pulso, lo más cierto de un río con vida,
y la sal, estatua que nace demolida,
apagan sus latidos;
el tajo fúnebre
no permite más germinaciones.
Asimismo, las piedras de mi esqueleto
jamás estuvieron soldadas
y ahora se cansan de su equilibrio
¡Qué helado lugar, apenas hay buitres

301

y un inmenso bagazo rompe en lágrimas!
De todo esto ha de beber el hombre:
del agua vacía,
de esa lágrima llorada en el museo
donde héroes y follajes
no pueden asomar el pecho
contiguo al emboscado perfume de las momias.
Mi cuerpo no dobla las espigas,
la parra sombrea sin calcinarse el muro al rojo vivo,
el rescoldo no cede al yunque una sola de sus chispas.
Está extraño hoy el mundo. . .
y se defiende contra aquello que lo inventa.
Por eso más vale no acordarme,
no mirar el sitio donde la pálida yema de mis años
es repartida y destazada,
como un amargo sol caído
en que medran gusanos.
Necesito más ojos o menos lágrimas
o colgarme con ambas manos del párpado,
sádica ventana que abierta permanece
y hasta el fin contempla el hundimiento.
Necesito pulverizar mis saltos,
deslizarme con menos huesos que nunca,
pues jadean los belfos de mi herida
y si en ella aparece espuma de cansancio
moriré aterrado, sin conciencia,
de espaldas a ese paraíso benévolo
que suele abrirse,
cuando a marinos milagrosos
que navegan sin nave,
se les desfonda la suela del zapato.
Me duele que la vida no me duela
como a esos topos inflados de cascajo,
que llevan túneles al pedernal
y con ojos rojos como lámparas
atraviesan densas fumarolas
y aun soportan en la espalda
todas las estrellas y los ríos.
¡Oh mineros abrumados,
temblorosos tamemes del planeta,
contemplad, contemplad conmigo el aire negro,
las tristes piedras que fueron un incendio

y casi una mirada.
Hoy está extraño el mundo. . .
La yerba piensa desde su cráneo de rocío
que ya nadie cabe en su muerte,
pues la sinceridad traiciona
y ni con todos los huesos juntos en la mano
podemos tener certeza de lo cierto,
ni siquiera en la hora en que el cuerpo
es un ataúd del corazón,
del corazón sólo tenido en alto,
para descargarlo, suave piedra roja,
sobre el pavor del último instante.

LUZ EN RISTRE

La creación está de pie
su espíritu surge entre blancas dunas
y baña con hisopos inagotables,
los huertos oprimidos por la bota de pedernal
o la fría insolencia de la noche.
Los colores celestes, firmemente posados en los vitrales,
esponjan siluetas de santos;
un resorte de yeso alza sobre el piso miserable
sombras que bracean con angustioso denuedo.
Y llama el cuerno mágico a las creaturas gastadas en el
         dolor
para que el vértigo maravilloso instaure su hora de
         resarcimiento
y la ceniza despierte animada en grises borbotones.
La única, espléndida, irresistible creación
está de pie como una osamenta enardecida
y sobrepasa todas las esclusas, toca en cada llama la
         puerta del incendio
y ensilla galaxias que un gran mago ha de montar,
cuando el espíritu patrulle por el alba
hasta encontrar los pilares del tiempo vivo.

LA DESPEDIDA DEL BUFÓN

Se ajaron mis ropas de polvo colorido,
al fondo del mar mis vestiduras devolví;
ciego quedé junto al estanque,
junto al río desmayado por un coletazo de su propia
    espuma.

En vano busqué la imagen mía
mirándome en el espejo oscuro de los girasoles;
perdí el brillo inmortal liquidándolo a grandes sorbos
y también mi franela para limpiar la luna
y el puerto donde el atardecer cae de rodillas.

Perdí mis entrañables pertenencias,
mis lujos de hombre sin nada,
la mirada antigua que crecía
a la velocidad con que el tallo persigue su follaje.

¿Dónde quedarían mis palacios de agua con sueño,
dónde las enormes hojas blancas
que el invierno desprendió del mástil?

¿Las águilas del centro de la tierra,
los dulces inventos de aserrín,
mis bienes todos, apenas mensurables en latidos y alegría,
en qué pliegue del caos hallaron sepultura?

Damas y caballeros, piedras y pájaros:
es la hermosura de la vida lo que nos deja tan pobres,
la hermosura de la vida
lo que lentamente nos vuelve locos.

Oh señores, señoras, niños, flores
mi corazón comparece por última vez ante vosotros:
se ajaron mis ropas de polvo colorido,
al fondo del mar mis vestiduras devolví.

ATRÁS DE LA MEMORIA

De hinojos en el vientre de mi madre
Yo no hacía otra cosa que rezar,
Por la grieta de su boca perfumada
Alguna vez el resplandor externo sorprendí;
No estaba yo al corriente de la realidad
Pero cuando ella sonreía
Un mediterráneo fuego se posaba
En el quebradizo travesaño de mis huesos.

Era el impredecible amanecer de mí mismo
Y en aquellas vísperas de gala y de miseria
Puede oír el eco del granizo
Tras la nerviosa ventana carnal;
Arrodillado estuve muchos meses,
Velando mis armas,
Contando los instantes, los rítmicos suspiros
Que me separaban de la noche polar.

Pronto empuñé la vida,
Con manos tan pequeñas
Que apenas rodeaban un huevo de paloma;
Jugué a torcer en mil sentidos,
Como un alambre de oro,
El rayo absorto que a otra existencia me lanzaba.

Cabellos y piernas con delicado estrépito
Saludaron el semáforo canicular
Entonces halé hasta mis labios
La cobija de vapor que yo mismo despedía
Y me dormí en la profunda felicidad
Que uno siente cuando conoce el aire.

ENTRA EN MATERIA LA MATERIA...

Entra en materia la materia
y en su balance final
arranca mariposas
al arcoíris que enderezo,

arranca umbrales quemados,
conchas rotas
por una brisa de sangre que ensordece
y luego se evapora,
humeante jarabe de suplicio
vertido en la conflagración
taimada del eclipse.

Entra el espíritu en materia
y sus creaturas que tapian la garganta
se despedazan en las costas del insomnio
y al garete se pierden
sus apariciones acezantes,
su corriente imaginaria
que es nuestro único sustento.

Venid a mí,
despojos de ambos bandos,
imanes de agitado brío
testigos confusos
como la lengua en que os invoco
queridas totalidades arrastradas
por un sembradío de harpones.

Sombras, piélagos, espumas,
nubes negras de futuro claro
verdugos de águilas inéditas,
testigos sordomudos y convictos,
venid a mí,
yo os acojo.

UN ARCO VOLTAICO. . .

Un arco voltaico
une al vagido con el estertor
es un instante inmortal,
uno solo nada más:
bulbo nupcial,
chispa atrapada entre dos piedras,
crecido plato de cristal

que en el río se **expande**
bajo las viandas
del aire colmado y fugitivo.

Hambre ni viva ni saciada,
furor entredormido
sobre el mar y su lápida irisada,
sobre el mar irrepetible
atado con mis cuerdas vocales
al nudo ciego de la invocación.

ROBERTO FERNÁNDEZ RETAMAR

La Habana, 1930. Es autor de Elegía como un himno *(1950),*
Patrias *(1952),* Alabanzas, conversaciones *(1955),* Vuelta de
la antigua esperanza *(1959),* En su lugar, la poesía *(1959),*
Con las mismas manos *(1962),* Historia antigua *(1965),* Poe-
sía reunida, 1948-1965 *(1966),* Buena suerte viviendo *(1967),*
Que veremos arder *(1970),* A quien pueda interesar (Poesía
1958-1970, *1970),* Cuadernos paralelo *(1973),* Circunstan-
cia de poesía *(1975),* Circunstancia y Juana *(1980). Es autor
asimismo de numerosos ensayos literarios, político-cul-
turales, ediciones y antologías, y director de la revista* Casa
de las Américas *en La Habana. Después de un período
lírico e intimista, aunque ya de tendencia coloquial, Fer-
nández Retamar exploró con habilidad la textura conver-
sacional y produjo una poesía cotidiana en su registro
temático, pero a la vez de rigor intelectual y crítico, refle-
xiva y sobriamente emotiva. Su poesía actual acentúa estas
notas comunicantes a partir del monólogo inclusivo, la na-
rración evocativa, la confesión auscultante. Con elocuencia
y sabiduría expresiva, su obra amplía el registro del coloquio
poético actual.*

FELICES LOS NORMALES

Felices los normales, esos seres extraños.
Los que no tuvieron una madre loca, un padre borracho,
      un hijo delincuente,
Una casa en ninguna parte, una enfermedad desconocida,
Los que no han sido calcinados por un amor devorante,
Los que vivieron los diecisiete rostros de la sonrisa y un
      poco más.
Los llenos de zapatos, los arcángeles con sombreros,
Los satisfechos, los gordos, los lindos,
Los rintintín y sus secuaces, los que cómo no, por aquí,
Los que ganan, los que son queridos hasta la empuñadura,

Los flautistas acompañados por ratones,
Los vendedores y sus compradores,
Los caballeros ligeramente sobrehumanos,
Los hombres vestidos de truenos y las mujeres de
relámpagos,
Los delicados, los sensatos, los finos,
Los amables, los dulces, los comestibles y los bebestibles.
Felices las aves, el estiércol, las piedras.

Pero que den paso a los que hacen los mundos y los
sueños,
Las ilusiones, las sinfonías, las palabras que nos desbaratan
Y nos construyen, los más locos que sus madres, los más
borrachos
Que sus padres y más delincuentes que sus hijos
Y más devorados por amores calcinantes.
Que les dejen su sitio en el infierno, y basta.

UN HOMBRE Y UNA MUJER

> ¿Quien ha de ser?
> Un hombre y una mujer.
> TIRSO

Si un hombre y una mujer atraviesan calles que nadie ve
sino ellos,
Calles populares que van a dar al atardecer, al aire,
Con un fondo de paisaje nuevo y antiguo más parecido
a una música que a un paisaje;
Si un hombre y una mujer hacen salir árboles a su paso,
Y dejan encendidas las paredes,
Y hacen volver las caras como atraídas por un toque de
trompeta
O por un desfile multicolor de saltimbanquis;
Si cuando un hombre y una mujer atraviesan se detiene
la conversación del barrio,
Se refrenan los sillones sobre la acera, caen los llaveros
de las esquinas,
Las respiraciones fatigadas se hacen suspiros:
¿Es que el amor cruza tan pocas veces que verlo es motivo

De extrañeza, de sobresalto, de asombro, de nostalgia,
Como oír hablar un idioma que acaso alguna vez se ha
    sabido
Y del que apenas quedan en las bocas
Murmullos y ruinas de murmullos?

EL OTRO
(Enero 1, 1959)

Nosotros, los sobrevivientes,
¿A quiénes debemos la sobrevida?
¿Quién se murió por mí en la ergástula,
Quién recibió la bala mía,
La para mí, en su corazón?
¿Sobre qué muerto estoy yo vivo,
Sus huesos quedando en los míos,
Los ojos que le arrancaron, viendo
Por la mirada de mi cara,
Y la mano que no es su mano,
Que no es ya tampoco la mía,
Escribiendo palabras rotas
Donde él no está, en la sobrevida?

POR UN INSTANTE

Esa luz en la noche,
¿Será un reflector nuestro?
¿Será un arma de ellos?

(Por un instante
Había olvidado
Que hay en el cielo luna, que hay estrellas.)

USTED TENÍA RAZÓN, TALLET:
SOMOS HOMBRES DE TRANSICIÓN

Entre los blancos a quienes, cuando son casi polares, se
   les ve circular la sangre por los ojos, debajo del pelo
   rojizo,

Y los negros nocturnos, azules a veces, escogidos y
   purificados a través de pruebas horribles, de modo
   que sólo los mejores sobrevivieron y son la única
   raza realmente superior del planeta;

Entre los que sobresaltaba la bomba que primero había
   hecho parpadear a la lámpara y remataba en un
   joven colgando del poste de la esquina,

Y los que aprenden a vivir con el canto *marchando vamos
hacia un ideal*, y deletrean Camilo (quizás más joven
   que nosotros) como nosotros Ignacio Agramonte
   (tan viejo ya como los egipcios cuando fuimos a las
   primeras aulas);

Entre los que tuvieron que esperar, sudándoles las manos,
   por un trabajo, por cualquier trabajo,

Y los que pueden escoger y rechazar trabajos sin humillarse,
   sin mentir, sin callar, y hay trabajos que nadie
   quiere hacerlos ya por dinero, y tienen que ir
   (tenemos que ir) los trabajadores voluntarios para
   que el país siga viviendo;

Entre las salpicadas flojeras, las negaciones de San Pedro,
   de casi todos los días en casi todas las calles,

Y el heroísmo de quienes han esparcido sus nombres por
   escuelas, granjas, comités de defensa, fábricas,
   etcétera;

Entre una clase a la que no pertenecimos, porque no
   podíamos ir a sus colegios ni llegamos a creer en
   sus dioses,

Ni mandamos en sus oficinas ni vivimos en sus casas ni
   bailamos en sus salones ni nos bañamos en sus
   playas ni hicimos juntos el amor ni nos saludamos,

Y otra clase en la cual pedimos un lugar, pero no tenemos
   del todo sus memorias ni tenemos del todo las
   mismas humillaciones,

Y que señala con sus manos encallecidas, hinchadas, para
   siempre deformes,

A nuestras manos que alisó el papel o trastearon los
números;
Entre el atormentado descubrimiento del placer,
La gloria eléctrica de los cuerpos y la pena, el temor de
hacerlo mal, de ir a hacerlo mal,
Y la plenitud de la belleza y la gracia, la posesión hermosa
de una mujer por un hombre, de una muchacha por
un muchacho,
Escogidos uno a la otra como frutas, como verdades en
la luz;
Entre el insomnio masticado por el reloj de la pared,
La mano que no puede firmar el acta de examen o llevarse
la maldita cuchara de sopa a la boca,
El miedo al miedo, las lágrimas de la rabia sorda e
impotente,
Y el júbilo del que recibe en el cuerpo la fatiga trabajadora
del día y el reposo justiciero de la noche,
Del que levanta sin pensarlo herramientas y armas, y
también un cuerpo querido que tiembla de ilusión;
Entre creer un montón de cosas, de la tierra, del cielo y
del infierno,
Y no creer absolutamente nada, ni siquiera que el
incrédulo exista de veras;
Entre la certidumbre de que todo es una gran trampa,
una broma descomunal, y qué demonios estamos
haciendo aquí, y qué es aquí,
Y la esperanza de que las cosas pueden ser diferentes,
deben ser diferentes, serán diferentes;
Entre lo que no queremos ser más, y hubiéramos preferido
no ser, y lo que todavía querríamos ser,
Y lo que queremos, lo que esperamos llegar a ser un día,
si tenemos tiempo y corazón y entrañas;
Entre algún guapo de barrio, Roenervio por ejemplo, que
podía más que uno, qué coño,
Y José Martí, que exaltaba y avergonzaba, brillando como
una estrella;
Entre el pasado en el que, evidentemente, no habíamos
estado, y por eso era pasado;
Y el porvenir en el que tampoco íbamos a estar, y por eso
era porvenir,
Aunque nosotros fuéramos el pasado y el porvenir, que
sin nosotros no existirían.

Y, desde luego, no queremos (y bien sabemos que no
recibiremos) piedad ni perdón ni conmiseración.

Quizás ni siquiera comprensión, de los hombres mejores
que vendrán luego, que deben venir luego: la historia
no es para eso,

Sino para vivirla cada quien del todo, sin resquicios si
es posible

(Con amor sí, porque es probable que sea lo único
verdadero).

Porque los muertos estarán muertos, con sus ropas, sus
libros, sus conversaciones, sus sueños, sus dolores,
sus suspiros, sus grandezas, sus pequeñeces.

Y porque también nosotros hemos sido la historia, y
también hemos construido alegría, hermosura y
verdad, y hemos asistido a la luz, y alguna vez a lo
mejor hemos sido la luz, como hoy formamos parte
del presente.

Y porque después de todo, compañeros, quién sabe

Si sólo los muertos no son hombres de transición.

JUANA

> porque va borrando el agua
> lo que va dictando el fuego.
>
> SOR JUANA INÉS DE LA CRUZ

Nada ha borrado el agua, Juana, de lo que fue dictando
el fuego.

Han pasado los años y los siglos, y por aquí están todavía
tus ojos

Ávidos, rigurosos y dulces como un puñado de estrellas,

Contemplando la danza que hace el trompo en la harina,

Y sobre todo la tristeza que humea en el corazón del
hombre

Cuya inteligencia es un bosque incendiado.

Lo que querías saber, todavía queremos saberlo,

Y ponemos el ramo de nuestro estupor

Ante la pirámide solar y lunar de tu alma

Como un homenaje a la niña que podía dialogar con los
ancianos de ayer y de mañana

Y cuyo trino de **plata alza a**ún su espiral
Entre besos escritos y oscuridades cegadoras.

En tu tierra sin mar, ¿qué podría el agua
Contra tu devorante alfabeto de llamas?
De noche, hasta mi cama de sueños, va a
     escribir en mi pecho,
Y sus letras, donde vienes desnuda, rehacen tu nombre
     sin cesar.

Nada ha borrado el agua, Juana: el fuego
Quema aún como entonces —hace años, hace siglos.

PABLO ARMANDO FERNÁNDEZ

*La Habana, 1930. Quizá más conocido por su excelente no-
vela* Los niños se despiden *(1968), P.A. Fernández es, sin
embargo, uno de los poetas cubanos más fieles a una pa-
labra necesaria y genuina: su obra se caracteriza por su
lengua coloquial trabajada, cuyo origen se remonta al libre
fraseo de Apollinaire y el surrealismo, y por su capacidad
para un verso sensorial que dice con autoridad su recuento
y su fábula. Sus libros están reunidos en* Toda la poesía
(1962).

SUITE PARA MARUJA

V

    Espero que despiertes.
Mis manos han tratado inútilmente
de arrancar de tus párpados
las alas de ese pájaro oscuro,
de arrancar de tu cuello sus garras,
y de tu frente, el pico rapaz.
¿Es posible que la muerte sea un ave de la noche?
Yo la veo crecer sobre tu cuerpo, el plumaje
quieto; jamás voy a alcanzar sus ojos,
aunque mis manos le aprietan el pescuezo
y tiran de sus alas enormes.
Estoy a punto de gritar para asustarla
porque ella también duerme.
No recuerdo semejante silencio.
Estoy a punto de gritar.
Jamás voy a alcanzar tu boca, aunque todo mi cuerpo
pierde, no sé por cuántas veces, su sangre
tirando de ese animal sin nombre.
Tengo las manos llenas de plumas y de sangre.
Parece que no sientes el peso que te cubre.
No recuerdo semejante negrura.

Se oyen pasos y voces, alguien abre la puerta.
Tengo miedo; estoy a punto de gritar.
Entran el médico y una enfermera, se consultan
algo que no recogen mis oídos.
Te hablan y sonríes.
Zenaida te recoge el pelo húmedo, te besa.
Parecen dos chiquillas.
Tú flotas en un lago de nieve
que se ondula ágilmente con tu cuerpo.
El pájaro cobarde me espía tras el cristal
de la ventana, tiene los ojos apagados,
pero no los aparta de los míos.
Zenaida te acomoda las almohadas.
Esta muchacha trae el sol del verano
(En Guira de Melena el barómetro bajó a dos grados
        centígrados, nunca el viento tembló tanto en las
        noches, no hemos visto la luna y es enero),
es como si cantara.
Si alguna vez he escuchado en el aire
la bendición del día, si alguna vez he sentido
la vida arder, es ahora.
Pero ese odioso pájaro está esperando a que nos dejen
        solos.
Descubro que ha empollado sus huevos
y pronto llenarán el cuarto con sus alas, picos
y garras; bloquearán la puerta, cubrirán la ventana.
No podremos salir.
El médico y Zenaida se despiden.
El cuarto resplandece de blancura, está nevando.
La nieve se acumula, alcanzará tu cama.
Yo corro, tiritando; mis brazos y mi boca
quisieran ser de fuego.
Del cielo raso caen pájaros escarchados, silenciosos,
se mezclan, se confunden en un bloque de hielo.
Tú pareces dormida, blanca ave de la luna.

Quiero abrir la ventana, quiero hacer de mis manos
dos gigantescas palas y arrancarle a los pisos y paredes
la cerrada, pavorosa blancura.
Otra hora más y seremos dos témpanos, o abrazados,
un iceberg del tamaño del cuarto.
Es inútil gritar, estamos congelados.

Aunque en alguna parte de nosotros quieta se alza una
    llama.
Dormida como estás, no podrás compartir mi vigilia,
pero en tu sueño nos daremos cita.
Diré que amo y me espera una mujer de nieve,
que me recibe con flores y canciones de nieve,
que se adorna con collares de perlas de nieve,
y entre mis brazos se derrite y es agua
que gotea de mis ojos.

    ¿Qué hora es? A las once cambia la guardia,
pero en mi pulso helado no anda el reloj.
Afuera seguramente hay vida con calor
y los amantes sofocados buscan la sombra verde
de los árboles.
Pero mi amada es bella en su estación nevada.
Amor, ¿acaso sueñas con los pájaros que vuelan bajo
    el sol?

    Oigo voces y pisadas frente a la puerta.
Los pájaros de nieve comienzan a esconderse.
Cuando Milagros entra, se incorpora mi amor
en una playa blanca, y hablan de la mañana que vendrá
y de otras mañanas que nos esperan,
sudorosos, en una calle llena de bullicio.

    Aún dudo que la muerte sea un pájaro,
pero sé que la vida es siempre una muchacha.

                              Hospital Nacional, 1970

EL OTRO ADÁN

    Hemingway fue otro Adán,
ese inglés del poema de Williams
buscando el Paraíso en una isla.

    Compró una quinta colonial
con jardines que daban
a un viejo cementerio.

Era un sajón: **todos los días bregaba**
con el clima, su ídolo y amigo,
el salvaje huracán
la quemadura tórrida.

Pero no superó
la inquietud que produce
a los hombres del Norte
el susurro nocturno
de la muerte del trópico,
que sopla de las palmas y brota de las conchas.

En la caza, en la pesca,
se adiestró en el manejo de las armas.

Pero no superó el olor de las flores,
la muerte que despierta a medianoche
y es polvo al mediodía en los caminos.

Ni safaris en las selvas del África,
ni la pesca en el golfo o el cielo
del otoño en los mares de Cuba,
la voluptuosidad de las isleñas
que admiraban su derroche viril,
pudieron derrotar el candente bochorno
que los labios perennes de la muerte
soplan contra los hombres
llegados desde el Norte a conquistar las islas.

De nada le sirvieron sus duras, largas piernas,
ágiles en la acción y siempre alertas;
el obstinado corazón, la cabeza febril
que persistía en poblar con héroes de su raza
el Paraíso que lo rechazaba.

¿Vio su mirada fría de sajón
la decisión resuelta del nativo:
arrojar de sus costas a los conquistadores?

Quiso desentenderse de la vida en el trópico
y huyéndole al susurro nocturno de la muerte
un día retornó por donde vino.

Pero ella repitió sus mismos pasos,
siguió tras él callada
hasta la casa familiar de Idaho.

ARTE POÉTICA

El joven, ya famoso, T. S. Eliot,
comentando la redacción de Poe,
celebraba la destreza de Baudelaire,
quien, afirmaba Eliot, diera
a los tormentos del joven de Virginia
una dicción más noble: la lengua
de los clásicos, directa y mansa.
Al joven, T. S. Eliot, ya famoso,
el delirio y la desmesura
en la lengua del pájaro implacable,
en la lengua del campanario loco,
divulgadoras de la desesperanza,
lo desasosegaban hasta el martirio.
Eliot en su madurez vio el mundo
en ruinas y a los hombres huecos
(no fue la suya una visión feliz
del bravo, nuevo mundo), llena estuvo
su noche de graznidos que gritaban:
"nunca más, nunca más, nunca más. . ."

LO SÉ DE CIERTO PORQUE LO TENGO VISTO

Mi amor son estas islas y cayos
que el sol, los vientos, el aguacero acosan.
Mi amor son estos trazos de líneas imprecisas
—aves y aperos, reptiles o ramajes—
en un mapa pequeño.

Amar estas imágenes
que reducen a límites menores
mi mirada, mi voz y mi memoria
nadie lo dude, duele
hasta tocar el fondo de uno mismo.

¿Y es que frente a este esbozo
de contornos geográficos
no se siente otro amor por las distancias?
¿No nos atraen distantes otras lindes?

Miro el mapa que mis hijas dibujan
en un cuaderno nuevo.
Cuán mayores ya son estas abuelas,
que en sillones de mimbre, entre almohadones
nos relatan memorias de sus luchas:
las guerras, los ciclones, la familia.

Qué antiguas e inocentes estas islas
que mi razón exaltan
para que no querramos oírles otra historia.

Mi amor son estas tierras
y son también mi angustia. . .

ROQUE DALTON

San Salvador, 1935-1975. Su muerte a manos de un grupo de la guerrilla salvadoreña, que es uno de los más horrendos casos del fanatismo, demostró que la poesía de este activo militante del optimismo revolucionario de los años sesenta era una praxis paradójica: esa poesía, sin embargo, había incluido el dogmatismo entre los males ideológicos y sociales, que recontaba con apasionado humor vitalista. Sus libros son La ventana en el rostro (1961), El turno del ofendido (1962), Los testimonios (1964), Taberna y otros lugares (1969), Los pequeños infiernos (1970), Las historias prohibidas del Pulgarcito (1974). Aunque a veces es digresivo y casual, su poesía mejor suscita una empatía vibrante y fácil con sus temas, y una cálida capacidad comunicativa.

EL GRAN DESPECHO

    País mío no existes
sólo eres una mala silueta mía
una palabra que le creí al enemigo

Antes creía que solamente eras muy chico
que no alcanzabas a tener de una vez
Norte y Sur
pero ahora sé que no existes
y que además parece que nadie te necesita
no se oye hablar a ninguna madre de ti

Ello me alegra
porque prueba que me inventé un país
aunque me deba entonces a los manicomios

Soy pues un diosecillo a tu costa

(**Quiero** decir: por expatriado yo
tú eres ex patria)

LOS EXTRANJEROS

> All the Olympians: a thing never known again
> YEATS

> Ponga usted a una honorable familia inglesa a vivir
> dos años en El Salvador y tendrá cuervos ingleses
> para sacar los ojos a quien quiera.
> W.D.

SIR THOMAS

    Parezco bajo este sol
la barriga colorada de un feto:
flaco como el horizonte de cerros pelados,
arrodillado en procura de una nube
y lleno de su color mojado por extraña saliva.

Este país es una espina de acero.
Supongo que no existe sino en mi borrachera,
pues en Inglaterra nadie sabe de él.

¡Oh torbellino de víboras,
mediodía del tamaño de un siglo!

Llegar vivo a la solemne noche
con un halo indeleble,
ser apuñalado en el corazón
por doce peones borrachos,
bajar al territorio de las fieras
para prepararse una taza de café,
todo es aquí absolutamente natural!

Si sólo conservara uno la fe!

SAMANTHA

Con el plomo de la belleza
derramado en los ojos,
sé aun que la vida
bulle
con su magnífica confusión.

Viajar entre golpes,
esquivar a los viajeros golpeados,
recoger despertando
las migas de pan ahogadas en sangre:
ésa es la felicidad,
una especie de rata de confesionario. . .

Bajo este sol, pienso:
"Soy una virgen loca de Tolstoi
que camina a saltitos
para no pisar las culebras muertas de frío."

MATHEW

El trópico, fatiga infinita.

Las rosas de la montaña huelen a sal,
como el agua horrible que se bebe en los puertos.

¡Y esos escarabajos que chocan en las paredes
como negros huevos de monstruo!

El vino de Mosela se corrompe,
la cerveza de Holanda cría una asquerosa nata verde
y mis mejores camisas no durarán un año.

La novelística exótica
es también un fantasma que recorre Europa.

Los hombres en este país son como sus
 madrugadas:
mueren siempre demasiado jóvenes
y son propicios para la idolatría.

Raza dañada.
La estación de las lluvias es el único consuelo.

PARA UN MEJOR AMOR

El sexo es una categoría política.

KATE MILLET

Nadie discute que el sexo
es una categoría en el mundo de la pareja:
de ahí la ternura y sus ramas salvajes.

Nadie discute que el sexo
es una categoría familiar:
de ahí los hijos,
las noches en común
y los días divididos
(él, buscando el pan en la calle,
en las oficinas o en las fábricas;
ella, en la retaguardia de los oficios domésticos,
en la estrategia y la táctica de la cocina
que permitan sobrevivir en la batalla común
siquiera hasta el fin del mes).

Nadie discute que el sexo
es una categoría económica:
basta mencionar la prostitución,
las modas,
las secciones de los diarios que sólo son para ella
o sólo son para él.
Donde empiezan los líos
es a partir de que una mujer dice
que el sexo es una categoría política.

Porque cuando **una mujer dice**
que el sexo es una categoría política
puede comenzar a dejar de ser mujer en sí
para convertirse en mujer para sí,
constituir a la mujer en mujer
a partir de su humanidad
y no de su sexo,
saber que el desodorante mágico con sabor a limón
y el jabón que acaricia voluptuosamente su piel
son fabricados por la misma empresa que fabrica el
    napalm
saber que las labores propias del hogar
son las labores propias de la clase social a que pertenece
    ese hogar,
que la diferencia de sexos
brilla mucho mejor en la profunda noche amorosa
cuando se conocen todos esos secretos
que nos mantenían enmascarados y ajenos.

Buenos Aires, 1930. Pesía de lo cotidiano recobrado en su vibración temporal, narrada y contemplada, en lenguaje de precisiones y modulaciones urbanas. Sus libros son Violín y otras cuestiones (1956), En el juego en que andamos (1959), Velorio del solo (1961), Gotán (1962), Los poemas de Sidney West (1969), Cólera buey (1969), Fábulas (1970), Relaciones (1973), Obra poética (1975), Hechos y relaciones (1980), Si dulcemente (1980), Citas y comentarios (1982), Hacia el sur (1982).

EL JUEGO EN QUE ANDAMOS

Si me dieran a elegir, yo elegiría
esta salud de saber que estamos muy enfermos,
esta dicha de andar tan infelices.

Si me dieran a elegir, yo elegiría
esta inocencia de no ser un inocente,
esta pureza en que ando por impuro.

Si me dieran a elegir, yo elegiría
este amor con que odio,
esta esperanza que come panes desesperados.

Aquí pasa, señores,
que me juego la muerte.

LÍMITES

¿Quién dijo alguna vez: hasta aquí la sed,
hasta aquí el agua?

¿Quién dijo alguna vez: hasta aquí el aire,
hasta aquí el fuego?

¿Quién dijo alguna vez: hasta aquí el amor,
hasta aquí el odio?

¿Quién dijo alguna vez: hasta aquí el hombre,
hasta aquí no?

Sólo la esperanza tiene las rodillas nítidas.
Sangran.

HABANA REVISITED

Tenía que ser la Habana,
allí te encontré, allí te perdí,
en la Habana levantada por la marea dulce de la
        Revolución
debajo del amor estabas,
en cada rostro de miliciano o miliciana mirando el mar
        amigo y enemigo
estabas, ausencia mía, dolor de la memoria,
en la alegría liberada de la Habana hallé tus manos
        inclinándose
pero en Las Villas, en Matanzas,
bajo los campesinos por primera vez a vivir,
bajo la libertad circulando entre ellos como un río
        invisible y advertible,
iba tu voz aún crepitando suave dura, fuego sin apagar.

Así voy aprendiendo mi destino de tenerte en cada uno
        menos en ti,
de recorrerte por miles de rostros reuniéndote
y repartiéndote por miles de manos que me tocan,
fue en la Habana un día abierto como tus ojos,
allí te perdí, allí te encontré,
eres interminable,
el pueblo es dulce, íntimo.

TEORÍA SOBRE DANIELA ROCCA

he aquí que daniela un día conversó con los ángeles
ligeramente derrumbados sobre sus senos góticos
fatigados del trance pero lúcidos lúbricos
y daniela advertía sus símiles contrarios
las puertas que se abren para seguir viviendo
las puertas que se cierran para seguir viviendo
en general las puertas sus misiones sus ángulos
ángulos de la fuga las fugas increíbles
los paralelogramos del odio y del amor
rompiéndose en daniela para dar a otra puerta
con la ayuda de drogas diversas y de alcoles
o de signos que yacen debajo del alcol
o daniela sacándose los corpiños sacándose
los pechos distanciados debido al ejercicio
del amor en contrarias circunstancias mundiales
daniela rocca loca dicen los magazines
de una pobre mujer italiana por cierto
que practicaba métodos feroces del olvido
y no mató a sus padres y fue caritativa
y un día de setiembre orinó bajo un árbol
y era llena de gracia como santa maría

ESTOS POEMAS...

estos poemas esta colección de papeles esta
manada de pedazos que pretenden repirar todavía
estas palabras suaves ásperas ayuntadas por mí
me van a costar la salvación

a veces son peores que actos mejor dicho más ciertas
el tiempo que pasa no las afina no las embellece
descubre sus rajaduras sus paredes raídas
el techo se les hunde y llueve

es así que en ellas no puedo tener abrigo ni reparo
en realidad huyo de ellas como de las ciudades antiguamente
        malditas
asoladas por las enfermedades las catástrofes
los reyes extranjeros y magníficos

más malas que el dolor son estas
ruinas que levanté viviendo dejando de vivir
andando entre dos aguas
entre este mundo y su belleza

y no me quejo ya que
ni oro ni gloria pretendí yo escribiéndolas
ni dicha ni desdicha
ni casa ni perdón

RECONOCIMIENTOS

por los barrotes de la ventanita del camión celular
la tarde se corta dos veces
el barrote de la izquierda corta calles árboles
el de la derecha corta lejanos pies

afuera alguno mirando el pálido
resplandor tras los barrotes de la ventanita del camión
        celular piensa
"alguno será un camarada" piensa que
alguno será un camarada

gira en la tarde la sirena del camión celular alguno adentro
mirando los pies cortados piensa
"alguno será un camarada" piensa que
alguno será un camarada

tales encuentros tales
pensamientos ocurren
en la tarde cortada dos veces
por los barrotes de la ventanita del camión celular

HOMENAJES

el pueblo aprueba la belleza aprueba el sol
del espectáculo del mundo aprueba el sol
aprueba el río humano
en la pared de caras populares escribe "apruebo el sol"

¿no hay dolor o pena en el mundo?
¿humillaciones no hay y fea pobreza?
¿no cae la baba policial sobre la mesa de torturas?
¿no pisa y pesa la bota del tirano?

hay dolor y pena en el mundo
humillaciones hay y fea pobreza
cae la baba policial sobre la mesa de torturas
pisa y pesa la bota del tirano pero

el pueblo aprueba la belleza
bajo la baba policial escribe
bajo la bota del tirano de turno
sobre la mesa de torturas
escribe "apruebo el sol"

NIEVES

la compañera se ha venido más triste en estos días tiene
más ásperas las suaves manos y menos
brillo en los ojos aunque más calor y en sus cabellos ha caído
la primera nieve si nieva por acá

la compañera deja caer pedazos
que se ponen a arder arrugándole
la piel de la frente y alrededor de la boca
en esa hoguera crepita bajo el sol ella

con esos ruidos la compañera llena la cama de noche y con
animales amansados pero no mansos sino dulces
que llevan a cualquier parte del mundo
pisan la noche y llevan a cualquier parte del mundo

se ha venido más triste en estos días tiene
más ásperas las suaves manos y menos
brillo en los ojos aunque más calor y en sus cabellos ha caído
la primera nieve

RELACIONES

esa piedra ¿tiene que ver con él?
el hombre de la zapatería de enfrente ¿tiene que ver con él?
los millones de chinos indios angoleños que no conoce
    ¿tienen que ver con él?
el sanantonio extraño bicho de Dios ¿tiene que ver con él?

esa piedra tiene que ver con él
el hombre de la zapatería de enfrente tiene que ver con él
los millones de chinos indios angoleños que no conoce tienen
    que ver con él
el sanantonio extraño bicho de Dios tiene que ver con él

extraño bicho el sanantonio vuela corto es bella su
    caparazón
extraño bicho el humano
extraña dicha la suya cuando hay
vuela corto es bella su caparazón y

tiene que ver con esa piedra
con el hombre de la zapatería de enfrente tiene que ver
con los millones de chinos indios angoleños la extraña dicha
    suya
aunque la piense a solas sola

cierto resulta el vivir y cierta cada vida
al lado de él encima de él y abajo de él el sanantonio
vuela corto es bella su caparazón y extraña
la dicha de él

BELLEZAS

Octavio Paz Alberto Girri José Lezama Lima y demás
    obsedidos por la inmortalidad creyendo
que la vida como belleza es estática e imperfecto el
    movimiento o impuro
¿han comenzado a los cincuenta de edad
a ser empujados por el terror de la muerte?

el perro que mira acostado el domingo ¿no es inmortal
       en ese instante o diluvio
de la tarde contemplándose en sus ojos?
¿no ha quedado acaso el perro clavado a esa contemplación
que lo embellece o sobrevuela como ardor en la tarde?

y el deseo de Octavio Alberto José ¿no es movimiento acaso
y movimiento su ser cuando atrapan la palabra justa o
       injusta?
¿no debe correr mucho quien quiera bañarse dos veces
       en el mismo río?
¿no debe amar mucho quien quiera amarse dos veces
       en el mismo amor?

y nuestro cuerpo ¿no ha sido inmortal uniéndose
al cuerpo amado con trabajos que pocos desdeñan
y despegándose desgarrándose o rompiendo incandescencias
       bocas
que rodarían en la noche como criaturas extraviadas que
       pueden hablar ya?
y esos cuerpos ¿no han venido para irse acaso dejando
un tránsito que nadie recorrerá sino ellos
que ardieron o arden como un perro mirando el domingo
       bajo el avión lento de Venus
y demás planetas en pura consumación?

y Octavio Alberto José eligiendo
sea cantar el término la finitud con voces melancólicas
       sea
emperrados en fijar un instante creyendo que la vida como
       belleza es estática
¿acaso no dan luz como planetas ciegos a su propio destino?

¿y qué piensan la estrella el perro contemplando a Octavio
       trabajar?
¿no les llegará acaso su luz?
¿no es el sujeto del deseo la materia como el del macho la
       hembra?
¿no ha de girar Alberto como vida terrible cercenable
       indestructible en la noche del mundo?

y José preso en su José mirando la calle

mirándola desde esta **eternidad verdaderamente**
¿no mira contando **comparando los** quioscos de flores
    las vidrieras la gente?
bajo la sombra del patíbulo ¿no contempla la belleza que
    pasa como lejos de su propio terminar?

Octavio Alberto José niños ¿por qué fingen que no llevan
    la calma donde reina confusión?
¿por qué no admiten que dan valor a los oprimidos o
    suavidad o dulzura?
¿por qué se afilian como viejos a la vejez?
¿por qué se pierden en detalles como la muerte personal?

HEBERTO PADILLA

Pinar del Río, Cuba, 1932. Sus libros son Las rosas auda-
ces *(1948),* El justo tiempo humano *(1960),* Fuera de juego
(1969), Por el momento *(1970),* El hombre junto al mar
(1981), además de la novela En mi jardín pastan los hé-
roes *(1981). Protagonizó el famoso "caso Padilla" al ser
apresado en 1971 por la policía cubana y al hacer una pú-
blica "confesión" de sus "pecados contrarrevolucionarios".
Sus mejores poemas, en* Fuera de juego, *testimonian la di-
fícil posición política del artista y su conciencia crítica,
y lo hacen con una dicción cotidiana, sutil, desencantada
e irónica.*

EN TIEMPOS DIFÍCILES

A aquel hombre le pidieron su tiempo
para que lo juntara al tiempo de la Historia.
Le pidieron las manos,
porque para una época difícil
nada hay mejor que un par de buenas manos.
Le pidieron los ojos
que alguna vez tuvieron lágrimas
para que contemplara el lado claro
(especialmente el lado claro de la vida)
porque para el horror basta un ojo de asombro.
Le pidieron sus labios
resecos y cuarteados para afirmar,
para erigir, con cada afirmación, un sueño
(el-alto-sueño);
le pidieron las piernas,
duras y nudosas
(sus viejas piernas andariegas)
porque en tiempos difíciles
¿algo hay mejor que un par de piernas
para la construcción o la trinchera?
Le pidieron el bosque que lo nutrió de niño,

con su árbol **obediente**.
Le pidieron el **pecho**, **el** corazón, los hombros.
Le dijeron
que eso era estrictamente necesario.
Le explicaron después
que toda esta donación resultaría inútil
sin entregar la lengua,
porque en tiempos difíciles
nada es tan útil para atajar el odio o la mentira.
Y finalmente le rogaron
que, por favor, echase a andar,
porque en tiempos difíciles
ésta es, sin duda, la prueba decisiva.

POÉTICA

Di la verdad.
Di, al menos, tu verdad.
Y después
deja que cualquier cosa ocurra:
que te rompan la página querida,
que te tumben a pedradas la puerta,
que la gente
se amontone delante de tu cuerpo
como si fueras
un prodigio o un muerto.

FUERA DEL JUEGO

a Yannis Ritzos, en una cárcel de Grecia

¡Al poeta, despídanlo!
Ése no tiene aquí nada que hacer.
No entra en el juego.
No se entusiasma.
No pone en claro su mensaje.
No repara siquiera en los milagros.
Se pasa el día entero cavilando.
Encuentra siempre algo que objetar.

¡A ese tipo, despídanlo!
Echen a un lado al aguafiestas,
a ese malhumorado
del verano,
con gafas negras
bajo el sol que nace.
Siempre
le sedujeron las andanzas
y las bellas catástrofes
del tiempo sin Historia.
Es
    incluso
            anticuado.
Sólo le gusta el viejo Armstrong.
Tararea a lo sumo,
una canción de Pete Seeger.
Canta,
        entre dientes,
                        La Guantanamera.
Pero no hay
quien lo haga abrir la boca,
pero no hay
quien lo haga sonreír
cada vez que comienza el espectáculo
y brincan
los payasos por la escena;
cuando las cacatúas
confunden el amor con el terror
y está crujiendo el escenario
y truenan los metales
y los cueros
y todo el mundo salta,
se inclina,
retrocede,
sonríe,
abre la boca
            "pues sí,
            claro que sí,
            por supuesto que sí. . ."
y bailan todos bien,
bailan bonito,

como les piden que **sea** el baile.
¡A ese tipo, despídanlo!
Ése no tiene aquí nada que hacer.

NO FUE UN POETA DEL PORVENIR

Dirán un día:
él no tuvo visiones que puedan añadirse a la posteridad.
No poseyó el talento de un profeta
No encontró esfinges que interrogar
ni hechiceras que leyeran en la mano de su muchacha
el terror con que oían
las noticias y los partes de guerra.
Definitivamente él no fue un poeta del porvenir.
Habló mucho de los tiempos difíciles
y analizó las ruinas,
pero no fue capaz de apuntalas.
Siempre anduvo con ceniza en los hombros.
No develó ni siquiera un misterio.
No fue la primera ni la última figura de un cuadrivio.
Octavio Paz ya nunca se ocupará de él.
No será ni un ejemplo de los ensayos de Retamar.
Ni Alomá ni Rodríguez Rivera
Ni Wichy el pelirrojo
se ocuparán de él.
La Estilística tampoco se ocupará de él
No hubo nada extralógico en su lengua
Envejeció de claridad.
Fue más directo que un objeto.

ROBERTO SOSA

Yoro, Honduras, 1930. Poesía social, política y de protesta la suya, sin embargo, está libre de la retórica gracias a su inmediata apelación a la inteligencia del lector a través de la precisión de su diseño y la persuasión moral de su alegato. Ha publicado Caligramas *(1958),* Los pobres *(Premio Adonais, 1968),* Un mundo para todos dividido *(Premio Casa de las Américas, 1971). Ha editado la revista* Presente *y ha sido director de la editorial de la Universidad de Honduras.*

ARTE ESPACIAL

Llevo conmigo un abatido búho.

En los escombros levanté mi casa.
Dije
mi pensamiento a hombres de imágenes impúdicas.

En la extensión me inclino hecho paisaje, y siento,
vuelta música, la sombra de una amante sepultada.

Dentro de mí se abre el espacio
de un mundo para todos dividido.

Estos versos devuelven lo que ya he recibido:
un mar de fondo,
las curvas del anzuelo,
el coletazo de un pez ahogado en sangre,
los feroces silbidos enterrados, la forma
que adoptó la cuchillada, el terror congelado entre mis
        dedos.

Comprendo que la rosa no cabe en la escritura.

En una cuerda bailo hasta el amanecer
temiendo —cada instante— la breve melodía de un
    tropiezo.

ESTA LUZ QUE SUSCRIBO

Esto que escribo
nace
de mis viajes a las inmovilidades del pasado. De la
    seducción
que me causa la ondulación del fuego
igual
que a los primeros hombres que lo vieron y lo sometieron
a la mansedumbre de una lámpara. De la fuente
en donde la muerte encontró el secreto de su eterna
    juventud
De conmoverme
por los cortísimos gritos decapitados
que emiten los animales endebles a medio morir.
          Del amor consumado.
Desde la misma lástima, me viene.

Del hielo que circula por las oscuridades
que ciertas personas echan por la boca sobre mi nombre.
          Del centro
del escarnio y de la indignación. Desde la circunstancia
de mi gran compromiso, vive como es posible
esta luz que suscribo.

DIBUJO A PULSO

A como dé lugar pudren al hombre en vida,
le dibujan a pulso
las amplias palideces de los asesinados
y lo encierran en el infinito.

Por eso
he decidido —dulcemente—
              —mortalmente—

construir
con todas mis canciones
un puente interminable hacia la dignidad, para que pasen,
uno por uno,
los hombres humillados de la Tierra.

LA YERBA CORTADA POR LOS CAMPESINOS

Cuántas veces nos ha parecido
que lo más importante de nuestras vidas
es el vuelo de las abejas que precede a las colegialas
que retornan de las aulas, pensando en nada,
felices como peces.

Y cuántas veces hemos razonado
que la rebeldía contra un sistema de cosas
impuesto
a través
de asesinos alquilados
investidos
de infinitos poderes,
nos dignifica.

En nuestra segunda inocencia hemos imaginado
que alguien nos llama
desde un lugar hermoso parecido al mar, y que la voz
viene de la garganta de esa mujer delgada que
                esperamos en vano;
o que nos llama el amigo de infancia, aquel
cuyo padre comía tinieblas en los días difíciles.

Y cuántas veces al hablar de nuestra verdad
hemos creído
hablar de la verdad que interesa a las grandes mayorías,
y nos hemos sentido emocionados por ello porque sabemos
que el líquido de la verdad altera el pulso y envía una
                carga
no acostumbrada al corazón, que puede convertirse de
                este modo
en una suerte de Esfinge sin enigmas.

Y así creemos vivir aproximándonos a lo perfecto.

En realidad
sólo
lo que hace el hombre
por enaltecer al hombre es trascendente.

La yerba cortada por los campesinos es igual a una
      constelación.
Una constelación es igual a un piedra preciosa,
pero el cansancio de los campesinos que cortaron la
      yerba
es superior al universo.

Demostrar los hechos mezclados con las lentitudes
de un fuego que no conocemos, y quemar incienso a
      las buenas gentes,
ayuda a vivir,
ayuda a bien morir.

GERARDO DENIZ

Poeta mexicano nacido en España en 1934, ha procedido en sus libros, Adrede *(1970),* Gatuperio *(1978) y* Enroque *(1986) a una brillante y enigmática refutación de usos, valores y concepciones, y lo ha hecho con un discurso sarcástico, inapelable y siempre original. Sus poemas son fragmentos o versiones de un escepticismo analítico y de una pasión por la crítica y la ironía disolutiva.*

MEDITAR

A nadie debe alarmar que el horizonte acumule detrás de
   los follajes volutas y nubes como del Greco: una
   tarde tan barroca no pasa del ensayo general.
(En cualquier caso, si estuviéramos en el puerto, al atento
   a cosas náuticas le bastaría recorrer de un vistazo
   la vasta extensión de las aguas para asegurar con
   suficiencia: —No está el tiempo para baticulos.)
Esta tarde discutible, colgada de los pulgares entre el
   polvo y la lluvia
sobre el dorado ostracismo del parque inmenso, a la orilla
   de lagunas podridas cubiertas de lentejuelas
   (*Lemna minor*),
mejor será que la soledad escuche el organillo henchido
   de chiflos y refollamientos:
si entrase Descartes en un café no se haría un silencio
   más propicio.
Cante el barrio cuadrilongo, con caras de planchadoras
   y anormales en las ventanas;
cante las bibliotecas donde el Nigromante hubiera podido
   apurar las tardes oyendo zumbar moscas o, alzando
   al techo la mirada aguda, abismarse en el Rorschach
   eficaz de las goteras, mientras lejos los tranvías
   arrastraban sus cadenas;
cante el herraje supremo del museo —la solitaria, el
   hipogloso—, y en la caligrafía parda de las etique-

tas tantos **pecados contra el Espíritu** Santo.
Cante los textos al cesto, **duelos y quebrantos,** tácticas
galantes que violan convenios de Ginebra. Y para
mañana o pasado cante sobre todo la mierda, que es
cosa nitrogenada y arrojadiza.

MADRIGAL SÉPTIMO

Taquipnea, gusto de perro en la ventanilla ¿a dónde?—
puente de brazos sobre el murmullo mismo de arroyos
       en estío,
galope y luz oblicua entre el ramaje, etc.
—A un asilo jainista para fieras con harta hybris.
       Apretaste mi pata peluda de mejor amigo del
       hombre y cerraste los ojos
elevando de pronto los párpados de abajo.

ELÉATA

Yacían cuando se abrieron
(y allí, en griego, nombres de canciones)
los serrallos de la luz.
                        ¡Desayuno, ovación!
Un batir de sábanas y moscas, un apremio de cubiertos
       y salsas,
hacia la playa, o en corredores frescos tan grande aseo:
qué teorías de australopitecos bicéfalos
                                sordos
                        ciegos
               estupefactos
cayendo desde los aleros al valle de gloria, a la garganta
       céntrica,
y la ciudad es una araña velluda puesta al fuego. Apogeo,
       velas, arpas;
esfera:
nadie es culpable de que el día sea hermoso.
En el hotel más caro sale a su balcón el anciano de
       calva noble,
despacio, como si llevara una viga en el ojo.

En el colmo del día **Faetón** gesticula.
Algo grita allá arriba.

PROMISCUOS

Sopa de víboras, hervimos —uno entre todas, una entre
    todos—
jugando a la meiosis, intercambiando palmos, decímetros.
Hechos de retacería. Cruzándonos.

Recuerdo de quién fue la parte que aquí tuviste.
No innata casi. De eso poco queda.
Dónde la entregas ahora,
por qué calle, en cuál número, sobre qué cuatro patas.
Lo mejor que damos era de alguien nos lo dio.
Lo mejor que dimos lo masca alguien de alguien.
    Crossover.

Este tramo arcoíris que reparto al azar, tuyo,
¿de qué ajeno procede?
        Cómo te quiso, dirían los crooners,
por haberte dejado lo que ofrezco sonriendo y jadeante.
A estas horas ya nada es ya de nadie. Quiasmas.

O ese pálpito —ligeramente abyecto—
que llega a veces raras,
¿será cuando al ir devolviendo nos devuelven,
casualidad desde la quinta o séptima potencia,
un segmento que fue propio muy de veras hace siglos,
y sin reconocerlo nos retorna —pulsado, tostado al
    sol, milvivido:
intacto?

INQUISICIÓN

> No es el amor quien muere
> somos nosotros mismos.

No cura el tiempo. El tiempo verifica.
Cuando llame
           abrir pronto,
que se instale en la cocina a calentar hierros y aceite,
       prestarle las tijeras, la piedra de amolar.
Luego, en el patio, en medio del círculo aterrado de
       niños y vendedores ambulantes,
aullar a cada gota ardiendo, convulsionarse
       bellamente bajo cada sabia incisión hecha pour
       voir
y al fin dar las gracias —no cuesta— por el
       certificado (válido hasta mañana):
que aún vive, que aún le vuelve la saña;
hay tejidos chirriantes; otros, aunque cedizos,
       responden todavía.

(Me agradecen que aquello pasó
—aquello que dolía por las tardes bajo mi filo
       perpetuo
disfrazado de esquina, de fecha, de cáscara—,
sin saber que ahora es signo de miasis en progreso;
       no asunto nuestro ya.
Huyendo de mis pruebas dio a la muerte una parte
y me llaman —otra vez— curalotodo. Yo no curo. Ni
       mato. Yo sólo
verifico.)

AVIVANZA

—En la síncopa está el gusto —los querubes tenores,
       abstractos como de costumbre.
—En la salsa tártara —clamaron las superanos a
       capella.
(Semos generaciones corruptas que divorcian el ser
       del valor.

        Todo por no consultar a los trascendentales
    del ente
—uno vero bono— impuestos por muela divina
cual profundissima imago Sanctissimae Trinitatis
a cada chicle a cada chicle a cada chicle
y a la naturaleza, en fin, suave priroda felatriz, así
como impuesta —eingeprägte— queda la impronta en
    los sesos del patito neonato.
como la sombra sórdida que dejan los golpes en un
    bombo.
Forever.)

NUTACIÓN

El acto de variar,
como el hecho de los tientos prudentes y sañas y
    legumbres cada día,
no se nos concede en vano
sino para dar trámite a la palabra permanencia
con herraduras, concusiones, y en los casos extremos
dichos cochinos —"yo no sabía
lo que era realmente calidad humana".

                                    Por lo pronto,
estas nupcias de Mercurio y la Filología
presidirán nuestras artes largos meses,
hasta agosto, tal vez. No que para escarnio se
    revolcase en pan rallado la gama previa,
de naturaleza fundamentalmente estética;
pero basta de mentes ochavadas,
de filamentos que se ven por el aire en otoño.
Paso al cuaquerismo. Tanta vida en flor.

IGNORANCIA

Cuando se quita usted del labio el epíteto
    escupiéndolo al rostro de la amada,
siente usted que ha cumplido, hasta que le sale otro,
    v. gr. de tabaco,

346

y el proceso se repite **ad** nauseam.
Lo malo es esa manigua poblada de grillos y
      leopones, esa insuflación de burbujas en el
      tuétano
—en una palabra, todo lo que hormiguea, desazona un
      rato y hace amanecer los lunes
pensando
cómo será que a mis tíos y tías los poetas
les ocurre lo que relatan
y viven para contarlo.

JOSÉ CARLOS BECERRA

Villahermosa, Tabasco, México, 1936-1970. Su obra poética está reunida en el tomo El otoño recorre las islas *(1973), editado por Gabriel Zaid y José Emilio Pacheco. Desde sus primeros poemas, el talento verbal, imaginativo y metafórico de Becerra fue evidente: el lujo figurativo, la cadencia legendaria, el acopio de paisaje, la refinada emotividad y contemplación alucinada fueron ganando en precisión, control formal y agudeza. Pronto fue claro que Becerra no sólo celebraba los sentidos y la materia gestante sino que al hacerlo, implicaba a las fuerzas en discordia que se disputan en un drama vivido, ensayado y repetido. La elocuencia del decir se trama, así, sobre las agonías del desamparo y del silencio.*

DECLARACIÓN DE OTOÑO

He venido.

El otoño nos revelará el hueso del mundo,
en sus hojas el color amarillo no será solamente un
     aria triste,
será también la verdad de la tierra,
el paso de esa luna donde han dejado de temblar las
     doncellas,
la historia que los niños no pulirán con sus manos.

Conozco la mirada del sedicente,
la ciudad ha sido conquistada por el heliotropo
     nocturno;
dadme mis huesos y los huesos de mis muertos
y los pondré a florecer en la noche.

Porque yo veo la miel sombría donde los rostros
     perdidos intentan acercársenos,
ponernos el vaho de su corazón en el cristal de esa
     ventana que sin darnos cuenta
hemos dejado encendida esta noche.

Porque yo veo los amaneceres socavados en octubre
      por la garra del relámpago
que saca del fondo a las doncellas muertas,
a los niños que no han podido pulir ninguna historia
      con sus manos.

He venido.

Aquí se reúnen las leyendas de piel titilante,
las miradas donde aparece la arena movediza que
      está a la mitad de todo recuerdo;
porque ahora miro las extensiones del mito
y no encuentro otra respuesta ni otra distancia que el
      llanto,
la piel desalojada en el mar, la risa de la hiena detrás
      de los espejos.

Voy por esta ciudad; yo no camino sobre las aguas,
camino sobre las hojas secas que caen de mis
      hombros,
miro a los muertos en brazos de sus retratos, miro a
      los vivos en brazos de sus desiertos,
a las prostitutas vírgenes embalsamadas dentro de su
      sonrisa.

Conozco esta ciudad, estos orines de perra, esta piel
      acechante de gato,
estas calles que he recorrido mirando en silencio lo
      que me devora.
He visto el latigazo de la ceniza en los cuerpos
      dormidos,
el miedo lustrado por unas manos silenciosas,
la luz enhebrada por lo más lejano de los ojos,
el oro con su infancia en la primera gota de sangre.

He aquí la historia,
he aquí este delirio que la luna ha tenido en sus
      brazos,
esta yerba arrancada al corazón, este rumor de hojas.

¿En qué sitio ríe la vejez de los muros?
¿Dónde comulga el horror con la supervivencia?

Ésta es la estación armada como un guerrero,
ésta es la estación desnuda como una mujer
    invencible,
ésta es la estación cuya historia tiene mucho que ver
    con la lluvia.

He venido.

He visto la servidumbre de los parques a la crueldad
    del poniente,
he visto abandonados a su luz, llagados en su luz,
he visto en las cocinas el hollín de las lágrimas,
la grasa quemada de un cielo prohibido,
he visto las madrigueras donde la luna se limpia la sangre
como un amor proscrito.

He venido cuando el otoño le da a la ciudad una carta
    del mar.
He venido a decirlo.

NO HA SIDO EL RUIDO DE LA NOCHE

No, no era ese ruido,
era la respiración como una historia de hojas pisadas,
el recuerdo del viento que movía el recuerdo de unos
        cabellos largos,
el chillido de un pájaro, el animal manchado por su
        muerte futura.

No, no era ese ruido;
al menos no lo era cuando la esperanza levantaba sus
        cabezas todavía sin cortar,
todavía sin que fueran cabezas,
y se quejaba dulcemente, y fraguaba pequeños
        arrebatos, exclamaciones líricas,
y una niña secreta hacía de nuestras manos
cosas abandonadas.

Entonces no era el ruido de la noche,
el crecimiento de la yerba en los ojos dormidos.

El otoño no descuidaba su tarea,
las hojas secas comían por última vez en las manos
      del sol de la tarde;
pero no era el otoño el que movía las alas,
era el rumor de ese pájaro cuyas alas habían crecido
      tanto
hasta enredarse con el azul del cielo,
y uno ya no sabía si era el pájaro o el cielo el que
      volaba
oscureciéndonos el rostro.

No, no era el esfuerzo con que el amanecer desarma a
      los astros,
la noche vestida por la respiración de los que
      duermen,
o sentada junto a aquellos que buscan en su corazón
      hasta el alba
sinuosidades y escorpiones de astros.

Y era también la sangre abriendo y cerrando puertas,
la tarde que escurría del cielo desmintiendo lo azul,
diciendo *sí* a lo blanco.

El sol retiraba sus urnas abiertas,
los pájaros metían el pico en el infinito y quedaban
      insensibles,
la primavera me salpicaba un hombro de polen
y alguien reía con fuerza en los espejos rotos.

EL PEQUEÑO CÉSAR

Te detuviste a desear aquello que mirabas,
te detuviste a inventar aquello que mirabas,
pero no estabas detenido, lo que mirabas agitaba tu
      propio pañuelo,
hacía tus señas desde su lejanía.
Algo de eso comprendiste;
los muelles, los sitios donde la sal es una ciega
      sentada en el alma,
los sitios donde la espuma roe la base de todo

con sus pequeños dientes parecidos a la arena de lo
      que se olvida,
los sitios donde las viejas anclas y los motores de
      barcazas vencidas
se oxidan cagados por las gaviotas y los pelícanos,
los pequeños tumultos blancos donde la paz y el
      movimiento entrelazan sus redes a la usanza del
      mar,
los sitios menos frecuentados de las playas,
los paisajes que te rodeaban sin que supieras
      exactamente a qué distancia de tu imaginación,
a qué distancia de tus argumentos más íntimos.

Hay un cielo de navíos que los ojos contemplan desde
      abajo de las lágrimas,
desde donde la mirada se queda sin respiración,
sin oxígeno para saber qué mira todavía y qué ha
      dejado de mirar.

Una eternidad que cualquiera diría gastada por el
      uso,
manoseada por los muertos, ablandada por la queja
      de los enfermos, tocada por las lágrimas,
una tarde que se va hundiendo como un barco
en cierto paisaje tuyo.

Algo de eso comprendiste,
desconfiabas de tu deseo, pero era tu saliva la que
      brillaba en los dientes de tu deseo,
eras tú esa masa pastosa que alguien masticaba
pero que iba siempre a parar a tu estómago,
era tuya la mano con que te decían adiós
y era tuyo el pañuelo.

Por eso en mitad de la noche has vacilado,
has oído a los árboles perderse en sus ramas,
has sentido al viento quedarse quieto de pronto, como
      en acecho de algo, entre los pliegues de la
      cortina,
has oído a los muertos reírse en sus agujeros
      imitando a los topos,

has descubierto que un día **vestido de** mayordomo, el
olvido vendrá a anunciarte
que ya está servida la mesa,
y sin quererlo tú, esa noche cenarás con apetito y al
final, dejando la servilleta sobre la mesa,
elogiarás complacido el menú. . .

Todas las luchas libradas en el océano brillan en esa
lámpara que acabas de encender,
en esas aguas donde el horizonte desarrolla su
instinto de montaña,
allá donde el cielo parece dormitar entre sus
mandíbulas de abismo.

Puedes romper las cartas de aquella que amaste,
puedes hacer que el olvido, tu extraño servidor, entre
al pasado, los sorprenda juntos a ti y a ella
y allí los atrape,
puedes fingir que eres la ropa que te quitaste, la frase
que escribiste,
el número telefónico que te buscas en el bolsillo,
la dirección que no aciertas a dar.

Puedes fingir que estás fingiendo, puedes simular que
eres tú,
que es tu deseo y no tu olvido tu verdadero cómplice,
que tu olvido es el invitado que envenenaste
la noche que cenaron juntos.
Puedes decir lo que quieras, eso será la verdad
aunque no puedas ni puedan tocarla.

Alzas tu lámpara y lo que fuiste parpadea en aquello
que estás siendo,
también tu libertad te tiene entre sus manos.

Quisieras llorar porque la eternidad navega como una
muerta,
masticas despacio tu bocado de alma, tu rebanada de
ideología, tus órganos para conmoverte,
tomas la servilleta y te limpias la boca,
distraídamente miras la antigua mancha de vino en el
mantel. . .

Quisieras llorar porque la noche es un árbol que no
         podemos sacudir con las manos
para que caigan los frutos deseados;
todo pasa mientras terminas de comer, mientras
         doblas la servilleta de nuevo,
y tu lámpara ilumina para ti la espuma que el tiempo
         deja en lo alto de las ruinas,
en todos los sitios que no han resistido el oleaje del
         hierro, la embestida de los dicursos triunfales.

En mitad de la noche algo tiembla, en mitad de la
         noche te oyes hacia arriba
como quien se despierta por el ruido de la lluvia,
en mitad de la noche te oyes hacia abajo como quien
         se despierta
por el ruido de la muerte.

Y no quieres ser cómplice de los dormidos, no
         quieres ser cómplice de los muertos,
no quieres ser traspasado por tus lágrimas,
         humedecerte como un trapo sucio,
entonces, ¿quién eres tú?

Tal vez te gustaría ser el custodio de los reinos que la
         carroña acecha,
tal vez te gustaría tomar tu deseo, levantarlo
         convertido en el deseo del mundo, en la base del
         mundo.
Algo de eso comprendiste y vacilas,
y tu vacilación te afianza en el mundo, te da vientos
         para navegar, uñas para clavarlas,
te invita a subir al puente de mando.
Pero aún vacilas, tal vez ese traje de marinero no es
         el tuyo,
pero ya es tarde, pero aún vacilas, pero ya es tarde,
intentas despedirte de alguien,
pero la mano con que deseas decir adiós
también se va quedando atrás, y ya no puedes
         alcanzarla aunque te inclines hacia ella
con todo tu cuerpo, con toda tu duda de no inclinarte
         lo suficiente.

¿Qué cosa es tu cuerpo? ¿Qué cosa es tu lámpara?
¿Qué cosa es no inclinarse lo suficiente?
¿Significa todo esto decir adiós?
Hablabas de un deseo y también de un olvido,
hablabas de las cartas de una mujer, no se sabe si las
      rompiste,
no se sabe si te olvidaste de ella, si alguna tarde
      caminaste pensándolo,
también hablabas de una lámpara,
y de un pañuelo
o de un barco. . .

Hablabas de algo así, no recuerdas cómo.

GIOVANNI QUESSEP

Bogotá, 1939. Sus libros publicados son El ser no es una
fábula *(1968),* Duración y leyenda *(1972),* Canto del extran-
jero *(1976),* Libro de encantado *(1978, antología). A partir
de un empleo bastante imaginativo de la tradición litera-
ria, de la leyenda, la lírica provenzal, la poesía latina y el
cultismo barroco, Quessep plantea su trabajo poético co-
mo una celebración nostálgica de un presente ganado por
la palabra alusiva.*

CANTO DEL EXTRANJERO

Penumbra de castillo por el sueño
Torre de Claudia aléjame la ausencia
Penumbra del amor en sombra de agua
Blancura lenta

Dime el secreto de tu voz oculta
La fábula que tejes y destejes
Dormida apenas por la voz del hada
Blanca Penélope

Cómo entrar a tu reino si has cerrado
La puerta del jardín y te vigilas
En tu noche se pierde el extranjero
Blancura de isla

Pero hay alguien que viene por el bosque
De alados ciervos y extranjera luna
Isla de Claudia para tanta pena
Viene en tu busca

Cuento de lo real donde las manos
Abren el fruto que olvidó la muerte
Si un hilo de leyenda es el recuerdo
Bella durmiente

La víspera del tiempo a tus orillas
Tiempo de Claudia aléjame la noche
Cómo entrar a tu reino si clausuras
La blanca torre

Pero hay un caminante en la palabra
Ciega canción que vuela hacia el encanto
Dónde ocultar su voz para tu cuerpo
Nave volando

Nave y castillo es él en tu memoria
El mar de vino príncipe abolido
Cuerpo de Claudia pero al fin ventana
Del paraíso

Si pronuncia tu nombre ante las piedras
Te mueve el esplendor y en él derivas
Hacia otro reino y un país te envuelve
La maravilla

¿Qué es esta voz despierta por tu sueño?
¿La historia del jardín que se repite?
¿Dónde tu cuerpo junto a qué penumbra
Vas en declive?

Ya te olvidas Penélope del agua
Bella durmiente de tu luna antigua
Y hacia otra forma vas en el espejo
Perfil de Alicia

Dime el secreto de esta rosa o nunca
Que guardan el león y el unicornio
El extranjero asciende a tu colina
Siempre más solo

Maravilloso cuerpo te deshaces
Y el cielo es tu fluir en lo contado
Sombra de algún azul de quien te sigue
Manos y labios

Los pasos en el alba se repiten
Vuelves a la canción tú misma cantas

Penumbra de castillo en el comienzo
Cuando las hadas

A través de mi mano por tu cauce
Discurre un desolado laberinto
Perdida fábula de amor te llama
Desde el olvido

Y el poeta te nombra sí la múltiple
Penélope o Alicia para siempre
El jardín o el espejo el mar de vino
Claudia que vuelve

Escucha al que desciende por el bosque
De alados ciervos y extranjera luna
Toca tus manos y a tu cuerpo eleva
La rosa púrpura

¿De qué país de dónde de qué tiempo
Viene su voz la historia que te canta?
Nave de Claudia acércame a tu orilla
Dile que lo amas

Torre de Claudia aléjale el olvido
Blancura azul la hora de la muerte
Jardín de Claudia como por el cielo
Claudia celeste

Nave y castillo es él en tu memoria
El mar de nuevo príncipe abolido
Cuerpo de Claudia pero al fin ventana
Del paraíso

ÓSCAR OLIVA

Tuxtla Gutiérez, Chiapas, 1938. El grupo de poetas mexicanos que en los años sesenta se dio a conocer en una discutida antología, La espiga amotinada *(1960), reunió a Jaime Labastida, Eraclio Zepeda, Juan Bañuelos, Jaime Augusto Shelley y Óscar Oliva bajo la estética común de una poesía de denuncia, fundada en las solidaridades de esa hora progresista y optimista. En otro volumen,* La ocupación de la palabra *(1965), este grupo afirmó esa voluntad estética y empezó a mostrar los rasgos distintivos que, luego, los llevarían a definir su propio camino. Cualquiera de estos poetas de capacidad comunicativa puede representar al grupo en esta antología, pero Óscar Oliva, especialmente en* Estado de sitio *y* Plaza Mayor, *ha desarrollado más consistentemente sus virtudes de un habla inmediata a la experiencia en un discurso elaborado pero siempre emotivo, de persuasión moral y sensibilidad social.*

EL SUFRIMIENTO ARMADO (1)

El poeta saluda al sufrimiento armado

CÉSAR VALLEJO

Frente a la tumba del comandante Marco Antonio
     Yon Sosa,
en Tuxtla Gutiérrez, escucho al crepúsculo
     resquebrajándose.
La tumba tiene el número 5582.
Sus compañeros, Enrique Cahueque Juárez (tumba
     5581)
y Fidel Raxcacoj Ximutul (tumba 5584)
     yacen como él, destrozados.

Los campesinos de Izabal
creían que no moriría nunca.
Engañaba a los soldados durmiendo
en el vientre de un caimán
o convirtiéndose en un racimo de plátano.
Una vez lo atraparon,
pero huyó encarnando en un venado negro.

No se puede andar mucho tiempo en armas,
junto a los campesinos, sin que uno proclame
la unidad del sufrimiento y de la rebelión.

Los asesinaron en una emboscada
cerca de la frontera con Guatemala,
en la boca del río Lacantún,
      y a las 18.30 horas del 20 de mayo de 1970,
      los sepultaron aquí, bajo este viento seco
      y encalado.
      Recuerdo que los trabajadores del panteón
      y sus hijos, preguntaron:
      "¿A quiénes entierran?"
      No hubo respuesta.
      Tres estudiantes arrojaron puñados de tierra
      en las tumbas; depositaron ramos de flores.

Regreso a mi casa, en la ciudad de México,
y repaso los periódicos que comentaron estos sucesos.
"México no puede ser santuario de guerrilleros
y tampoco puede permitir que grupos armados
extranjeros violen su territorio."

El secretario de la Defensa Nacional
también dijo que los guerrilleros guatemaltecos
habían disparado primero. "En esas condiciones
—añadió—, nuestros soldados no van a
contestar con flores y abrazos."

Inclinemos nuestras banderas de luto
y alistémonos para nuevos combates.

¿Un crepúsculo resquebrajándose por mi
espalda?

EL SUFRIMIENTO ARMADO (2)

Frente a la tumba del comandante Marco Antonio
Yon Sosa,
en Tuxtla Gutiérrez, escucho el crepúsculo
resquebrajándose.
Un conejo salta por entre los matorrales.
¿Cómo es su apariencia?
"Gris es su pelaje y es hermoso,
y largas son sus orejas."
¿Cómo se ven sus ojos?
"Es rojo el fuego de su mirada;
y anda como jorobado el conejo."

Camina, camina; haz el camino de tu casa.

Un pájaro se queja como el crujido de un palo al
romperse;
después el cementerio calla como escuchando algo.
Y de pronto, un grito:. . . "¿Lo hallaste?" "¡No!" "¿Lo
hallaste?" "¡No!"

Unos días antes habíamos cruzado el río,
con los platanales todavía plateados por la luna,
con el grito del coyotesolo y el perico melero
y el chiflido de la lechuza.

Alguien me arrastra, ¿no lo ves?
Mi mirada se carga de leña seca.

Dar muerte a los que se resisten a morir, era la
consigna.

"Seguro es, amigos, seguro es, mas sin embargo

361

imploremos a los **vientos, pues la fuerza**
de los vientos es muy grande."

Tierra y techo de Tuxtla.
Los muertos no pueden venir a la luz.
¿Dónde iré?
¿Dónde me detendré?

Y su muerte fue esto: fueron sumergidos;
vino la inundación, vino del cielo una abundante
       resina.
¿Qué digo? ¿Qué callaré?
No disfruto viendo la luz,
ni pisando con mi pie la tierra.

Suéltenme, suéltenme ya.
Acuéstenme, no me tengo de pie.
La noche resbala hacia mis ojos.
Enciendo un cigarro frente a la tumba de los
       guerrilleros.

(Veo la canoa, la veo, de dos remos,
y al canoero de los muertos,
con la mano en la pértiga.)

El comandante de la **XXXI** Zona Militar informó a los
periodistas que no había encontrado el menor indicio de
los guerrilleros guatemaltecos sobrevivientes del encuen-
tro en el río Lacantún. "Creemos que algunos huyeron
heridos, pues el combate fue breve, pero con fuego muy
nutrido. Se utilizaron 80 cartuchos de armas automáti-
cas M-1 y 7.62", agregó el militar. "Los compañeros de
Yon Sosa se arrojaron a las aguas del río para escapar
de nuestros hombres y regresar a territorio guatemalte-
co. La corriente es muy fuerte. Decir que murieron es una
cosa hipotética", informó finalmente.

Yon Sosa fue perforado por 8 balas de alto poder
que le destrozaron el cráneo, el corazón, los pulmones y
       el hígado.

Enrique Cahueque **Juárez y Fidel Raxcacoj** Ximutul,
    fueron como él, **destrozados.**

Adiós, Yon Sosa. Delante de tu tumba no veo
el agua que corre como lavatorio en la puerta de los
    muertos.
Ningún caballo hay en esa puerta, y tampoco resuena
la mano armada de tu sufrimiento.
Salta el conejo en el matorral.
Las flores del candox brillan como la punta de mi cigarro.
¿Cuánto tiempo ha transcurrido después de todo esto?

Camina, camina; haz el camino de tu casa.

Dejo el lápiz en mi mesa.
El humo del tabaco inunda mis pulmones.
Tuxtla ha desaparecido en el salto del conejo,
que ahora veo en la cara de la luna.
Desde mi ventana, en la ciudad de México,
escucho a la noche resquebrajándose.
El chiflido de la lechuza sigue clavado en mis oídos.
De mis cabellos se desprende un desconcertado viento,
que no encuentra sitio en este libro, ni en esta casa.
El pájaro lejano pronuncia la misma palabra triste,'
    la misma palabra triste.

¿Se escucha el tableteo de una ametralladora?

EUGENIO MONTEJO

Caracas, 1938. Es autor de Elegos *(1967),* Muerte y memoria *(1972),* Algunas palabras *(1976) y* Terredad *(1978). Ha publicado también un libro de ensayos,* La ventana oblicua *(1974) y otro de prosas,* El cuaderno de Blas Coll *(1981). Con sobriedad y precisión Montejo excede los énfasis parasurrealistas y paisajistas de la poesía de su país, y produce una decantada, sobria poesía de emociones exactas y vocación comunicante. A partir de la experiencia concreta, su limpieza formal es una virtud de las imágenes justas.*

LA VIDA

a Vicente Gerbasi

La Vida toma aviones y se aleja,
sale de día, de noche, a cada instante
hacia remotos aeropuertos.

La Vida se va, se fue, llega más tarde,
es difícil seguirla: tiene horarios
imprevistos, secretos,
cambia de ruta, sueña a bordo, vuela.

La Vida puede llegar ahora, no sabemos,
puede estar en Nebraska, en Estambul,
o ser esa mujer que duerme
en la sala de espera.

La Vida es el misterio en los tableros,
los viajantes que parten o regresan,
el miedo, la aventura, los sollozos,
las nieblas que nos quedan del adiós
y los aviones puros que se elevan
hacia los aires altos del deseo.

LETRA PROFUNDA

Lo que escribí en el vientre de mi madre
ante la luz desaparece.
El sueño de mi letra antigua
tatuado en espera del mundo
se borró a la crecida del tiempo.
Colores, tactos, huellas
cayeron bajo túmulos de nieve.
Sólo murmullos a deshora
afloran hoy del fondo,
visiones en eclipse, indescifrables
que envuelve el vaho de los espejos.
Los ojos buscan en el aire
el espacio donde el alma flotaba
y se pierden detrás de su senda.
Lo que escribí en el vientre de mi madre
quizás no fue sino una flor
porque más hiere cuando desvanece.
Una flor viva que no tiene recuerdo.

EL ESCLAVO

Ser el esclavo que perdió su cuerpo
para que lo habiten las palabras.
Llevar por huesos flautas inocentes
que alguien toca de lejos
o tal vez nadie. (Sólo es real el soplo
y la ansiedad por descifrarlo.)

Ser el esclavo cuando todos duermen
y lo hostiga el claror incisivo
de su hermana, la lámpara.
Siempre en terror de estar en vela
frente a los astros
sin que pueda mentir cuando despierten,
aunque diluvie el mundo
y la noche ensombrezca la página.

Ser el esclavo, el paria, el alquimista

de malditos metales
y trasmutar su tedio en ágatas,
en oro el barro humano,
para que no lo arrojen a los perros
al entregar el parte.

LOS ÁRBOLES DE MI EDAD

Los árboles de mi edad
a quienes igualaba de tamaño
ya son más altos que mi cuerpo
y menos solitarios

El otoño ha venido y se ha vuelto,
nos ha arrastrado en su despojo hasta el vacío,
hasta vernos desnudas las manos,
pero ellos tras su paso se renuevan
y siguen elevándose
mecidos al verdor de sus deseos.

Sé que vinimos juntos a la vida,
la hemos amado sol a sol
y piedra a piedra,
bajo flor o palabra hemos buscado a Dios
cada uno en su sueño,
sin embargo al crecer me van dejando solo,
aunque seguimos en la misma ciudad
viviendo donde siempre
nos separan los aires,
ya no alcanzo el rumor de sus voces
ni sé qué harán de nuevo en poesía,
ya casi no nos vemos.

CARACAS

Tan altos son los edificios
que ya no se ve nada de mi infancia.

Perdí mi patio con sus lentas nubes
donde la luz dejó plumas de ibis,
egipcias claridades,
perdí mi nombre y el sueño de mi casa.
Rectos andamios, torre sobre torre,
nos ocultan ahora la montaña.
El ruido crece a mil motores por oído,
a mil autos por pie, todos mortales.
Los hombres corren detrás de sus voces
pero las voces van a la deriva
detrás de los taxis.
Más lejana que Tebas, Troya, Nínive
y los fragmentos de sus sueños,
Caracas, ¿dónde estuvo?
Perdí mi sombra y el tacto de sus piedras,
ya no se ve nada de mi infancia.
Puedo pasearme ahora por sus calles
a tientas, cada vez más solitario,
su espacio es real, impávido, concreto,
sólo mi historia es falsa.

CREO EN LA VIDA

Creo en la vida bajo forma terrestre,
tangible, vagamente redonda,
menos esférica en sus polos,
por todas partes llena de horizontes.

Creo en las nubes, en sus páginas
nítidamente escritas
y en los árboles, sobre todo al otoño.
(A veces creo que soy un árbol.)

Creo en la vida como terredad,
como gracia o desgracia.
Mi mayor deseo fue nacer,
a cada vez aumenta.

Creo en la duda agónica de Dios,
es decir, creo que no creo,

aunque de noche, solo,
interrogo a las piedras,
pero no soy ateo de nada
salvo de la muerte.

OSCAR HAHN

Chile, 1938. Sus libros son Arte de morir *(1977),* **Mal de** amor *(1981) e* Imágenes nucleares *(1983), breve pero profunda y amplia poesía, cuya complejidad proviene de la trama antitética de un discurso tanático y otro erótico, que se funden como un drama del vivir contemporáneo y del decir poético; por lo primero, la poesía de Hahn atestigua con desasosiego y con metáforas agónicas la conciencia de fin de los tiempos que distingue al sujeto moderno; por lo segundo, su poesía se remonta a la tradición clásica para descodificarla con un humor popular sarcástico y afligido. Es profesor de literatura latinoamericana en la Universidad de Iowa.*

REENCARNACIÓN DE LOS CARNICEROS

> Y salió otro caballo, rojo: y al que estaba sentado
> sobre éste, le fue dado quitar de la tierra la paz,
> y hacer que los hombres se matasen unos a otros.
>
> SAN JUAN, *Apocalipsis*

Y vi que los carniceros al tercer día,
al tercer día de la tercera noche,
comenzaban a florecer en los cementerios
como brumosos lirios o como líquenes.

Y vi que los carniceros al tercer día,
llenos de tordos que eran ellos mismos,
volaban persiguiéndose, persiguiéndose,
constelados de azufres fosforescentes.

Y vi que los carniceros al tercer día,
rojos como una sangre avergonzada,
jugaban con siete dados hechos de fuego,
pétreos como los dientes del silencio.

Y vi que los perdedores al tercer día,
se reencarnaban en toros, cerdos o carneros
y vegetaban como animales en la tierra
para ser carne de las carnicerías.

Y vi que los carniceros al tercer día,
se están matando entre ellos perpetuamente.
Tened cuidado, señores los carniceros,
con los terceros días de las terceras noches.

ADOLFO HITLER MEDITA
EN EL PROBLEMA JUDÍO

Toma este matamoscas y extermina a los ángeles,
después con grandes uñas arráncales las alas.
Ya veo sus muñones, ya los veo arrastrarse:
desesperadamente tratan de alzar el vuelo.
Toma este insecticida. Oigo sus toses blancas
prenderse y apagarse. Una puesta de sol
o una puesta de ángeles es lo mismo sin duda
porque la noche ahora levanta su joroba
y ellos se van hundiendo lentamente en el suelo.
Levanta el pie despacio. Así mismo. Tritúralos.
Que les saquen las plumas con agua hirviendo y
    pongan
esos cuerpos desnudos en las fiambrerías.
Ahora me van pasando sudarios de juguete
y ataúdes con cuerda. Ahora me van pasando
las cruces más pequeñas, para que se entretengan
los infantes difuntos. Pásame al insectario,
los alfileres negros. Toma este matamoscas
y extermina a los ángeles.

NOCHE OSCURA DEL OJO

> Ibant obscuri soia sub nocte per umbram
> VIRGILIO

Cegado por el sol de las tinieblas
veo un ojo sin iris sin pupila
palpando el cielo en busca de su órbita

Y hay otro ojo idéntico al primero
que puede ser su espectro o su principio
volando en llamas por el firmamento

Vi un sistema solar de nervios ópticos
friccionando y quemando las imágenes
en sus vertiginosos corredores

Y la estrella nuclear oscurecida
fue un manantial varado en las tinieblas
desde su sombra dando a luz la luz

Ascuas en el silencio de la noche
hay dos astros sin iris sin pupilas
girando alrededor de un sol vidente

Una lluvia de ojos apagados
cae desde el espacio y encandila
con su tiniebla el centro de lo oscuro

Y vi en la oscuridad un arcoíris
        blanco y negro elevándose
            Y brillaba
la noche no vidente bajo el arco

UN AHOGADO PENSATIVO
A VECES DESCIENDE

flottaison blême et ravie

A. RIMBAUD

hay un muerto flotando en este río
y hay otro muerto más flotando aquí:
esta es la hora en que los pobres símbolos
huyen despavoridos: mira el agua

hay otro muerto más flotando aquí

alguien corre gritando un nombre en llamas
que sube a tientas y aletea y cae
dando vueltas e ilumina la noche

hay otro muerto más flotando aquí

caudaloso de cuerpos pasa el río:
almas amoratadas hasta el hueso
vituperadas hasta el desperdicio

hay otro muerto más flotando aquí

duerme flotación pálida: desciende
a descansar: la luna jorobada
llena el aire de plata leporina

tomados de la mano van los muertos
caminando en silencio sobre el agua

TRACTATUS DE SORTILEGIIS

En el jardín había unas magnolias curiosísimas, oye,
unas rosas re-raras, oh,
y había un tremendo olor a incesto, a violetas macho,
y un semen volando de picaflor en picaflor.
Entonces entraron las niñas en el jardín,
llenas de lluvia, de cucarachas blancas,

372

y la mayonesa se cortó en la cocina
y sus muñecas empezaron a menstruar.
Te pillamos in fraganti limpiándote el polen
de la enagua, el néctar de los senos, ¿ves tú?
Alguien viene en puntas de pie, un rumor de pájaros
pisoteados, un esqueleto naciendo entre organzas,
alguien se acercaba en medio de burlas y fresas
y sus cabellos ondearon en el charco
llenos de canas verdes.
Dime, muerta de risa, a dónde llevas
ese panal de abejas libidinosas
Y los claveles comenzaron a madurar brilloso
y las gardenias a eyacular coquetamente, muérete,
con sus durezas y blanduras y patas
y sangre amarilla, ¡aj!
No se pare, no se siente, no hable
con la boca llena
de sangre:
que la sangre sueña con dalias
y las dalias empiezan a sangrar
y las palomas abortan cuervos
y claveles encinta
y unas magnolias curiosísimas, oye,
unas rosas re-raras, oh.

GABRIEL ZAID

Monterrey, Nuevo León, 1934. Cuestionario. Poemas 1951-
1976 *(1976) reúne los libros de este poeta antirretórico, cuya
obra se caracteriza por la lucidez y la ironía con que cons-
truye sus propios escenarios de contemplación, goce y co-
munión. Esa ironía es una distancia instrumental que el
lenguaje establece para incorporar a los nombres como
parte del espectáculo reflexivo e hiperbólico de vivir. Es-
tos poemas se desenvuelven como teoremas demostrati-
vos, pero también como anotaciones sintomatológicas del
discurrir social; los paisajes donde palpita un ojo vivo, y
los diálogos amorosos, donde la comedia erótica rempla-
za pronto a la endecha, son típicos de Zaid. Poesía que se
refleja a sí misma, su conciencia literaria es también una
inteligencia con el lector acerca de los poderes y posibili-
dades del lugar de la poesía en nuestros discursos socia-
les. En el ensayo, Zaid ha reflexionado con ironía y maes-
tría sobre la aventura de la poética que nos define, la del
acto de leer.*

CANCIÓN DE SEGUIMIENTO

No soy el viento ni la vela
sino el timón que vela.

No soy el agua ni el timón
sino el que canta esta canción.

No soy la voz ni la garganta
sino lo que se canta.

No sé quién soy ni lo que digo
pero voy y te sigo.

CLARIDAD FURIOSA

No aceptamos lo dado, de ahí la fantasía.
Sol de mis ojos: eternidad aparte, pero mía.

Pero se da el presente aunque no estés presente.
Luz a veces a cántaros, pan de cada día.
Se dan tus pensamientos, tuyos como los pájaros.
Se da tu soledad, tuya como tu sombra,
negra luz fulminante: bofetada del día.

RELOJ DE SOL

Hora extraña. No es
el fin del mundo
sino el atardecer.
La realidad,
torre de pisa,
da la hora
a punto de caer.

PRÁCTICA MORTAL

Subir los remos y dejarse
llevar con los ojos cerrados.
Abrir los ojos y encontrarse
vivo: se repitió el milagro.

Anda, levántate y olvida
esta ribera misteriosa
donde has desembarcado.

CAMPO NUDISTA

Se necesita piel muy gruesa
para andar como un rinoceronte

mientras jirafas melancólicas
pasan con un collar de perlas.

O marfil de hipopótamo
para cepillarse enormemente los dientes
mientras las garzas por las piedras,
con fuerte olor a río,
vienen cuidando los tacones.

Vaya promiscuidad,
audacísimo gallináceo,
la de escoltar a tus hermanas desnudas
con red y tubos en el pelo.

Otra cosa, otra cosa buscamos.
No se deja domesticar.
Nos provoca y se esconde.
Libertad: libertad.

GACELA

Cobijando tu alegría
bajo la sorpresa de la lluvia,
en el refugio precario,
feliz a la vuelta del sol;
en la tierra como en el cielo
de tus ojos inteligentes,
animal prodigioso,
quiero ser real para siempre.

CUERVOS

Tienes razón: para qué.
Se oye una lengua muerta: *paraké.*
Un portazo en la noche: *paraqué.*
Ráfagas agoreras: volar de paraqués.
Hay diferencias de temperatura
y sopla un leve para qué.

Parapeto asesino: para qué.
Cerrojo del silencio: para qué.
Graznidos carniceros: pa-ra-qué, pa-ra-qué.
Un revólver vacía todos sus paraqués.
Humea una taza negra de café.

RÁFAGAS

La muerte lleva el mundo a su molino.
Aspas de sol entre los nubarrones
hacían el campo insólito,
presagiaban el fin del mundo.

Giraban margaritas
de ráfagas de risa
en la oscuridad de tu garganta.

Tus dientes imperfectos
desnudaban sus pétalos
como diste a la lluvia tus pechos.

Giró la falda pesadísima
como una fronda que exprimiste,
como un árbol pesado de memoria
después de la lluvia.

Olía a cabello tu cabello.

Estabas empapada. Te reías,
mientras yo deseaba tus huesos
blancos, como una carcajada
sobre el incierto fin del mundo.

IPANEMA

El mar insiste en su fragor de automóviles.
El sol se rompe entre los automóviles.
La brisa corre como un automóvil.

Y de pronto, del mar, gloriosamente,
chorreando espumas, risas, desnudeces,
sale un automóvil.

ELOGIO DE LO MISMO

¡Qué gusto da lo mismo!
Descubrir lo mismo.
Repasar lo mismo.

¡Qué sabroso es lo mismo!
Perderse en lo mismo.
Encontrarse en lo mismo.

¡Oh, mismo inabarcable!
Danos siempre lo mismo.

LECTURA DE SHAKESPEARE
[*Soneto 66*]

Asqueado de todo esto, me resisto a vivir.
Ver la Conciencia forzada a mendigar
y la Esperanza acribillada por el Cinismo
y la Pureza temida como una pesadilla
y la Inquietud ganancia de pescadores
y la Fe derrochada en sueños de café
y nuestro Salvajismo alentado como Virtud
y el Diálogo entre la carne y las bayonetas
y la Verdad tapada con un Dedo
y la Estabilidad oliendo a establo
y la Corrupción, ciega de furia, a dos puños: con
        espada
y balanza.

    Asqueado de todo esto, preferiría morir,
    de no ser por tus ojos, María,
    y por la patria que me piden.

TRANSFORMACIONES

1

Me contaron que estabas enamorada de otro
y entonces me fui a mi cuarto
y escribí ese artículo contra el Gobierno
por el que estoy preso.

(ERNESTO CARDENAL, *Epigramas*)

2

Me dijiste que amabas a Licinio
y escribí ese epigrama contra César
por el que voy camino del destierro.

(JOSÉ EMILIO PACHECO, *Irás y no volverás*)

3

Me dijiste que ya no me querías.
Intenté suicidarme gritando ¡muera el PRI!
Y recibí una ráfaga de invitaciones.

(GABRIEL ZAID)

PABLO GUEVARA

Lima, 1930. Es autor de Crónica contra los bribones *(1955),*
Retorno a la creatura *(1957),* Los Habitantes *(1964),* Hotel
de Cuzco y otras provincias del Perú *(1972). Guevara es
uno de los poetas peruanos que más han influido en la nue-
va poesía de su país debido tanto a su exploración del es-
cenario de lo cotidiano y de lo específico del malestar social
como a su indagación formal, que produce un coloquio
elaborado, de dicción elegiaca y lengua popular. El poe-
ma se plantea como un análisis sistemático de los desti-
nos sociales en el espectáculo de la crisis permanente de
nuestras sociedades, plenas de identidad pero carentes de
poder para construir un mundo acorde. En la poesía de
Guevara palpita la lúcida desesperación de la conciencia
artística en nuestros medios violentados.*

VALS DE VIEJAS, VALS DE ABEJAS

                    Por qué
nuestras madres o unas que se les parecen
viven como dentro de un libro de terror la pobre
        demencia
cargan imperdibles, peines, flores del recuerdo,
        lápices pequeños,
un devocionario (no cargan jebes porque eso lo
        cargan los hombres)
mientras con movimientos de cangrejitos o de
escorpioncitos
            se internan en el mar o tierra adentro
            materias de las necesidades y las necedades
pobres de solemnidad arreglan sus faldas
        blanquísimas
toman su copita de anís fruncen los labios y sueñan
con sacarse los temibles zapatos que les agrietan los
        pies

pero no se los sacan   pero no se los sacan
sonríen mas bien pianolas olvidadas, marrones
      ociosas, manoseadas
                              y coquetas
vuelan sobre las olas con los aires de Carlos A. Saco
o Pedro A. Bocanegra mientras el aire las lleva
y las trae, las trae y las lleva, las eleva
a los aires con *Rosa Elvira* o *Inspiración* se las traga
      el mar
como a los baños de Barranco o de Chorrillos o de
      Huarmey
con sus bajadas en zig-zags, sus barandas y sus
      glorietas
nuestras madres o unas que se les parecen
se hunden por las calles de la Fatalidad de Occidente
en los aciagos días que corren de la Prostitución y
            la Revolución
China las mira: aprietan sus bolsos, miran con terror,
interrogan y tiemblan y terminan un día
      en El Ángel
      como cualquier animal.

MENTADAS DE MADRE

CARTA PRIMERA

Me despido, me alejaré de ti
cada vez que me acerco a esta temible montaña
      muerta
que es nuestra casa donde aún pongo los pies
casa de hielo o cráter humeante o pira
donde aún asoman los aún vivientes
—tú y yo— después de sufrir menoscabo
en nuestras vidas por esas calles del diablo
(el diablo en Breña) por esas calles
para poder llegar rasguñándonos todo al fondo de
      este cubil
donde comes a pausas largas y gruñe tu
      Desconfianza. . .

—esa huraña perra que siempre fuiste
o esa perra rabiosa que ya no eres
mirando ya sin mirar a la pobre perra que ahora eres
comiendo unos cuantos huesos silenciosos que te trae
prima Susana. . .

Ah, mi mejor pariente, tú mi primera mujer
la más antigua y la más soberbia de la que tengo
      memoria
también ahora la más abandonada y vilipendiada
como siempre sucede con las madres de los poetas
—esos intonsos esos irresponsables heridos aquí y
      allá
(en la misma madre) por esta sociedad
de rapaces y roedores que no perdona a nadie,
y mucho menos a los que se les rebelan (y a sus
      madres)

Tú que gimes mostrando al sol tus llagas
piernas-violáceas-topacios-enjoyados-rubíes
iridiscentes-en-pleno-día-fuegos-fulgores-carnes
votivas-en-santa-tumefacción como las
Pordioseras de Poitiers o de Avignon mostrando al
      sol
sus ruinas (al paso del Duque. . . al paso del Rey. . .
por unos doblones o unos luises o unos maravedís. . .)
la soldadesca torpe (siempre cerril) las apartaba
de mala manera como en esas estampas medievales
de "La peste en Francia" (s. XVI) (o: s. XX)
los Banqueros en los Estados Unidos
Suiza Inglaterra Alemania Japón Francia Holanda
Italia Bélgica España — nadie se les puede acercar
bajo pena de muerte. . .

Ahora mismo invoco en el Perú
en medio de tantas desesperaciones y en este barrio
apestoso (tan gótico de Breña) bajo los sardanápalos
contemplando un kilo de pan y no una puesta de sol
(tan caro por los embarques de trigo) puedo decir
debo decir *vendetta? vendetta pure?*

No: tiempo no he de perder: Sí, si tiempo he de
      perder

en la venganza lo he de emplear —hurgando con un
    palito
en los basurales de toda Lima otras cosas no hallo
que blasones descoloridos gangas descuajeringadas
todo lo inútil de una sociedad
muy depredadora desperdiciadora estranguladora
destripadora evisceradora trituradora peletera
mondonguera carneadora batidora licuadora
chancadora volatilizadora con cada uno
de sus ciudadanos mientras toses y toses
irremediablemente hacia el amanecer. . .
y no nos salvan ya ni los Milagros de Nuestra
    Señora. . .

Oh Virgen de las Mercedes / Patrona de los Reclusos
(en el Perú la Virgen es Virgen de los golpistas)
¡haz que ella en mí crea!. . .

LA REINA DEL CELULOIDE (CARTA FINAL)

I

He estado escuchando Madre
aparentemente con oídos de sordo
cada caída de hojas en tus paisajes finales
todos estos años sintiendo cómo caen las noches
sobre las mañanas en tu vida triste caminando
(rengueando) lentamente a la Muerte (la dichosa
a la que todos tenemos derecho y aspiramos
a llegar con salud sin debilidades y
a su debido tiempo. . .)

Pobre Madre. . . pobre Mujer
y en tanto me preguntaba en dónde estábamos
todos estos años en estos momentos por qué
parte de Libro íbamos (o andabas) ayer
hoy y mañana hace unos instantes
en estos momentos en los que yo me sentía
tan feliz andando contigo. . . tú en cambio
te preguntabas con angustia siempre

383

dónde estaba yo en esos momentos
el día anterior o al día siguiente
las madres nunca cesan de preguntarse por eso
aunque los hijos estén ya viejos sanos y salvos
y un poco arrugados (¿salvos? en estos países
¿qué hijos pueden considerarse a salvo?)

Ahora respiras dificultosamente a mi lado. . .
evidentemente algo inmenso está sucediendo
(para mí y para ti) —el teatro y el cine
tan sentimentales que son tus recuerdos
han sido demolidos por Lima impaciente
o Lima intranquila en nombre (cuando no)
de las Grandes Avenidas de los Generales. . .
yo trato trataré con todas mis fuerzas
de cubrir tus álbumes tan frágiles
y fotografías más antiguas entre las
marejadas de lo que fue y no fue
antes y después de los terremotos. . .
pero es vano. . . casi una quimera. . .
muchas Limas yacen hundidas al fondo del océano. . .

II

Algo atraca el celuloide
hay explosiones en la Sala. . . en las calles
luz. . . luz. . . ¿principios de incendio o amagos?
el ecran titila. . . en la semioscuridad
(o semiclaridad) las escenas del beso
al niño hace tiempo se las llevó el diablo
retornan imágenes con villanos que asaltan
villorrios diligencias bancos a viandantes
roban y asesinan y en algunas escenas por ahí
¡aparece mi madre!

Se enciende la Sala — todos son ruidos
protestas. . . injurias. . . insultos. . . malentendidos
(el proyector cada hora que pasa colapsa,
los de la cazuela se vienen abajo como
siempre carajean, se inquietan los de las
plateas. . . platea ¿viene de plata?)

Las voces piden más asaltos y besos
cada vez más apasionados nuestras vidas
parecieran no ser otra cosa que besos
pistolas y humo. . . emociones primarias
tan primarias que son algo así como hundir
la cabeza en los arenales de Lima para no ver
ni oír de los alrededores. . . nada de sus
furias. . . (todo esto es como un cine de barrio
para niños-hombres u hombres niños de 8 a 18)
tenemos arena en los ojos porque lagrimeamos. . .

Nos modelan así desde las altas esferas del Dinero
(por eso mi madre que siempre fue ingenua
aparece mezclada a algunos asaltos. . . pero
seguro que la "usan"). . . desde niños acostumbrados
a ordenar y a rugir y a hacer ruidos extraños
como los coleópteros y a trenzarnos como los
alacranes en infinitas peleas. . . y todo esto
PARA NO PENSAR EN ELLOS PARA NO CULPARLOS. . .

III

Tu vida
—un cinemita de niños y un teatrín de muñecas—
fue una misma lamparita de aceite encendida
(velando al Corazón de Jesús) y un sahumerio
oloroso que parecía brotado del mismísimo
Aladino — pero ahora veo
que la pantalla inmaculada se estaba cayendo
a pedazos ahora que le cae de golpe una luz
plana y sin imágenes a tal punto que veo
los parches inmensos los remiendos groseros
las manchas de no se sabe qué tal parece
que nunca hubo nada allí que valiera
la pena ¿son así el cine y el teatro,
un arte evanescente? ¿o es así la vida?

Y las escenas que he visto
ya no las recuerdo muy bien y no sé
si alguna vez estuvieron completas o con
planos de más o planos de menos o simplemente

fue una (mi) imaginación afiebrada que las
imaginó y arregló para bien o para mal. . .

Pero yo conservo (felizmente ¿quién no?)
un cinemita votivo que enciendo en mis noches
un entorno mágico con escenas magistrales
y en algunas llegas tú y mi padre anhelantes
en su caballo blanco (un Tom Mix) y nos salvan
a todos, a mí y mis amiguitos. . .

Estaremos los dos cuando uno de los dos
falte o se apague —tú te irás a caballo sabe dios
por qué lugares y yo con mi lamparita de aceite
velaré tus paseos y tus cabalgadas. . .
Regresa pronto (Jean) o espéranos que algún día
tal vez pronto yo también me iré a la carrera. . .

IV

JOSÉ EMILIO PACHECO

México, 1939. Su obra poética se inició con Los elementos de la noche *(1963), si bien fue* El reposo del fuego *(1966) el libro que señaló las características fundamentales de su trabajo: la concisión verbal, que se desarrolla como una antirretórica, y la conciencia formal, que preside con su mesura las zozobras del testimonio. Luego,* No me preguntes cómo pasa el tiempo *(1969) señala la irrupción de la conciencia histórica y de la dimensión cotidiana, definidas por su transición, fluidez y cambio, que serán también las percepciones fundamentales en los otros tomos de Pacheco,* Irás y no volverás *(1973),* Islas a la deriva *(1976),* Desde entonces *(1980) y* Los trabajos del mar *(1982), si bien en estos dos últimos aparece la nueva dimensión de la urbe como experiencia del desamparo y la destrucción modernos. Del inicial y ardiente escenario de la poesía visionaria a la actual introducción del deterioro, esta obra ha desarrollado un proceso de aprehensión de lo específico tanto como una comunicación instantánea desde un coloquio consensual. Con urbanidad, pero con indignación, esta poesía dice muy bien la voz de la actualidad más viva, restaurando así la inteligencia y la emotividad de nuestra cotidianidad.*

DON DE HERÁCLITO

Pero el agua recorre los cristales
musgosamente:
ignora que se altera
lejos del sueño todo lo existente.

Y el reposo del fuego es tomar forma
con su pleno poder de transformarse.
Fuego del aire y soledad del fuego
al incendiar el aire que es de fuego.

389

Fuego es el mundo que se extingue y prende
para durar (fue siempre) eternamente.

Las cosas hoy dispersas se reúnen
y las que están más próximas se alejan:
soy y no soy aquel que te ha esperado
en el parque desierto una mañana
junto al río irrepetible adonde entraba
(y no lo hará jamás, nunca, dos veces)
la luz de octubre rota en la espesura.

Y fue el olor del mar: una paloma
como un arco de sal ardió en el aire.
No estabas, no estarás,
pero el oleaje
de una espuma remota confluía
sobre mis actos y sobre mis palabras
(únicas nunca ajenas, nunca mías):
el mar que es agua pura ante los peces
jamás ha de saciar la sed del hombre

HOMENAJE A LA CURSILERÍA

> Amiga que te vas:
> quizá no te vea más.

LÓPEZ VELARDE

Dóciles formas de entretenerte /
    olvido:
recoger piedrecillas de un río sagrado,
estampar becquerianas violetas en los libros
para que amarilleen ilegibles /

besarla lentamente y en secreto
cualquier último día
antes de la execrada separación
al filo mismo
del adiós tan romántico
y sabiendo

(aunque nadie se atreva a confesarlo)
que nunca
volverán
las golondrinas.

LAS PALABRAS DE BUDA

Todo el mundo está en llamas: lo visible
arde y el ojo en llamas interroga.
Arde el fuego del odio.
Arde la usura.
Arden el nacimiento y la caída.
Arde el dolor.
El llanto, el sufrimiento
arden también.
La pesadumbre es llama.
Y una hoguera es la angustia
en la que arden
todas las cosas:
Llama,
arden las llamas,
arden las llamas,
mundo y fuego, mira
la hoja al viento, tan triste, de la hoguera.

ALTA TRAICIÓN

No amo mi patria.
Su fulgor abstracto
es inasible.
Pero (aunque suene mal)
daría la vida
por diez lugares suyos,
cierta gente,
puertos, bosques de pinos,
fortalezas,
una ciudad deshecha,
gris, monstruosa,

varias figuras de su historia,
    montañas
—y tres o cuatro ríos.

ACELERACIÓN DE LA HISTORIA

Escribo unas palabras
                  y al minuto
ya dicen otra cosa
                significan
una intención distinta
                son ya dóciles
al Carbono 14
            Criptogramas
de un pueblo remotísimo
                que busca
la escritura en tinieblas.

nota explicativa

ESCOLIO A JORGE MANRIQUE

La mar
  no es el morir
    sino la eterna
    circulación de las transformaciones

LA EXPERIENCIA VIVIDA

Estas formas que veo al lado del mar
y engendran de inmediato
asociaciones metafóricas
¿son instrumentos de la inspiración
o de falaces citas literarias?

VENECIA

> Cada golpe de agua provocado por los
> motores hunde un poco más a Venecia.
>
> *Excélsior*, 1967

Venecia es una trampa. Fue inventada
por Antonio Canale *Il Canaletto*
con el único objeto de otorgarle
una apariencia de verdad a sus cuadros.

Negación de Lepanto: cada piedra
es oriental / y floreció en Bizancio.

Todo lo unido tiende a separarse:
los islotes regresan a la laguna.
El agua la esculpió
y hoy la destruye.

En su agonía romántica desciende
al barro original.
Perla en el lodo,
joya entre muladares subacuáticos,
víctima del motor fuera de borda.

FRAY ANTONIO DE GUEVARA REFLEXIONA
MIENTRAS ESPERA A CARLOS V

Para quien busca la serenidad y ve en todos los seres
     sus iguales
malos tiempos son éstos   mal lugar
es la corte

Vamos de guerra en guerra   Todo el oro de Indias se
consume en hacer daño   La espada incendia el Nuevo
Mundo   La cruz sólo es pretexto para la codicia   La
fe un torpe ardid para sembrar la infamia

Europa entera tiembla ante nuestro rey

Yo mismo tiemblo   aunque sé que es un hombre
        sin más mérito que haber nacido en un palacio
        real como pudo nacer en una choza de la
        Temistitlán ciudad arrasada para que entre sus
        ruinas brille el sol del Habsburgo insaciable

En su embriaguez de adulación no piensa que todo
        imperio es como un cáncer y ningún reino
        alcanzará la dicha basado en la miseria de otros
        pueblos

Tras nuestra gloria bullen los gusanos y no tengo
        fuerza o poder para cambiar el mundo

Escribo alegorías engañosas contra la cruel conquista
        Muerdo ingrato la mano poderosa que me alimenta
        Tiemblo a veces de pensar en el potro y en la hoguera

No no nací con vocación de héroe   No ambiciono
        sino la paz de todos (que es la mía) sino la
        libertad que me haga libre cuando no quede un
        solo esclavo

No esta corte no este imperio de sangre y fuego no
        este rumor de usura y soldadesca

LOS HEREDEROS

Mira a los pobres de este mundo
        Admira
su infinita paciencia
        Con qué maestría
han rodeado todo
        Con cuánta fuerza
miden el despojo
        Con qué certeza
saben que estás perdido
        que ya muy pronto

ellos sin pausa
        heredarán la tierra

GARABATO

Escribir
es vivir
en cierto modo
y sin embargo todo
en su pena infinita
nos conduce a intuir
que la vida jamás estará escrita

"BIRDS IN THE NIGHT"

(VALLEJO Y CERNUDA SE ENCUENTRAN EN LIMA)

> Al partir de las aguas peruanas, la anchoveta ha
> puesto en crisis a la industria pesquera y ha
> provocado, en las ciudades del litoral, la invasión
> de las hambrientas aves marinas.
>
> *Excélsior*, 1972

Toda la noche oigo el rumor alado desplomándose
y como en un poema de Cisneros
albatros cormoranes y pelícanos
se mueren de hambre en pleno centro de Lima
bodelerianamente son vejados

Aquí por estas calles de miseria
(tan semejante a México)
César Vallejo anduvo fornicó deliró
y escribió algunos versos

Ahora sí lo imitan lo veneran
y es "un orgullo para el Continente"

En vida lo patearon lo escupieron
lo mataron de hambre y de tristeza

Dijo Cernuda que ningún país
ha soportado a sus poetas vivos

Pero está bien así
¿No es peor destino
ser el Poeta Nacional
a quien saludan todos en la calle?

ANTONIO CISNEROS

Lima, 1942. Sus libros son Destierro *(1961),* David *(1962),* Comentarios reales *(1964),* Canto ceremonial contra un oso hormiguero *(1968),* Agua que no has de beber *(1971),* Como higuera en un campo de golf *(1972),* El libro de Dios y de los húngaros *(1977),* Crónica del Niño Jesús de Chilca *(1982), además de un tomo de traducciones,* Poesía inglesa contemporánea *(1972). La poesía de Cisneros es una de las más importantes versiones latinoamericanas del nuevo coloquio urbano, a la vez crítico y lírico, de poderosa persuasión dramática y de inteligente diseño formal. A partir de un confesionalismo nunca enfático, Cisneros utilizó los instrumentos del distanciamiento irónico y el habla diferida para levantar un escenario de la zozobra histórica y cultural del hispanoamericano moderno frente a su tradición y dentro de la periferia de Occidente. A la vez, su poesía recobra instancias de ironía y agonía en una suerte de comedia urbana, en aguda crítica de la burguesía dominante; recobra también los ecos de un relato colectivo, marcado por las urgencias del presente.*

KARL MARX DIED 1883 AGED 65

Todavía estoy a tiempo de recordar la casa de mi tía
     abuela y ese par de grabados:
"Un caballero en la casa del sastre", "Gran desfile mili-
     tar en Viena, 1902".
Días en que ya nada malo podía ocurrir. Todos llevaban
     su pata de conejo atada a la cintura.
También mi tía abuela —20 años y el sombrero de paja
     bajo el sol, preocupándose apenas
por mantener la boca, las piernas bien cerradas.
Eran los hombres de buena voluntad y las orejas limpias.
Sólo en el music-hall los anarquistas, locos barbados y
     envueltos en bufandas.

Qué otoños, qué veranos.
Eiffel hizo una torre que decía "hasta aquí llegó el hombre". Otro grabado:
"Virtud y amor y celo protegiendo a las buenas familias."
Y eso que el viejo Marx aún no cumplía los 20 años de edad bajo esta yerba
—gorda y erizada, conveniente a los campos de golf.
Las coronas de flores y el cajón tuvieron tres descansos al pie de la colina
y después fue enterrado
junto a la tumba de Molly Redgrove "bombardeada por el enemigo en 1940 y vuelta a construir".
Ah, el viejo Karl moliendo y derritiendo en la marmita los diversos metales
mientras sus hijos saltaban de las torres de Spiegel a las islas de Times
y su mujer hervía las cebollas y la cosa no iba y después sí y entonces
vino lo de Plaza Vendôme y eso de Lenin y el montón de revueltas y entonces
las damas temieron algo más que una mano en las nalgas y los caballeros pudieron sospechar
que la locomotora a vapor ya no era más el rostro de la felicidad universal.

"Así fue, y estoy en deuda contigo, viejo aguafiestas."

EL CEMENTERIO DE VILCASHUAMÁN

Sólo las cruces verdes, las cruces azules, las cruces amarillas:
flores de palo entre la tierra de los hombres y el espacio que habitan los abuelos.
No edificios construidos con usura donde las cenizas se oxidan sin mezclarse.
Sólo las cruces verdes, las cruces azules, las cruces amarillas:
Moran aquí nuestros primeros padres:
    bien dispuestos y holgados y armoniosos
entre los rojos campos
        y las colinas interiores del planeta.

"La carne aguanta menos que el maíz y menos que los
    granos el vestido:
más que el algodón la lana pero menos que el hueso:
y más que las costillas quebradizas aguanta el viejo
    cráneo."
Y llegado el momento
regresan a la tierra igual como la arena se mezcla con la
    arena.
Abuelo Flores Azules de la Papa, Abuelo Adobe, Abuelo
    Barriga del Venado.
(Y en el techo del mundo de los muertos
como un río de gorgonas la sequía sucede a las
    inundaciones
                y los hijos
mueren de sed junto a las madres ya muertas por el
    agua.)
"Dónde tu fuerza, abuelo, que los ojos del fuego no te
    alcanzan."
Sólo los viejos nombres de acuerdo a edad y peso, sólo
    las cruces verdes, las cruces azules, las cruces
    amarillas.
No el arcángel del siglo XIX —la oferta y la demanda—
    y las cenizas solas.
Abuelo Flores Azules de la Papa, Abuelo Adobe, Abuelo
    Barriga del Venado.
"Moja este blanco sol, Abuelo Lluvia."
             Mientras la tierra engorda.

EL ARCO IRIS

"Y cuelga en el Atlántico del Norte, alto y brillante sobre
    el revuelto mar.
Alianza concertada a no más de 100 millas, viejo diluvio
    que nuestra nave ignora.
Delfines y peces voladores y pájaros de algún pelado islote
    en las oscuras aguas."
¿Qué más he de escribir?
Son las 5 y 40, puedo probarles mi amor por el A I:
Cuando estaba en el baño vi los 7 colores —más o menos—
    desde un ojo de buey,

y a pesar del gran frío corrí hasta la baranda.
"Alto y hermoso A I, sólido como estas aguas —más
        negras y revueltas que el pellejo de un oso."
Y después, en el puente del timonel, miré su largo
        cuerpo durante media hora.
El frío me pesaba en las orejas.
                Qué oferta tan amable:
Un mar de lodo hirviendo, la historia de una alianza
        entre Yavé y los hombres,
y un Arco de primera calidad.
                Mas ya todo está escrito.
El A I conmueve,
el A I entusiasma,
el A I se parece a la amada de frente o de perfil,
el A I nos guarece de las lluvias,
el A I anuncia el Arca de la Alianza
                el Armisticio en Viena
                la Pipa de la Paz,
muchos vieron su vida en el A I,
el A I hace los días fastos y las noches propicias.
                                Sólo Buncken
—un holandés del siglo XVII— vio bajar del A I
        a los fieros arcángeles del Juicio.
Nada puede turbarme.
                        "Dulce curva el A I entre
        el oscuro techo y este mar de petróleo."
Luz en el Atlántico del Norte a las 5 y 40.
        Buena cosa el A I. Después de todo,
Buncken Hant sólo era un holandés casi ignorado.

MEDIR Y PESAR LAS DIFERENCIAS A ESTE LADO DEL CANAL
(EN LA UNIVERSIDAD DE SOUTHAMPTON)

Desde la Torre de Vidrio veo las colinas blandas y
        oscuras como animales muertos.
El aire es negro, susceptible de pesarse y ser trozado,
        y usted no podría creer que alguna vez
sobre este corazón ha estado el sol.
Los automóviles de los estudiantes son más

numerosos que la yerba y ellos vigilan
desde la Torre de Matemáticas, la Torre de Lenguas
        Modernas,
la Torre de Comercio,
la Torre de Ingeniería,
la Torre de las Tazas de Té,
la Torre de Dios.
Los profesores miran también sus automóviles, con
        poco disimulo. Y si usted se descuida
terminará por creer que éste es el mundo
y que atrás de las últimas colinas sólo se agitan el
        Caos, el Mar de los Sargazos.
Aquí se hornean las rutas del comercio hacias las
        Indias
y esa sabiduría que pastamos sin mirar nuestros
        rostros.
Usted gusta de Kipling, mas no se ha enriquecido con
        la Guerra del Opio.
Gusta de Eliot y Thomas, testimonios de un orden y
        un desorden ajenos.
Y es manso bajo el viejo caballo de Lord Byron.
                        Raro comercio éste.
Los padres del enemigo son los nuestros, nuestros sus
        Dioses. Y cuál nuestra morada.

Las muchachas caminan despreocupadas y a pesar del
        frío llevan las piernas libres y ligeras:
"Oh, mi delgadita, mi brizna de yerba, ven a mí."
                      Los muchachos
tienen la mirada de quien guardó los granos y las
        carnes saladas para un siglo de inviernos.
El Fuego del Hogar los protege de los demonios que
        danzan en el aire.
Fuera de estas murallas habitan las tribus de los
        bárbaros
y más allá
        las tribus ignoradas.
Lo importante es que los ríos y canales sigan abiertos
        a la mercadería.
Mientras el trueque viaje como la sangre, habrá
        ramas secas y ordenadas para el fuego.

El Fuego del Hogar
otorga seguridad y belleza: Y las Ciencias y las Artes
podrán reproducirse como los insectos más fecundos,
    las moscas, por ejemplo.

                              El Fuego del Hogar
lo lava todo y estimula al olvido conveniente.
Negro es el aire, sólido, tiene peso y lugar.
Mucho ha llovido y la tierra está lisa como un lago de
    mármol,
no ofrecerá ninguna resistencia.

                              Amigo Hernando,
tal vez ahora podría decirme qué hacer con estas
    Torres, con la estatua de John Donne
—buen poeta y gustado por mí—, con Milton, con el
    Fuego del Hogar.

              Pero apúrese
porque las grúas altas y amarillas construyen otros
    edificios, otros dioses,
otros Padres de Occidente —que también han de ser
    nuestros.

LA ARAÑA CUELGA DEMASIADO LEJOS DE LA TIERRA

La araña cuelga demasiado lejos de la tierra,
tiene ocho patas peludas y rápidas como las mías
y tiene mal humor y puede ser grosera como yo
y tiene un sexo y una hembra —o macho, es difícil
saberlo en las arañas— y dos o tres amigos,
desde hace algunos años
almuerza todo lo que se enreda en su tela
y su apetito es casi como el mío, aunque yo pelo
los animales antes de morderlos y soy desordenado,
la araña cuelga demasiado lejos de la tierra
y ha de morir en su redonda casa de saliva,
y yo cuelgo demasiado lejos de la tierra
pero eso me preocupa: quisiera caminar alegremente
unos cuantos kilómetros sobre los gordos pastos
antes de que me entierren,
                    y ésa será mi habilidad.

[I.M. LUCHO HERNÁNDEZ]

Y llegado el momento el tiempo se abrirá como el
  Mar Rojo
bajo el sol de nuestros padres o la luz de una sala de
  emergencia.
(Ni el verano de Hölderlin me otorgáis oh Parcas
  poderosas.)
Ya no esos camarones con almendras. Ya no son
  fastas las mañanitas o nefastas.
Ya sólo una pradera inacabable donde pasta el
  potrillo y nos ama el Señor.
Perdóname Señor. Me aterra esa pradera inacabable.
  Sigo a la vida
como el zorro silente tras los rastros de un topo a
  medianoche.

LUIS ROGELIO NOGUERAS

La Habana, 1945. Ha publicado Cabeza de zanahoria *(1975), cuya vitalidad oral llamó inmediatamente la atención, y* Las quince mil vidas del caminante *(1977), donde inicia su exploración de la persona dramática a través de voces apócrifas. Su más reciente trabajo,* Antología apócrifa *recoge estas voces alternas, donde referencias culturales le permiten liberar una voz dramática de exacto control y resonante belleza. Nogueras es un poeta cuyo talento expresivo es una inteligencia del diseño del decir mismo, y esa formalidad interna de su obra destaca en el conjunto de la nueva poesía cubana.*

UN TESORO

para Felicia Cortiñas

Entre las flores del patio
que crecen en macetas rajadas o en latas
de conserva que han perdido el color
mi hija está jugando a encontrar
un fabuloso cofre de monedas de oro,
enterrado quién sabe por qué pirata de su
      imaginación.
Atareada, no me siente llegar
a las puertas de su mínimo universo.
La llamo
y sorprendida me mira, y sonríe.

Ayer, 12 de septiembre, fue su cumpleaños.
Ayer, mientras los patriotas chilenos
eran asesinados en las calles de Santiago.
Quién pudiera
lejos de la furia del mal, lejos

de la venganza y el odio y la sangre y el lodo
de este momento
bajar año por año al fondo de su edad
y ayudarla a buscar
el tesoro.

POEMA

> Large, deep, empty eyes,
> Or were they?
>
> RAYMOND CHANDLER

Tarde de invierno
en la que lanzo pequeñas piedras al mar inmenso y te
      recuerdo
Los autos pasan veloces silenciosos remotos por la
      avenida
El sol es una mancha borrosa en el horizonte y el
      cielo tiene
el color triste oscuro de un abrigo gastado
El viento arrastra
con fuerza papeles por la acera del malecón
Tus ojos y el mar
se parecen muchacha sí, cómo se parecen tienen la
      misma
gris quieta profunda distante inescrutable frialdad

Pasan volando
un periódico de ayer y una gaviota lejana
Yo te recuerdo
y lanzo pequeñas piedras a tus ojos tranquilos
claros amargos

CUERPO

Éste es mi cuerpo: es fuerte como un laurel:
pero no fui parido en la isla de Delos:
no soy Apolo, por tanto; si voy al gimnasio a luchar

bien puede ocurrir que otro me derrote.
Soy hábil con la lanza y diestro con la espada:
participé en innúmeras batallas;
mas no soy Ares, el dios de la guerra,
y bien puede ocurrir que me maten en el próximo
      combate.
Soy elocuente: mis discursos son fluidos e ingeniosos;
      pero no tanto como los discursos de Hermes,
hijo de Zeus y de Maia y dios de la oratoria.
Soy un buen navegante: a remo, a vela; me gusta,
en mi balandro, aventurarme en el mar, lejos de la
      costa;
pero yo no mando sobre las olas y sobre los vientos,
como Poseidón, rey de las aguas.

Soy un hombre justo; pero no haré
justicia después de la muerte como el rey Minos.
No podría derribar un toro de un golpe, como
      Heracles;
no podría matar al Minotauro, como Teseo;
jamás tendré un escudo forjado por Hefaistos
ni una mujer tan hermosa como Afrodita.
Porque mi casa está en Roma, no en el Olimpo.
No soy sino un simple mortal,
un hombre;
pero fuerte, diestro, ingenioso y justo
en la medida humana.
Y es bastante.

ORACIÓN POR EL HIJO QUE NUNCA VA A NACER

Éramos tan pobres, oh hijo mío, tan pobres
que hasta las ratas nos tenían compasión.
Cada mañana tu padre iba a la ciudad
para ver si algún poderoso lo empleaba
—aunque tan sólo fuera para limpiar los establos a
      cambio de un poco de arroz—.

Pero a los poderosos
les sobraban siempre los hambrientos

y pasaban de largo sin oír quejas ni ruegos.
Y tu padre volvía en la noche,
pálido, tan delgado bajo sus ropas raídas
que yo me ponía a llorar
y le pedía a Jizo,
dios de las mujeres encinta y de la fecundidad
que no te trajera al mundo,
que te librara del hambre y la humillación.
Y el buen dios Jizo me complacía.

Así fueron pasando los años sin alma.
Mis pechos se secaron,
y al cabo
tu padre murió
y yo envejecí.

Ahora sólo espero el fin,
como espera el ocaso a la noche que habrá de
    echarle en los ojos su negro manto,
oh, hijo mío no nacido.

Pero al menos
gracias a Jizo
tú escapaste del látigo de los señores
y de esta cruel existencia de perros.

Nada ni nadie te hará sufrir.
Las penas del mundo no te alcanzarán jamás,
como no alcanza la artera flecha
al lejano halcón.

RODOLFO HINOSTROZA

Lima, 1941. Sus libros son Consejero del Lobo *(1965) y* Contranatura *(1971), con este último obtuvo el Premio Maldoror de la Editorial Barral. Buena parte de su trabajo poético está disperso en revistas y antologías, pero sus dos poemarios sustentan con suficiente fuerza expresiva la calidad de una exploración poética hecha de un despliegue retórico de aliento lírico y elegiaco, y de una exaltación del diálogo amoroso y el conocimiento alterno a los códigos dados. La pasión y el deseo conducen la calidad material y terrestre de estos cantos barrocos y celebratorios. Hinostroza es autor también de un relato psicoanalítico,* Aprendizaje de la limpieza, *y concluye ahora una novela multibiográfica,* La orden de las mopsas.

ABEL

> Caín, Caín, qué has hecho de tu hermano?
> GÉNESIS

Muerto y de pie, entre la luna y la ciudad suspendido.
    Muerto
fantástico estoy rugiendo en la hondonada
donde me condenasteis por siglos y siglos.
No veré la tierra prometida que vosotros construiréis
entre el hierro y la metralla. He sido arrojado
por la espantosa violencia de la Idea,
a otras playas, otros símbolos, una muerte peor de la
    que conocieron
vuestros héroes
¿Dónde plantaré mi pie inmortal para fundar la raza?
¿Qué médico palpará medrosamente mis llagas
    infernales?
¿Entre qué muslos que no son los designados por
    vosotros reposaré,

y engendraré, y seré **padre de hijos h**ostiles a mí?
Vuestro es el territorio. En vosotros la extensión de
la conciencia
como una playa blanquecina. Dueños de los mercados
públicos,
de las grandes construcciones hospitalarias,
del pan y la sal, del alma rasa de los hijos de los
hijos.
Idea de la justicia en vuestros torsos desnudos, sudor
y lágrimas
en el lecho, y luego la muerte, sostenida como la
noche sobre las nucas.
En el alba del sueño alguien escribió mi nombre
sobre una concha marina
y alguien perdido entre espesos legajos decretó mi
destierro
y de pronto me hallé en otras playas, tratando de
recordar
qué gente era mi gente purificada por las abluciones
de la Idea.
Rostros muertos, manos encallecidas, pájaros marinos
pasaron dejando mi espalda marcada de yodo y de
salitre. El destierro
de lo que será el corazón humano ha descendido esta
noche
sobre mí, sobre el justo, sobre el inteligente que yo
era
y me retorceré en el lecho, y no habrá más que el
aullido de los perros, y las secas campanas de la
catedral.
Razón,
diosa cubierta de mataduras y maldiciones sin fondo
deja que esta noche en que yo recibo a mi destierro
con los ojos
brillantes y el cuello palpitante,
me sumerja en tus aguas, olvidando ya todo,
a Abel muerto sobre la pira con que honró a Jehová
al que murió purgando la delicia de amar a todo lo
que es humano,
al justo escarnecido,
deja que olvide, diosa, y que todo vuelva a ser la paz
en mí

y que me purifique de odios en ese río que deviene y
        todo lava,
hasta que llegue el momento en que mi hermano
        vuelva a mí
sin evidenciar culpa alguna,
o hasta que yo marche a su encuentro decidido a
        volver a encender
mi hoguera.

CONTRA NATURA

I

Leggierissima
            toda ojos entraste a mi tienda
                cubierta de flores / oh animal olfativo /
así el color que atrae a las pequeñas bestias
                            así casco de pavorreal
y recordé: deseo cinético
            stasis en la contemplación de un cuerpo
milenaria repetición así la mariposa y el coleóptero
& en tu sexo/ el mar/ thrimetilamida
& en tu pecho jugaban cervatillos de colores
                        ojos de pez: te vi y lo supe
un coup de cheveux y ruedo por tierra
& antes había entrado en ti y vi: un universo líquido
mareas dentro tuyo
nuestros cuerpos imitando el movimiento del mar
El Pez y La Luna
arriba un cielo podrido jusqu'au bout
                            pero las estrellas
hombre errante
            Adieu
            gobernalle/ancla/astrolabio
& más allá aún más atrás in the no man's land del
        orgasmo
                            el pez sueña
así:

            amiboide forma líquida indiferenciada
atracción implacable
                            in suo esse perseverare conatur
Spinoza dixit
                no sexo no el olor metálico del celo
                                                        but
amor abominable odio hermoso
            Nada, gameto mío! Remonta el río líquido
hasta el origen
La calcárida y la salamandra
                                    :para que yo abra mi tienda
y un oleaje de muslos rescate toda una vida perdida.

II

& te enviaron a mi tienda
                            & yo era un pastor de cabras
podrido por la violencia igualmente
                                        ánima sola
& miraba las estrellas en silencio / entorpecido
y así te vi venir:
no hembra que mata al macho no la que cría perros
no l'heritage de la araña no la disputa nonsense de la
        presa
                                                    pero
complicidad de sangre
                así jugabas tocándote tu cuerpo
                                                    así
ojos oscuros/ aromas de milenios: mirra y sodomía/
        cunilingum
pude decir: soy el más solo de los animales
                                                    but
un coup de cheveux y ruedo por tierra.

JESÚS URZAGASTI

Tarija, Bolivia, 1941. Trabaja en La Paz como director de la sección cultural del diario Presencia; *fue jefe del departamento de publicaciones del Instituto Boliviano de Cultura y asistente de la dirección del Instituto del Cine Boliviano. Ha publicado la novela* Tirinea *(1969),* Cuaderno de Lilino *(1972) y el poemario* Yerubia *(1978). Su poesía es un ritual terrestre de materiales fluidos, en gestación, y refiere una visión cósmica e intensa.*

YERUBIA

Pero viajo. Las ciudades revientan como artificiales
fuegos como luminarias intranquilizadas por el
     silencio.
Viejos parques encendida ruta de los que nunca se
     agachan
término de la suavidad y comienzo de la pasión
     salvaje
parado cuantas veces por ese maligno destino quise
     saludarte
la paloma ausente del corazón de la madera el ojo
     abierto.
Ya no soy el que metió el pie en el río enceguecido
sino la insoluble materia que las aguas pulen sin
     miedo.
Perdonado por un trayecto de luces y sombras
como un relámpago me alumbran otros árboles otras
     infancias
tal vez la alabada sonrisa de un Dios muerto. Quien
     quiera
que seas luz de mayo alborota tu aparición el mundo
     solar.
Puse fuego a los pies del demonio que me cerraba el
     paso.

Los cañaverales se curvan ante la carrera del viento
    enfurecido
así se movilizan mis recuerdos y buscan tus senos
    desnudos en la lluvia
pero ya mi cuerpo está en aquella tumba que forjaste
    con el aroma sacro
sólo el fuego me mantiene de pie y me convierte en el
    guardián eterno.
Maldito para siempre desde el comienzo hasta el fin
    para verte nacer
y nunca jamás morir belleza que caminas cautivada
    por la juventud.
Hoy sueño bajo un árbol furioso por mi presencia hoy
    te sueño
me dejo llevar por selvas y ríos mi curiosa sangre
    descubre paisajes
donde me extraviaré definitivamente sin poder
    seducir a la muerte.
Es tu cuerpo el que ahora viene de los remotos
    orígenes con su aroma
me hundo en tu cuerpo encuentro el misterio y pierdo
    la memoria.

EN MANOS DEL DESTINO ESTOY. . .

En manos del destino estoy pero no me corro
doy paso al ventarrón en mis arterias secas
y por primera vez me desoriento ante el mensaje
de un fuerza que me eligió habitante de la Tierra.
Aturdido por el crecido follaje de mi sangre
vuelvo la cabeza al pasado lleno de estrellas
pero nada encuentro salvo el rumoroso futuro
el animal celeste que me acosa con su mirada.
Por fin se graba en mi pecho la señal del viento
con la serenidad del niño que saluda a los muertos.
Confiado en el socorro que llegará con la aurora
con el puñal heredado me defiendo en las sombras.
No puedo haber nacido para gemir en el desamparo
es imposible para mi corazón otra luz imposible
si próximo está mi cuerpo a la luz que lo avecina

al desconocido destino que se hace cordial en la
    sombra.

*

Piedra hundida en el centro del bosque
luna perdida en los senderos del agua
ternura recogida por el monte solitario
amor enterrado en la estación verde
años de silbido distante y pendenciero
campesina luz del viento nocturno
nombres que viajan en las penumbras
personas muertas a la vera de álamos.

**

Si el hacha es peligrosa para el árbol
no lo es para el pájaro viajero
Ambos merecen respeto.
¿Por qué habría de salvarse el que vuela
y no el que está en la Tierra prisionero?

***

La Tierra es hermosa sobre todo cuando se oye tu
    voz.
Mi corazón es un ave que te reconoce en las sombras.
Quiero dormir confiado para siempre en la piedra de
    mi sollozo
ajeno pero enterrado en la profunda hora de tu
    consuelo.
Se ha detenido mi enloquecida carrera en este valle
    hermoso
como si al fin la violencia del sueño me desatara
al rumor presentido y encarnado del milagro final.

HOMERO ARIDJIS

Contepec, Michoacán, 1940. Ha publicado La musa roja
(1958), Los ojos desdoblados *(1960),* Mirándola dormir
(1964), Perséfone *(1967),* Los espacios azules *(1968),* Ajedrez.
Navegaciones *(1969),* El poeta niño *(1971),* Sobre una ausen-
cia *(1976),* Quemar las naves *(1975),* Vivir para ver *(1977),*
Construir la muerte *(1982),* Playa nudista *(1982), y la no-
vela* 1492: vida y tiempos de Juan Cabezón de Castilla
*(1985), además de varias antologías y compilaciones. Su
poesía tienta el poema extenso y narrativo así como el poe-
ma conciso y visionario; y gira en torno a la experiencia
erótica, la presencia de la historia, la visión de un mundo
epifánico, la celebración del diálogo: la mejor parte de su
obra es aquella que logra cuajar en imágenes transparen-
tes y aéreas, de un creacionismo apasionado.*

BUENOS DÍAS A LOS SERES

Buenos días a los seres
que son como un país
y ya verlos
es viajar a otra parte

buenos días a los ojos
que al abrirse han leído
el poema visible

buenos días a los labios
que desde el comienzo han dicho
los nombres infinitos

buenos días a las manos
que han tocado las cosas
de la tierra bellísima

KID AZTECA

Sé tú mismo ahora rostro abofeteado
Tu último rival ha muerto el deseo
de triunfar   Para ti sólo se levanta
la hierba pobre sobre la piedra dura
La noche donde serás ninguno se avecina
Ya has sido golpeado
has sido lanzado contras las cuerdas
y soñado sobre un saco de arena muchas veces
Puñetazo y dolor es la vida — y el resto nada
Aquiétate desesperación
Piérdete miedo de ser noqueado para siempre
Acepta ya el puñetazo loco
que tenderá tu cuerpo sobre la lona

EL CANTO BAJO LA BRUMA

El canto bajo la bruma
alumbra en su vuelo
un camino

el alba
abre en el nido de un ave
la luz

el sol
mira el poema
ya vivo

mirado
el fruto
tiene peso

mueve su sombra
en el árbol

EL VERANO...

El verano en lo cálido es un nido
un reino que arde soñoliento
una animalia verde y viva

bestias sagradas por el rigor del sol
montañas móviles con sueños y organismo
plantas del aire con las hojas
meciendo en sus cimas un insecto

ramas que suben y bajan temblando
soleadas sobre la sombra sobre el río
espesuras que el azul penetra
abren aquí un ojo allá una flor

en la raíz más honda y en la oreja más alta
un alboroto intenso
un crecimiento ávido
se derraman como una acción de gracias

cada criatura cada sombra cada eco
levantan hacia el día que comienza
un canto trémulo de delgados himnos

MÁS RÁPIDO QUE EL PENSAMIENTO

Más rápido que el pensamiento va la imagen
subiendo en espiral en torno   adentro de tu cuerpo
como savia o túnica o hiedra de sonidos

Más rápido que el día va tu mirada
arrinconando horas y dejando ecos
nidos y palabras de la creación meciéndose

Más rápido que la imagen va la imagen
que te busca en el abismo de la luz que es sombra
y te halla visible en lo invisible
como alguien que viviendo brilla

Atrás y adelante del tiempo va la imagen
Adentro de la imagen va otra imagen
Más rápido que la velocidad va el pensamiento

AL FONDO DE TU IMAGEN

Al fondo de tu imagen no hay imagen
adentro de tu voz el sentido es delgado
el sol sale como una fruta de tu cuerpo

estás como una base quieta ceñida por manos
        agitadas
como alguien que ha reducido su egoísmo a aire
como un ser que por existir oscureció sus sombras

eres como un color
que para llegar a ser intenso disminuye en tamaño
como el que mira un río y recorre la tierra

el mundo en ti
es un vaso que el espíritu atraviesa

EN SU DESPERTAR EL HOMBRE

En su despertar el hombre
lleva en los ojos
la novedad de su nacimiento

bajo la estrella que mira
al centro de su cuerpo
huele a recién creado

silenciosas columnas de luz
edifican la tierra

abren a su mirada
la materia divina

SUS OJOS BEBEN DEL AZUL

Sus ojos beben del azul
arroyo que sube
hacia la inmensidad

el río y la piedra húmeda
vuelan libres
bajo la luz

sus ojos dejan
manchas azules
en el agua

toda desnudez vestida
de asombro asciende
hacia el color visible

ANGELAMARÍA DÁVILA

Puerto Rico, 1944. A partir de una innata persuasión oral, capaz de convertirse en una textura poética dialógica, su trabajo poético dramatiza la experiencia de la mujer hispánica moderna, testimonia su condición tanto como exalta su libertad, y lo hace con ironía y alegría, con capacidad crítica y convicción política. Es autora de Homenaje al ombligo *(1966), escrito en colaboración con José María Lima, y de* Animal fiero y tierno *(1977 y 1981).*

CERCANAMENTE LEJOS

cercanamente lejos
de esta pequeña historia
expandida hacia todo deteniéndose.
se oye que dicen:
qué importa tu tristeza,
tu alegría,
tu hueco aquel sellado para siempre,
tu pequeño placer,
tus soledades
mira hacia atrás, y mira a todas partes.
yo miro,
de millones de pequeñas historias
está poblado todo:
¿importa que la lágrima
que a veces me acompaña y me abandona
se funda con el aire?
¿importa si mi cólera
detiene una sonrisa?
¿importa si algún rostro
tropieza con mi puño,
si algún oído atento
rueda hasta mi canción imperceptible?
¿qué importará, me digo

cuánta risa futura
fluya de mi placer hacia otra lágrima?
¿importa si mi pena
alegra la bondad de un caminante?
mirándome las uñas
y rebuscando esta pequeña historia
por dentro de mis ojos diminutos
descubro la partícula gigante
donde habito.

ANTE TANTA VISIÓN

ante tanta visión de historia y prehistoria,
de mitos,
de verdades a medias —o a cuartas—
ante tanto soñarme, me vi,
la luz de dos palabras me descolgó la sombra:
animal triste.
soy un animal triste parado y caminando sobre un
        globo de tierra.
lo de animal lo digo con ternura,
y lo de triste lo digo con tristeza,
como debe de ser,
como siempre le enseñan a uno el color gris.
un animal que habla
para decirle a otro parecido su esperanza.
un mamífero triste con dos manos
metida en una cueva pensando en que amanezca,
con una infancia torpe y oprimida por cosas tan
        ajenas.
un pequeño animal sobre una bola hermosa,
un animal adulto,
hembra con cría,
que sabe hablar a veces
y que quisiera ser
un mejor animal.
animal colectivo
que agarra de los otros la tristeza como un pan
        repartido,
que aprende a reír sólo si otro ríe

—para ver cómo es—
y que sabe decir:
soy un animal triste, esperanzado,
vivo, me reproduzco, sobre un globo de tierra.

HOMENAJE

julia, yo vi tu claridad
y vi el abismo insondable de tu entraña.
vi tus oscuras vísceras con estrellas dormidas.
vi cómo deshojabas el misterio
para quedarte a solas
con pistilos y estambres luminosos,
enjugando los pétalos con lágrimas.
yo vi con cuánto asombro adolorido
te enfrentabas al mundo.
yo vi cómo el silencio
no pudo amordazar tu lengua transparente;
lo silenciaste a golpe limpio de ola
poblándolo de células palabras,
vi cómo las palabras
son agua y son torrente por tu boca.
julia,
como viviste para la claridad, te fuiste desvivida;
tal vez yo pueda ser un mucho tu pariente,
sobrina, nieta, hija, hermana, compañera
por la vena de sangre, río luz que se expande
saltando por el tiempo;
de tu tumba a mi oído
de tu vida quebrada hasta mis pájaros
de tu oído silente hasta mi canción titubeante
de tus alas cortadas hasta mis cicatrices
de tus flores al viento como estrellas
desde nuesto dolor,
hay mucho espacio mudo de fronteras continuas
hay mucha sombra y mucha canción rota;
hay mucha historia.

EL LARGO DÍA DEL HAMBRE

un día terremoto
un día ausencia
un día de cuchara enmohecida
un gran payaso triste volteando su tristeza
en un sartén inmenso
pero no interminable.
hace muchos minutos
acumulados en todos los rincones
que este gran día hueso,
día pelambre, hueco silenciado,
día palabra hinchada y abolida,
día humano y tristísimo
que a pesar de la yerba y del amor flagrante
transita risa y seco
flaco como el final del hambre alimentada.
hace muchos minutos
—ignorados
por la continuidad del agua y la candela
acumulados
como hormigas remotas en axilas jadeantes
anclados en la frente de la arruga—
que los panes alegres se entristecen
con las manos ganadas con su sudor de tierra.
este gran día siempre,
acorralante acorralado
con su final marcado con un nunca futuro
cuando todas las muelas al fin serán usadas;
marcado en su trayecto de caracol voraz
por la paloma acuchillada
el tigre acuchillado
el hombre y la paloma
y la tierra y el pan acuchillados;
para un final redondo y expandido
para un día palabra con flores en las tildes
día sudor distinto y corregido,
cuchara reluciente,
ala correcta y tierra repasada.

MANUEL SILVA ACEVEDO

Santiago de Chile, 1942. Es autor de Perturbaciones *(1967),*
Lobos y ovejas *(1976), por el cual obtuvo el premio Luis*
Oyarzún de la revista Trilce *y la Universidad Austral, y*
Monte de Venus *(1979). El aliento apasionado y a la vez*
irónico de esta poesía inmediatista e inmanentista traza
con economía y abandono, con las palabras justas que son
todas las pronunciables, instancias de diálogo, exaspera-
ción y vehemencia. En la nueva poesía chilena, Silva re-
toma la palabra cálida y vitalista de su tradición más
característica para conducirla a un extremo expresivo su-
cinto y residual, diciendo más con menos.

LOBOS Y OVEJAS

Se declaró la peste en mi familia
Vi a mis torpes madrastras
gimiendo con la lengua reseca
Murieron resignadas
arrimadas unas contras otras
Yo resistí la plaga
Ayuné, no bebí agua
Rechacé los cuidados
Y una noche a matarme
Vinieron los pastores armados de palos
A matar a la loba
La única en pie
en medio del rebaño diezmado
Se engaña el pastor
Se engaña el propio lobo
No seré más la oveja en cautiverio
El sol de la llanura
calentó demasiado mi cabeza
Me convertí en la fiera milagrosa
Ya tengo mi lugar entre la fieras

Ampárate pastor, ampárate de mí
Lobo en acecho, ampárame

¡A la loba!
Gritaron los hombres ya bebidos
La bestia alzó las orejas
y corrió a refugiarse entre mis patas
Me miró a los ojos
y no había fiereza en su semblante
¡A la loba!
Volvió a escucharse el grito ya cercano
Ella agitó la cola
dio un lengüetazo en el agua
y vi sus ojos negros
recortados contra el azul del cielo
Después huyó hacia el monte
entonces yo, la oveja libre de sospecha,
me vi sola ante los hombres
y sus negras bocas de escopeta

Lobo a penalidad
lobo y a ciegas
lobo a fatalidad
lobo a porfía
lobo de natural
lobo de ovejas
pastor a dentelladas
aullador de estrellas

Toda la tierra es tierra para el lobo
Si lluvias, lodo
Si soles, polvo
Y de rumbo los montes, las estepas
Y de casa el umbral, la roca viva
Y de pan el más duro de los panes

Si me dieran a optar
sería lobo
pero qué puedo hacer si esta pobre pelleja
no relumbra como la noche negra
y estos magros colmillos no muerden ni desgarran

Si me dieran a optar
sabría acometer como acometo ahora
esta mísera alfalfa, famélica, ovejuna

Si me dieran a optar
los bosques silenciosos serían mi guarida
y mi aullido ominoso haría temblar a los rebaños
Pero qué hacer con mis albos vellones
Cómo transfigurar mi condición ovina

Hay un lobo en mi entraña
que pugna por nacer
Mi corazón de oveja, lerda criatura
se desangra por él

RICARDO H. HERRERA

Buenos Aires, 1949. Es autor de los siguientes poemarios:
Culto de Artemis *(1975),* El artista y su modelo *(1976),* Cuaderno del invierno *(1978),* Coros del prisionero *(1981),* La pasión infinita *(1982) y* Retrato del Poeta *(1985). La poesía de Herrera se distingue por su inmediatez epifánica: privilegia la forma exacta de las emociones, su reflexión como una instancia del lenguaje que las recobra y enciende. Da así precisión a una latencia semántica muy rica, y provee de agudeza y economía a una lengua poética de tradición elocuente.*

LA EXPERIENCIA POÉTICA

Silencio
La habitación vacía

Mi amor enteramente atormentado
Como un muro cubierto por la hiedra

En la noche sofocante
De leche pálida y helechos azules
Cuando desnudo tus senos

La angustia está empapada de rocío

Tras un follaje de sombría pesadumbre
Vi tu muslo

Desde ese instante extraña hermana
Me alimento silencioso
De tu larga mirada negra

Me abismo en la tristeza del sonido
No siento nada
Siendo mero sentimiento

Me ahoga tu sombra
Mis párpados son láminas de piedra

Penetro en el grito-inframundo
Saber es un horrible asesinato

Asomo mis dedos atroces
Hacia la nada lúbrica

Mi mano enguantada de sangre
Es el solo resplandor en la caverna

Escucho escucho este agua adolorida
Que está brotando en la oquedad
De mi materia

Golpeo mi caja de pómulo
La arcilla de mis frases me cuartea los dedos

Mi frase está renga
Mi frase está tuerta

Me encapucho de culpa

El cielo es la arpillera raída
Muerdo el pan de la tribu polvorienta

Mi lengua está sedienta
Pidiendo pidiendo

Nadie
Mi nombre es Nadie

Escucho escucho al viento
Al viento solo que es igual al sentimiento

Me acuclillo en la tinaja
¿Tendré que morir para *ver*?

Mi dolor es un torso mutilado

Mira mi alma me dice
Una alegría incomprensible
Que penetra iluminada en el adiós

Inhumano el corazón presiente el trueno
Que desgarra la memoria
La belleza

Suavemente como un mar perdido
De levísimo oleaje
La mañana que zarpa

Desde las celosías
Baja una efímera ruta polvorienta
De compacta luz

La ventana entreabierta
La puerta entornada

La aventura descalza
Sobre la blanca página

Retorna la belleza que en el césped
Miraba recostada al toro níveo
Olfatear mansamente el mar azul

¿Puedo habitar aquí
Y penetrar rozándote
Hasta donde el olvido es luz?

Como la carne del durazno perfumado
Que pende en el huerto de oro
Siento mi ser

Hay rocío sobre tus hombros
Mi quietud voluptuosa

Cómo brillas salpicada de besos
Deshojada con caricias etéreas

Apenas vislumbro el espejismo que me ciega
No oso llamarlo deseo

Hay luz de luna entre tus pétalos violáceos

Te abrazo te ciño
Con la plenitud de lo inmóvil

Estoy mirando a través de tu sangre
Un resplandor plateado que me sacia

Oh tiempo tiempo escondido
Detrás de todas las lluvias

Caigo llevado por mis manos libres
Hacia la lágrima secreta que tirita
Hasta en el sol

Todo me habla con voces humanas
Las hojas las verdes hojas
Murmuran tu ardor

Santo santo es el cuerpo
Que se redime a sí mismo

Allí donde los pájaros gorjean
El tiempo es la cascada diáfana

Estoy desnudo
Nimbándome a mí mismo de silencio

Te quiero me he creado
En la danza de fuego
De tu amor

MIRKO LAUER

Nacido en 1947, peruano, es también crítico de arte, editor y periodista. Es autor de En los cínicos brazos *(1966)*, Ciudad de Lima *(1968) y* Santa Rosita y el péndulo proliferante *(1972). La serie* Sobre vivir, *parcialmente publicada en revistas, demuestra mejor sus virtudes imaginistas, irónicas y paródicas. Enmascarado en fórmulas de John Berryman y en hipérboles de Lezama Lima, Lauer encuentra aquí su voz más propia.*

SOBRE VIVIR

39 ESTROFAS DE COMENTARIO A UNA DANZA DEL AUTOR, A UN POEMA DE JOSÉ LEZAMA Y A LAS PRENDAS DEL MODISTO BENZUI YAMAMOTO

> I don't see how Henry, pried
> open for all the world to see, survived
> JOHN BERRYMAN: The Dream Songs.

Para qué sino para que me veas bailando desprendido
de las túnicas decoradas de Banzai Yamamoto
con rostros que miran oblicuamente desde la cadera
enhebrados como una multitud casual de padres
que no censuran al híbrido, sino que lo llevan
con gran suavidad hacia el abrevadero, inútilmente.

Túnicas libres ya de la subliminal intemperie de las
        pieles
y por ello mismo, en su desprendimiento, duraderas.
No lo adivines y no lo digas: concéntralo en el
        silencio del homenaje:
son los fustanes verdes de Julián del Casal que vuelan
        al viento
pelándose unos de otros, así madres de madres

que lo quisieran conducir, por último, hasta un patio
    frío.

Me vieras ahora bailando desnudo con las cicatrices
huesudo como Toumanova entre los proverbiales
    ruiseñores
que me echo para durar, y digo salto, alto, largo,
    triple
para recaer en el crepúsculo de las castañas a la
    tarde, donde
una serie inmóvil de coreografías toma el suave pelo
    de las bailarinas
y las congela en un falso gesto de amor,
    plenipotenciario.

Desnudo, más que desnudo: visible para que me
    adviertas
gravado por el recuerdo de senos inmamables, como
    de frente pensativa,
y a la vez libre de los trapos de adviento en que ya
    nadie coge
los polvos de Mennen y el perfume de Drowa, vacío y
    desatormentado
por los livianísimos contactos entre un pecho y tal
    vez otro, unidos
en la terrible sequía por una cristalina gota.

Visible, más que visible: tambaleante en el umbral sin
    suelo
por el que penetra y abandona el Aqueronte un
    ladrón sin sueño
saqueando túmulos en la líquida parcela del olvido,
    en cuyo vano
se agolpan los datos ante el desapareado perro
que no conoce olvido ni muestra recuerdo, sino
    muestra su miembro
tomado por la madre y silbado, fracasante, por los
    mosquitos y las moscas.

El simbólico menor que irreparablemente dormita
    aletargado
para que lo intuyas y lo incluyas respira, ronca, raspa

huyendo estático con un sonido de remos sobre la
    arena,
haciendo un corno sonoro de su baba hasta entender
    la simple inexistencia
de confusión en los ordenados oximorones. Su brusca
    boca ·
quiebra las hojas del libro mayor, y bebe de los
    logaritmos.

Dejarme, pues, llegar hasta el mismo balcón, y que
    baile, y que ría
olvidado del ya oscuro modisto londinense, sus
    tafetanes crocantes
como el espíritu de una cretona, y me pueda, en
    efecto, desasir
del mobiliario donde la propia mano se hace zarpa y
    empuña
lo innombrable como estrangulándolo. Cómo si no con
    la danza cesando
repetidamente tambaleante, súbitamente más que
    tambaleante.

Dejarme, pues, de pie en el balcón, o bien bajando
a la inflamada aurícula cuando ellos dos deciden, y
    son jóvenes aún
si gravitan en conciliábulo como violentos planetas
    sin perímetro,
eternamente unidos, pero sólo aquí donde los
    conservo finos
y premeditados, todavía procreándome de tarde en
    tarde,
de entre los restos de lo involuntario y lo inesperado.

Aquí donde el ruido de sus voces es una música que
    me devuelve
lo contrario de un eco: el silencio de un silencio, un
    segundo latido
por la azarosa fuerza de los prolegómenos que
    desembocan
en el sobresalto informal de la verdad deteniéndose y
    dando vuelta
antes de ser la triste flor empalmada en el cacto

y la esmeralda del pavo real engastada en la palmera.

Los azules, Julián, los azules, ahora mismo y en el
jardín

las bailarinas giran, con sus inextricables nudos en
las piernas

sobre una frase compuesta que no abriga,
ambigüedad ninguna

blindadas únicamente por el reflejo de un aceite
íngrimo

que cordial o discrepante besa el oso de Góngora,
espumoso y sangrado,

temeroso, deleitado, algo más que deleitado,
temeroso.

NANCY MOREJÓN

*La Habana, Cuba. Estudió lengua y literatura francesas
en la Universidad de La Habana. Periodista y crítica de
teatro en* La Gaceta de Cuba; *trabaja en la* UNEAC *dedicada a la investigación de la cultura del Caribe. Ha publicado* Mutismos *(1962),* Amor, ciudad atribuida *(1964),* Richard
trajo su flauta *(1967),* Parajes de una época *(1979),* Poemas,
antología publicada por la UNAM *con prólogo de Efraín
Huerta (1980). También* Lengua de pájaro, *testimonio sobre la industria del níquel en Cuba, con Carmen Gonce
(1971),* Recopilación de textos sobre Nicolás Guillén *(1974)
y* Nación y mestizaje en Nicolás Guillén, *premio de ensayo de la* UNEAC, *1980. Su poesía explora una rica y madura emotividad, y lo hace con sobria inteligencia expresiva.*

EL CAFÉ

Mamá trae el café desde remotos mares
como si la historia de su vida
rondara cada frase de humo
que se entrelaza entre ella y yo.
Inusitada del amanecer, sonríe.
Y saltan sobre su cabello de azúcar
las pulseras de oro.
Y el hilo sobrio de su infancia
pervive entre las dos.

Quisiéramos un alto framboyán de la montaña
a cuya justa sombra durmiese el trovador.

PIEDRA PULIDA

Un nuevo libro,
un nuevo día,

435

otra nueva ciudad,
más veranos, más flores,
aquel perpetuo mar
y yo, ahora, sobre piedra pulida,
busco tus labios,
busco tus ojos.

MADRE

Mi madre no tuvo jardín
sino islas acantiladas
flotando, bajo el sol,
en sus corales delicados.
No hubo una rama limpia
en su pupila sino muchos garrotes.
Qué tiempo aquel cuando corría, descalza,
sobre la cal de los orfelinatos
y no sabía reír
y no podía siquiera mirar el horizonte.
Ella no tuvo el aposento de marfil,
ni la sala de mimbre,
ni el vitral silencioso del trópico.
Mi madre tuvo el canto y el pañuelo
para acunar la fe de mis entrañas,
para alzar su cabeza de reina desoída
y dejarnos sus manos, como piedras preciosas,
frente a los restos fríos del enemigo.

JUNTO AL GOLFO

> ...galeotes dramáticos, galeotes dramáticos...
> NICOLÁS GUILLÉN

La meseta del indio
nos avisa
la fragancia del golfo.
Manatí,
        flecha en boca,
atrapa el archipiélago de su jardín.

Orillas enlutadas,
dientes de tiburón,
las gubias y las conchas,
los valles olorosos,
transparencias del cielo a la corriente,
entre las firmes playas del golfo:

Islas sobre islas. Islas del canto.
Islas. Canto del mar sobre las islas.
Y mis ojos que bogan
por los bordes humeantes de las hierbas.

Caribe de la asfixia, tu pasado perdido,
tu habla y tu pulmón.

El verde de la flecha,
las ciudades perpetuas de la luna,
los calendarios,
las humaredas
pero veo
      "los galeotes dramáticos",
el corsario sombrío
con su arco de napalm
en el fondo del golfo.

Cimarrón en la noche estamos en las aguas
azules y encuentras nuevas islas
nuevos seres
        que nadan junto al mar.
La brisa en el atardecer de cobre,
el sol naciente
sobre la espalda de mil años,
vibración del lagarto,
puente de las bodegas,
el rayo de Changó y el chivo.

La sangre es quien nos pide
la urgencia
      de este mundo;
alcen las lanzas,
        las retinas,
la miel y el garabato
que somos el golfo para siempre.

ROSARIO FERRÉ

*Puerto Rico, 1942. Autora de varios tomos de narrativa,
ensayo y cuentos para niños, su poesía destaca por su pa-
labra inmediata y apelativa, que está, sin embargo, traba-
jada sobre un escenario coloquial paródico e irónico,
dramatizado por el sujeto y sus papeles sociales. Fábulas
de la garza desangrada (1982), su colección de poesía reu-
nida, comparte con la nueva poesía de su país la volun-
tad formal, el testimonio anímico de índole crítico, la
exploración de la subjetividad y los temas del desarraigo.
Las exploraciones tan genuinas de poetas como Joserra-
món Meléndez, Edwin Reyes, José Luis Vega, Áurea Soto-
mayor y Lilliana Ramos, entre otros más, hacen de la
nueva poesía puertorriqueña una de las más vivas en Amé-
rica Latina.*

FÁBULA DE LA GARZA DESANGRADA

quiere soltar su grito en el espejo,
vomitarlo como esperma diamantino
por los acantilados de su rostro,
arrastrarlo al fondo de su propio río,
parir en dos la luna entre las piernas.

quiere darse a luz quieta y terrible,
enroscada sobre su propio cuerpo;
que sus caderas se abran como fruta
dividida por el tiempo en dos mitades;
de su centro su alma caerá al suelo
como semilla negra y enigmática.

quiere profundizar en el reflejo
de su bordador maravilloso;
fijar sobre el vidrio su escritura,
grujirla con su sexo.

absorbida en su labor paciente
recoge así, en el estambre glicerino de sus sílabas,
los pormenores de su historia:

"madre doncella me llaman en la noche
cuando me cantan con lengua de cobalto.
no es mi cuerpo el que cantan, es mi espacio,
no mi presencia fiel, sino mi ausencia,
la fragancia del mal que me persigue.

"y a mi carne prefieren su esencia destilada;
a mis ojos, el madrigal que compusieron;
a mi cuerpo, su alma dividida
en el reverso perfecto del espejo.

"a mi doble se entregan cada día
en un amor puro y sin lujuria:
se bañan en la corriente helada de su abrazo;
abren sus venas a su luz, daga asesina;
se tienden a la orilla de su rostro
como si se tendieran junto a un lago alpino.

"el trato que le dan a mi gemela
es claro ejemplar:
la llevan y la traen sobre andas;
besan sus blancos pies, sus pies de Isolda;
la pasean por la calle de la fama,
coronada de puñales y diamantes.

"Venus de Kostenki, Cíclade de Lespugues,
con dos almas en un solo cuerpo, dos
corazones y de cuatro en cuatro los golpes
que la hacen caminar;
la humillan y deshabitan costa a costa,
la destierran de sí misma palmo a palmo.

"navega por su cuerpo sin descanso,
es todas las mujeres y ninguna,
madre de nadie y su propia huérfana.
todo lo contamina con el tacto:
la herida que abre,
la leche que corta,

el vino que agria,
el can que enloquece,
los panales horros de miel,
los panes ácimos.

"dintel perfecto de la madre muerta,
su cuerpo está marcado por el tránsito;
por la caducidad de la nieve que la viste,
por el terror de la leche que la irriga,
germinando en su vientre manos,
rostros, pies, todos allí creciendo,
en un caos de vegetación enloquecida.
padres, hermanos, hijos
ajenos o desconocidos,
enredadera interminable por la cual desangra
hasta que el viento pula su ramaje.

"su vientre es una cámara de sombras
por la que transitan las generaciones;
caverna de ecos infinitos
en la que los pensamientos, los gestos, las palabras,
las oraciones de los otros,
tropiezan como pájaros.

"¿cómo disputarle a mi doble la victoria?
en su nombre se han devastado mundos
y desmadrado los océanos,
se han levantado templos,
se han compuesto églogas, antífonas, preludios,
se han interceptado proyectiles,
apoyado en su triángulo dorado el ojo implacable del
        sol.
su rostro ha sido inventado tantas veces;
madre, hermana, hija
querida que jamás cargó en su vientre;
su cuerpo es una torre de vesania
girando eternamente en el vacío,
soberbia del hombre que en su nombre
invoca la eternidad perdida.

"¿cómo llamarla vencedora
si la muerte la habita y la define?

¿cómo sacerdotisa del misterio,
si ignora a dónde va, de dónde viene,
saltando de rama en rama como garza
desangrada de la propia vida,
sin caminar jamás del propio brazo?

"su rostro es un hueco de sal para no verse,
una aguja de hierro para su transparencia,
un 'Laura mía, ya sé que no lo eres,
porque este amor, que ha sido flor de un día...'
un surtidor eterno para su vanidad,
girado por los hombres como un látigo.

"Ay de mí, por siempre
torturada por mi propio aliento,
si confío en ese doble que me observa,
conjurado en el espejo por los hombres.
antes Medusa y la cabeza poblada de serpientes.

"antes transgredir su cuerpo helado,
aniquilarla en polvo, demolerla,
bajarla de su trono, escarnecerla,
obligarla a empuñar con ambas manos
la cuchara de palo con que come,
el cuchillo de plata con que mata
y divide en dos, de un solo golpe,
la razón de su ser, de su sentido.

"virazón de la madre que retorna al mundo,
desorbitado el rostro y el cabello,
toma entre ambas manos ambos ojos
para recuperar con ellos lo perdido:
hijos, palabras, actos, gestos,
el fruto de sus brazos y sus ijares.

"entra en la pasión como en un cuarto
sin amo, puertas, techo ni ventana;
ese cuarto prohibido desde siempre,
sordo, mudo, ardido, la cal de la pureza,
el sepulcro blanqueado de María
tapizado de lirios y de rosas.

"sentada ante el espejo se describe
más acá de la ribera de su muerte;
su alma dialoga con su culo
de ruiseñor a ruiseñor:
ese culo cantor de estrella o astro
que entona melodías milenarias.

"se muestra ante los hombres:
los hace palpar su cuerpo en peso y forma,
espía su alma por la cerradura secreta del oído,
persigue su corazón por las marismas del vientre,
escucha cómo el murmullo de su deseo pasa y repasa
         sin tregua
bajo el párpado sellado de su ombligo.

"se depila las cejas, se rasura la axila,
como si rasurara las naranjas del éxtasis;
trepa a la mata de pelo más ardiente del día,
y su cuerpo cae súbitamente frente al mar
como fruto desolado.

"camina, suda, se esfuerza,
trabaja, come poco, no depende;
come la propia carne suya,
come mar, come tierra,
se adoba una costilla para el almuerzo de mañana;
se multiplica y alimenta de sí misma,
tan bien, tan naturalmente
distribuido todo sobre un orden previo.

"pare y sustenta lo que pare,
unifica lo diverso y en su centro
el uno es tres y el tres es uno indivisible.
por su vientre zumban las eses de un panal de
         plurales
que ella sola conjuga;
sus orgasmos son un pasillo con mil puertas
por el que se disipa y difumina
como quien entra y sale trasparente por los ojos.

"Polifema se observa en el espejo
con el único ojo de su sexo;

se examina con él atentamente.
es el ojo de su vida consciente,
el temor de haber sido y el futuro terror. . .
en su vergel de venus amanece cada día,
sobre su zarza ardiente;
su llanto la quema y la revive,
aspira deliberadamente su olor etílico;
se lo ciñe ahora mismo al bajo vientre
para ayudarse a sí misma en el trance del parto.''

terminada su historia se levanta.
su tejido cae al suelo y estalla entre los tambores
de su bastidor maravilloso.
yace su doble entre los espejos estallados
con todas las venas abiertas:
madre, hermana, varona, hija,
suelta por fin su grito a ras de risa,
a ras de río y lago alpino,
a ras de ese cristal que ya no la aprisiona.
instantánea, incandescente,
se desangra por sus mil heridas;
fluye su sangre blanca en éster nítrico,
y escribe con ella su nombre al pie de los fragmentos
        del poema
para mejor después desvanecerse.

EDUARDO MITRE

Oruro, Bolivia, 1943. Estudió literatura en Francia y Estados Unidos. En la Universidad de Pittsburgh se doctoró con una tesis sobre la poesía de Vicente Huidobro. Es autor de Elegía a una muchacha *(1965),* Morada *(1975),* Ferviente humo *(1976),* Mirabilia *(1979),* Razón ardiente *(1982) y* Desde tu cuerpo *(1984). Su poesía parte de la precisión de la imagen para vislumbrar, con las palabras exactas, el deslumbramiento.*

RAZÓN ARDIENTE

A Nazri

O soleil c'est le temps de la Raison ardente
APOLLINAIRE

París, invierno de 1980
Queridos pájaros ausentes
Barrios de nieve
                    Pinos
Pacientemente sentados
Desde la penumbra de un cuarto
A la luz de la lámpara
Solitaria
Como la Kiswara en el altiplano
Inclinado sobre la página
El vertiginoso pasado
La infancia   apenas un eco
Un silbido lejano
                    Un río
De rostros distantes
O muertos
         La patria:
Un río de nombres ensangrentados

Ni héroes ni hermanos:
Corderos sacrificados
Al buche de topos feroces
Renacerán con su pueblo
                    (¿Cuándo?)
Cae la nieve
                    Nieva silencio
Así ha de nevar —ya está nevando—
También el olvido
No escribo para abolirlo
Para nosotros escribo
                    Elizabeth Peterson
Nunca tendremos un hijo
En tu vientre hermoso
La cicatriz
Brillaba como un castigo
Y éramos inocentes
                    éramos dichosos
Ahora mismo recuerdo cómo
Del bosque dormido del diccionario
Una mañana de pronto
Tus labios finos me regalaron
Una palabra:
                    Mirabilia
Las cosas no son un misterio
Son un obsequio
                    Vivir
Prodigio de nuestros muertos
Elizabeth Peterson
                    al separarnos
No me fui solo: me fui contigo
En mi país ya era otro
                         mirando
El alba entraba a cuchillazos
En el cerro de Urkupiña
Sudor y plegaria
                    golpeaban
La roca de la injusticia
No se quebró para los pobres
(¿Se quebrará algún día?)
                    Armadas de su hambre
Cuatro mujeres estrellas matutinas

Rompieron la noche de siete años
Nos abrieron el camino
Y no supimos caminarlo
¿O no pudimos?
                    17 de Julio
Bajo un cielo purísimo
Envueltos en el impío
Polvo de la codicia
Llegaron los tenebrosos
Y un árbol joven que cae
El sacrificio
Del que dijo verdades
Y un pecho unánime   el numeroso
De los que nunca dijeron nada
                    Recuerdo:
El miedo royendo las casas
Avergonzada de su cuerpo
              El alma
No sabía dónde esconderlo
Cuerpos almas
Profanados por la saña
El resentimiento
                        Familias arrojadas
A las playas del exilio
Las únicas que siempre tuvimos
Nos falta
              mar
                    interior
Queremos ídolos
Ignorar que somos divinos
Nuestro pecado mayor
Sopla el tiempo   Brota el sol
La primera paloma: Primavera
Pinos gloriosamente sentados
Por la escalera en caracol
Bajas cantando
No hay más ascensión que hacia la tierra
Contigo baja la luz
                        Tintinea en la tetera
Por calles y plazas nos lleva
Moviendo piernas brazos caras
—La muy traviesa titiritera—

A orillas del río se acuesta
A tu lado
        Un viento adolescente
A punto de urdir pájaros
Se detiene
       pasa
Un verso de Heráclito:
                Nombre del arco: vida
                Obra del arco: muerte
El viento recomienza
          faldas risas de mujeres
Se desvanecen
        Todo es tránsito
Como el Sena y el Choqueyapu
La luz se va lentamente
En tus ojos recojo sus agonías
Sus éxtasis
        Allá es mediodía
Estarán poniendo la mesa
Y comerán solitarios
           Con ellos estamos
Pese a la ausencia
        Verde
          Una luciérnaga:
Rosario de ocasos y amaneceres
            La noche entra

Enciende astros y sexos
Los muertos se siguen muriendo
¿No hay sentido sólo término?
—No hay pregunta bien hecha—
La vida es un entierro
Y una fiesta
       Orfeo
          orfeón
             orfebre
Canta goza bebe
La copa
     la copla
        la cópula del Universo

París, Primavera de 1981

DAVID HUERTA

*México, 1949. De dicción y extensión fecundas, ha publi-
cado* El jardín de la luz *(1972),* Cuaderno de noviembre
(1976), Huellas del civilizado (1977), Versión *(1978) y* El es-
pejo del cuerpo *(1980). Ha recibido el premio Diana More-
no Toscano (1971) así como la beca del Centro Mexicano
de Escritores (1970) y la beca Guggenheim (1978-1979). A
partir de una discursividad poética flexible, Huerta aus-
culta visiones y versiones, dramas y pasiones con los que
la poesía construye un escenario reflexivo y celebratorio.*

HUMO DE ROSAS. . .

Humo de rosas quemadas en el jardín donde hemos
       conocido a la noche con brazos más extraños
       que la palabra Deseo,
donde sobrevive un aire de recuerdo inútil,
mordido por la venenosa fragilidad que distribuye la
       sombra al pasar,
cuando el frío se transforma en una cercanía igual a
       una oscura concavidad
y nuestros ojos tienen un color escondido que respira
       con un fulgor desnudo y desconcertante.

Este frío ha llegado para sembrar una vinculación
       que necesitaremos
cuando el indicio de la soledad nos imprima en la
       boca un largo sabor de quemadura.

La "estatua de la memoria" se esfuma en medio del
       día que retrocede,
bajo el viento larguísimo y exhausto. El mar de la
       ciudad pronuncia sus palabras, crecidas como
       muescas,
en el sopor del otoño, y los nombres caen brillando:

incrustaciones blancas en un gran sueño negro.
Sorda es la sombra, encajada en la sal de la noche
que es
redonda como un charco y está sobre la cabellera del
espejo, mojada en chispas,
depositada en los ojos como una donación de
palabras desiertas.

No hay "lenguaje de la mirada": un balbuceo es.
Nada se suma al nombre en el mirar, nada al objeto.
Filo de agregaciones para la luz que el ojo deposita
en el mundo
y que éste devuelve a la ventana, donde se cumple un
doble navegar de las cosas: esto, aquello. . .

(Los tres puntos indican el espacio de una residencia,
la cera fundida en el contorno, el guiño
heracliteano. . .
Así el nombre: rubor de la cosa; así el poema:
respiración y mirada de la cosa en el nombre
que la funda,
mar de frágiles olas bajo la serie construida.)

La mirada está en la constancia de los tiempos y en
la continuidad de los espacios;
es una almendra especular, una astilla meditativa en
la película del ahí. . .
La mirada: arbusto conmovido por un viento de
visibilidad. La diferencia que yace en la mirada
es una lente infinitesimal, un espesor que es la
arboladura milimétrica y firme de la persona
que respira.
Es la sensibilidad de los intercolumnios. Si recorre el
crepúsculo,
escribe en el "matiz" sus primeros renglones y
después cubre el aire de sus reanudaciones
con un delgado humo de luminosidad.

El numen de la mirada culmina en la forma de la
ausencia:
es una historia equívoca de laboriosas
"interpretaciones" filosóficas;

las exigencias del número nada tienen que ver con esa
     historia,
pero la cantidad que se desplaza para que el
     argumento sea posible
deja restos, esquirlas, desperdicios invictos sobre los
     cuales se ha deslizado la literatura,
forma de ausencia en el diálogo supuesto.

Cómo la imagen derrite un lado oscuro de la cosa, le
     devuelve
una arena de pensar al objeto,
ciñe con mano y raíces de amanecer la sombra;
porque la imagen sabe que detrás de la noche que
     centellea
alrededor de allá o aquí, túnel de la sequía,
hay un declive que germina, un florecer de encierro
     en medio de la precisa puerta de ser;
y esa puerta subyuga, abriéndose, la cabeza del
     inmóvil,
exactamente con las orlas del nombre y su reposo
     digital.

Cómo la imagen restituye un polvo, un brillo de
     número o de sangre; cómo
pule un tiempo de apariciones afiladas
o cómo en la sumergida espesura del espejo
crea el armario del ojo, la ventana que el ciego
     inundará,
depositando ahí un lago de tinta o un fulgor de
     silencio; y el reposo del número
es una lámina sutil para la llama de la imagen,
entre las cosas repletas de contagiosa cercanía.

Cómo en la nube de la persona, en los travesaños de
     estar, laten las incrustaciones de la imagen,
y en la mesa de espuma abre la imagen sus materias
     de constelación y sus aguas conmovedoras.

Un día retrocede, su arcilla no encierra más que un
     aire
de pedacería "filosófica", de páginas rayadas en
     desesperación de literatura,

de burla y pesadumbre. En la amistad del lenguaje
      hay una fibra de quemadura,
el peso de una palabra es una expiación de la persona
      sola,
una pulida travesía sobre la luz del aire.

El espacio no es sucesivo, sí lo que se dice: en la
      intersección de estos posibles aparece un
      planeta
frágil y obstinado. Cuando respiro me adueño del
      mundo:
no hay extravío, hay imágenes, la sangre está escrita
      en la secreta red del cuerpo.
Un paso es un poema. Un destino en la literatura no
      desea sólo un repertorio, sino un movimiento.

Lo que no se ha dicho es milenario: está en el corazón
      de un silencio
encendido como una lámpara; la suma de lo virtual y
      de lo postergado es la tenacidad de la escritura.

CRISTINA CARNEIRO

Montevideo. Su Libro de las imprecaciones *(1975) muestra una palabra incisiva y corrosiva, de íntima filiación vallejiana, cuyo registro lúcido es también un balance de la conciencia poética como escenario de las revelaciones inapelables. Severa y alusiva, esta poesía se distingue en el panorama renovado de la nueva poesía uruguaya frente a los modelos de la palabra recortada y esquemática o el del coloquio urbano y civil. Junto a Enrique Fierro, Cristina Peri Rosi, Eduardo Milán y Roberto Echavarren, Cristina Carneiro da a la tradición poética de su país una continuidad renovada, y desgarrada.*

CUANDO AQUELLOS QUE USTEDES AMAN

Cuando aquellos que ustedes aman
estén por morir,
ustedes espesarán junto al decidido lecho
la fina hierba de la cronometría.
Con ojos inútiles de esperar para atrás
ustedes buscarán un moribundo para suplantar al
      muerto.
Trampa para cornejas, un almanaque
en cada habitación,
sañudamente se tratará a la corneja.
Cerrados en su sótano, refutadores del trueno,
locos como cabras,
los como cabras.
Escarbando su armario
los prolijos,
los que todo lo dispondrán.
Esto tiene su razón de ser. Las ratas
ya abandonan al querido. Su mirada de ratas
se fija brevemente aquí.

Eppur si muove. Eppur si muove. Amantísimo.
¿Me escuchas?

Impertinentes. No distraigan,
no estorben su labor.

LA PESTE

En este año hemos venido a desolar.
Plagas, ángeles cargados de lepra.
Mira, carcoma.
Aún los sanatorios de inmortal cemento
sus blancos restauradores
están.
Somos alcoholes, mira ardidos alcoholes,
llagas, costados de ladrón, de tres
ladrones en un cerro.
Mas el número de cerros es infinito.
Un cerro genera un grupo escultórico de tres ladrones
con el de en medio más ladrón, el de en medio más
        pestífero, mira su costado de pus.
Cada cerro un cerro.
Un año los hospitales no alcanzarán,
ni el tenue ejército blanco que acantila el bienestar
        del universo.
Habéis levantado edificios inmortales de cemento.
Somos peste, robo, levadura,
todas cosas engendradas.
En este año hemos venido a desolar.
Aún podéis vocear, cisnes bellos, la dulcísima
        mercancía.
Pero no por mucho tiempo privará un duro
        andamiaje.
Vuestros tónicos.
Pues somos ladrones, no mendigos, no somos
mendigos pues nuestro es el reino.
De qué os valdrán vuestras casitas de sanidad
        resueltas a perpetuarse.

SOBRE EL BUEN SALVAJE
COMO ESTRUCTURA UNITARIA

No lejos de lo que Hobbes pudo suponer,
mas tan poco,
¿el lobo del hombre es de sí?
Del alma que llevamos en el lobo que acumula
nuestros pasos
lateral a nosotros
abrevador en calma,
se compone el unánime tenerse en pie.
Esa ave reposada,
consumidora de colmillo,
capaz.
Esa ave garza.
El alma que llevamos en el lobo que acumula
nuestros pasos
lateral a nosotros
abrevador del sueño permisible.
Tenéis un mismo estilo para hablarle a Dios
pueblo mío elegido de mi estómago.
Nada indicará la diaria, entusiasta superchería.
Sino esa ave reposada,
consumidora,
capaz.
Esa ave lobo.
Alma mía,
un poquito más adelante que hay lugar para todos.
Un esfuercito más.
Antropos, un esfuerzo.

ASPECTOS DE LA ROSA

Se dijo bien que era el pánico.
La manera en que muerde los aires
y un sastre recosiendo
cerrando
el vientre anegado de pétalos raquíticos.
Se dijo bien que iba a ser el pánico esa danza.

Ella se está y hay golpes de algas
en su reciedumbre.
Golpes verdes de algas y turbios ánades de cuando en
        cuando así,
La rosa no sabe. (¿La rosa feroz?)
La rosa feroz,
zurcida cópula,
el sastre que nos confecciona o algo así así.
Esa mujer está cumplida.
No la molesten más.
Esa mujer.
Esa marea donde el tiempo se busca entre lentas
        estatuas derribadas.
El tiempo arrecia, huye con los pelos parados, no
        tiene madre.
Déjenla sola déjenla
heredarse a sí misma oficiar de florero.
Pánico sí.
Decían bien.
Las algas le hacen estrías.
El sastre si las cose las desanuda.

ALEXIS GÓMEZ

República Dominicana, 1950. Alexis Gómez se inició co-
mo miembro del grupo "Pluralista" que en su país sus-
cribió la tesis y la práctica aperturista del excelente poeta
exploratorio Manuel Rueda, cuyo libro Con el tambor de
las islas *(1975) es una de las instancias vanguardistas más*
interesantes de América Latina por su sincronía multitex-
tual y su capacidad innovativa integral; sobre esa ruptu-
ra saludable, los nuevos poetas dominicanos han iniciado
una renovación literaria que demanda atención continen-
tal. Gómez es autor de Post-Muerte *(1973) y* Pluróscopo
(1976), y su poesía resuelve con intensidad propia apela-
ciones críticas, lúdicas y vitalistas.

ARTE POÉTICA

Tras un cambio de cabeza raíz soy de otra sesera
Proyección del espacio el tiempo sin ideas
Conduce la palabra   la esencia del propósito
cuerpo del poema que un vocablo perpetúa

La poesía es real   la realidad otra cosa

          e s c r i t u r a   el verbo descarnado
Admite esta   página en blanco   mundos demoniaco(s)
                                       el fin sin principio

Ley del movimiento oral   geometría de un gesto   ego
          e s p e j o s   el m o v i m i e n t o
Surca   siglos coléricos y mapas   ilustrados
                                    sangrientos
el cataplún de la rima

Deslirizada
                desacralizada retórica
                                    sorpréndeme el poema
Robusto como un sol   caído del verano.

PAÚL GIUDICELLI

Abracadabra
                cada palabra
alma sin habla
                    hablar?
casa grabada   mortal

Dos cubos soportan la balanza
La línea o el pez
                    el hueso en el hueco
círculo voltaico de dos senos

Trama en la rama y ama
                            (la rosa metálica
del agua)
ama en la trama la rama
        (follaje de cristales pensativos)
rama de amor en la trama
(planeta encendido de auroras)
máscara o estructura
donde el Guloya danzante de Jubey
monda los aretes del crepúsculo
y devora las hormigas en la tela de rayos

Es la noche y el día
                        Macorís austral
Isopropílico
            asomado a un cuchillo millonario

Es la geometría y el movimiento
Yo cóncavo Paúl convexo
rasgados por la espátula de oriens
en un séptimo inning escarlata

Abracadabra
              contra palabra
cristal del habla
              callar?
en el río espejeado de los muertos.

OBSERVATORIO DEL WASHINGTON SQUARE

Entre mi condición de animal manso y salvaje
se levanta lóbrego el invierno
              Voy de Ken Russel
a Lawrence Ferlinghetti orinando mi pereza
Escribo largamente
y me veo satisfecho en horas residuales

Arca del tiempo en que se cierne
la sangre sustantiva
                    la marihuana en humo-
s.o.s. demonios de circos
sigila el cuarto menguante de la luna

Página breve
              esquina de dos filos
Don't Walk
        del rojo telúrico al verde lisonjero
una ambulancia carga nuestra fecha
de nacimiento y muerte
                    (añádase: el cuerpo
de la historia)
despierta otro invierno en mi escritura

Dan a mí sus piezas a la velocidad
de un asombro / me hacen parte de su mundo.

LOS PASOS COMUNICANTES

De tanto hablar
me ha salido una lengua

que amenaza con avanzar
al centro
de lo inefable

De tanto caminar
me creció ayer un zapato
hacia el lugar donde mis pasos
crean tus huellas

Qué otra cosa podría yo hacer
Ni siquiera los actos de magia
del tecato Pascual
me fueron permitidos

Una palabra alquilada
una calle de corazón
siempre han servido
a mi existencia.

JUAN GUSTAVO COBO BORDA

*Colombia, 1948. Poeta y crítico literario, director de la re-
vista* Eco, *actualmente es agregado cultural de su país en
Buenos Aires. Sus libros son* Consejos para sobrevivir
(1974), Salón de té *(1979),* Casa de citas *(1981),* Ofrenda en
el altar del bolero *(1981),* Roncando al sol como una foca
en las Galápagos *(1982), y la compilación* Todos los poe-
tas son santos e irán al cielo *(1984). Sus libros de ensayos
son* La alegría de leer *(1976),* La tradición de la pobreza
(1980) y La otra literatura latinoamericana *(1982).La fres-
ca y vibrante iconoclastia de Cobo Borda se organiza so-
bre una firme convicción poética cuyo producto irónico
no es menos inteligente que apasionado.*

DOS EJERCICIOS RETÓRICOS

I

Como un poeta que ha perdido la costumbre de su
        oficio
estos versos naufragan indolentes
tratando de recuperar lo mejor tuyo.
Tu piel, que revive, y el acre perfume,
yaciendo exhaustos en la fatiga de una gloria
duramente adquirida.
Dondequiera que estés
infúndele a estas palabras,
tan necesitadas de tu risa,
algo de ese tiempo que me concediste
y que hoy vuelve, fugaz e inmerecido.

II

El adolescente que aún no ha muerto
debe volver palabra su imprecisa reacción

y no tiene más remedio
que apelar al viejo truco del poema.
Aprende a expresarte con claridad, se dice,
para que alguien pueda reconocer
las precarias señales
con que se comunican
quienes no son capaces de apresar, al momento,
lo que otros inexactos llaman la felicidad.
Pero el hombre cansado
y que respira con dificultad
sueña apenas con quien tiene miedo,
como él.

SALÓN DE TÉ

Leo a los viejos poetas de mi país
y ninguna palabra suya te hace justicia.
Ni nube, ni rosa, ni el nácar de tu frente.
El pianista estropeará aún más
la destartalada melodía
pero mientras te aguardo,
temeroso de que no vengas,
Bogotá desaparece.
Ya no es este bazar menesteroso.
Ni la palabra estrella, ni la palabra trigo,
logran serte fieles.
Tu imagen,
en medio de aceras desportilladas
y el nauseabundo olor de la comida
que fritan en la calle,
trae consigo algo de lo que esta tierra es.
En ella, como en ti, conviven el esplendor y la
        zozobra.

COLOMBIA ES UNA TIERRA DE LEONES

País mal hecho
cuya única tradición
son los errores.

Quedan anécdotas,
chistes de café,
caspa y babas.

Hombres que van al cine,
solos.

Mugre y parsimonia.

OFRENDA EN EL ALTAR DEL BOLERO

¿Habrá entonces otro cielo más vasto
donde Agustín Lara canta mejor cada noche?
¿O seremos apenas el rostro fugaz
entrevisto en los corredores de la madrugada?
Aquel bolero, mientras el portero bosteza
y los huéspedes regresan ebrios;
aquél que habla de amores muertos
y lágrimas sinceras. Los amantes
se llaman por teléfono para escuchar
tan sólo su propia respiración.
Pero alguien, algún día, cambiándose de casa,
encontrará un poco de aquellos besos
y mientras tararea:
déjame quemar mi alma en el alcohol de tu recuerdo
escuchará una voz que dice: *la realidad es superflua.*

VIEJOS MAESTROS

Me entiendo bien
con esos ancianos
exigentes y ruines.
Tardes ganadas en compañía suya
escuchando el rosario de anécdotas
acerca de un país
que los redujo al desvarío.
Son generosos: brindan su ceguera.

462

HEINE

Al final sólo quedaba el idioma
y ese antiguo oficio de Dios
que es perdonar.

Tijuana, Baja California, 1951. Desde dentro de la mejor tradición formalista mexicana, Blanco propone, con pulcritud, escenarios e imágenes de contemplación transparente y palabra suficiente. Ha publicado Pequeñas historias del misterio ilustradas *(1978),* Giros de faros *(1979)* y El largo camino hacia ti *(1980).*

EL LARGO CAMINO HACIA TI
[*Fragmento*]

El largo camino hacia ti mismo, entre ferias patibularias y el anuncio de tu ausencia. El dolor sigue a la duda como la carreta sigue al buey ensimismado. Aquí estuvo el diablo, con la uña negra describió su caída.

Pero el mar lava por igual espíritus y playas, la noche concede el perdón del sueño: por más oscuridad hay una cama. En sus sábanas blancas el cuerpo se protege de las palabras.

Una vez más la arquitectura interior nos dicta este espacio: playas abandonadas que el borracho del lunes recorre como un cómico ahíto ya de su rutina. Detrás pueden verse las olas punteadas por aves, que recuerdan la danza, la doncella, y el ojo del hombre que la observa.

Hojas de pino, rojas espinas que barren el camino, y me llevan con el aire fresco de la mañana al encuentro. Hemos hablado por teléfono, pero hubiera bastado con asomarnos por la ventana.

Rodeados de niños y mujeres que cuchichean sin descanso, subimos y bajamos las triples escaleras de Dante. Arriba la casa forrada de madera; ya pueden olerse los diseños alambicados de los tapetes persas.

Promete llevarnos a la cumbre para contemplar el vellocino eléctrico de la bahía. En unas cuantas horas

conoceremos a la última ballena. Es extraña esta fauna
y esta flora, este banquete para los ojos, esta cárcel de
los sentidos:

Prefieren cultivar tomates, lechugas, calabazas. . .
hacerse cargo de pájaros ultramarinos, de gastos
faraónicos, antes que cultivar la sencilla flor de
la amistad.

TARDE DE TEATRO

Hay voces en el aire que cortan
las hojas del árbol más prendido:

Se tiran con desapego al vuelo
en el papel que les corresponde.

Se mueven entre las luces, son
las grandes estrellas de la obra,

Frágiles ilusiones que siempre
llevan la dirección del viento.

CONVERSACIÓN

Polvo dorado en las habitaciones,
ruido sobre el silencio: disfrutan

Con los ojos brillantes que palpa
la muerte al pie de la escalera.

Murmullo de voces, siluetas vivas
en el fondo recuentan el dinero. . .

A quién le interesan los premios
después de haber visto la luz.

EL FIN DE LAS ETIQUETAS

La mosca se levanta de la mesa
y domina los cuartos desde el techo,
atraviesa puntualmente el pasillo
que comunica al mar con el espejo.

Penetrante en la luz es su zumbido
una burbuja más dentro del agua. . .
navegando descubre entre los botes
el borde iluminado del mantel.

El fondo es sucio, lo que mira claro:
esta vida que flota vacilante
con aire de papel, blanco de luz,
nada recuerda ya de las palabras.

SU MAJESTAD

Como la luz del mar y de los cielos
el aire entre las cuerdas y las barcas,
es un rumor de cuerpos que se tocan
en la tarde caliente del tejado.

El cuervo que gobierna los laureles
con los ojos rojizos de tristeza,
quiere llevar el sol hasta la casa,
dejar una señal en la ventana. . .

Allí donde la muerte se dilata,
bajo un cielo de sombras amarillas
y de sábanas blancas, vive el mar
que labra la ilusión de una escalera.

LOS DOS SOLES

Un barco por el cielo se desliza
como una línea que recorre el agua,

como una víbora que va dejando
dispersas islas al cambiar de piel.

Polvo marino, la visión enciende
su lámpara en el vértigo del templo:
es un ancla que cae pesadamente. . .
cristal cortado por un haz de luz.

Claroscuro interior, un cielo limpio
que refleja dos rostros en el mar:
de sus ojos el mundo se desprende
frágil sobre los mástiles punzantes.

LA SAL DE LA TIERRA

Para todo animal es un misterio
la tierra que palpita suavemente,
si la calma que brota de sus miembros
sostiene este desierto rumoroso.

Pasan los hombres de la caravana
cubiertos de metal, de piel, de plástico;
parecen tan seguros comerciando
con los nombres del mundo, sus promesas.

Necesitan el sol en el cuchillo
para ver que la luz vale la pena. . .
fiestas de vanidad, casa de arena,
en el mar brillan otros candelabros.

TAMARA KAMENSZAIN

*Argentina, 1947. Vivió en México trabajando en los talle-
res literarios del Instituto Nacional de Bellas Artes. Es auto-
ra de* De este lado del Mediterráneo *(1973) y* Los no *(1977),
y de una colección de ensayos,* El texto silencioso, *tradi-
ción y vanguardia en la poesía sudamericana (1983). Su
poesía procede de un trabajo exploratorio del lenguaje en
su calidad combinatoria, paradójica y objetiva.*

LOS NO

Como las máscaras de la comedia del arte
que corretean torpes y ridículas
buscando por el escenario
el gesto grotesco de lo cómico
así las cosas esta ciudad el mundo todos
cubren el espejo de las palabras
con un abanico de muecas que en él descubren.
El abanico de muecas ante el espejo
es un despliegue de signos que arman
libretos ropas decorados máscaras
un repliegue reflejo que desarma
frases gestos sílabas palabras

En una pequeña tarima
quiere hacer actuar el arte al mundo
riéndose de los que dijeron:
el mundo
desplegado en su vasto escenario
ya nació teatro.
El arte burlador se vuelve comedia
y vuelve cómico al mundo burlado
que si tenía el papel de gran estrella
ahora acepta ser
en una obra sin libreto
oscuro extra sombra de comparsa

Adivino
que hace actuar destinos ajenos
sobre un escenario imaginado
el mundo boxeador retirado
si entrena a los otros calma
su añoranza por el ring.
Retazos
que se están fabricando con apuro
de un único papel protagonista
los actores mundo repartido
simétrico reparto concebido
en las entrañas del gran caleidoscopio

HOYO

Hoyo de la muerte
huyendo
de la suerte
por la huella
de Momo
te aúlla
la tristeza
de la gente .
"Si me quedo sin careta es la señal
que a mi cara desnuda la verán
revés de esta cara no tengo y
de ser actor me avergüenzo si
se acaba el carnaval"

VITRAL ES EL OJO DIBUJADO

Vitral es el ojo dibujado, un
cuadro de interiores con ventana
que por la vista filtra lo que pasa
en el dibujo, afuera, de la casa.
Pintura joven de familia impresa en
el espesor del vidrio endeble aguarda
al ojo que la enmarque, al marco que de
el íntimo color la cruce al otro

tono de la calle. Viaja en su pulsión
púber esta escena avitralada. De
la ensimismada reclusión más allá,
el otro croquis, el mundo, quiere ver.

SE INTERNA SIGILOSA. . .

Se interna sigilosa la sujeta
en su revés, y una ficción fabrica
cuando se sueña. Diurna, de memoria,
si narra esa película la dobla
al viejo idioma original. (Escucha
un verbo infantil el que descifra
una suma que es cifra de durmientes
delirios conjugados en pasado.)
¿Quién, por boca habla de los sueños
cuando hacia ellos la vigilia va o
cuando lo envuelto con ellos en esa
pantalla de la sábana se escribe?

POR EL HILO DE SALIVA. . .

Por el hilo de saliva el idioma
de uno en la lengua del otro se
traduce. (Para el cultivo afecto es
lluvia y dentro de ese invernadero,
empapándose crece la pareja.)
El puente crece, cómplice tendido
a los pies de un pacto que recorre
sobre esa progresión su maridaje,
va adelantando tramos de silencio
y en él traduce, fiel, a los que enlaza.
Si ellos firmaron viven en la letra
que el apellido presta a la morada.

BURBUJA, PEZ O MARIPOSA. . .

Burbuja, pez o mariposa mien-
tras crece a la maternidad estanca
de su agua en el útero obstinado
y al padre de un destierro fabulado
a orillas rescata de ese estanque
pues ya gestó; la patria le apetece.
Cuando a la luz se amarre como hijo
deslindará la línea de su anzuelo
en la tensión al genitor que acuda
y entornando sus manos a la pesca
de los dedos adultos si la encuentra en
su mar neonatal, tendrá respuesta.

ENRIQUE VERÁSTEGUI

Cañete, Perú, 1950. Uno de los más talentosos poetas jóvenes peruanos, cuyos inicios fueron marcados por la saludable iconoclastia del grupo Hora Zero a comienzos de la década de los setenta, junto a Jorge Pimentel, Juan Ramírez Ruiz y José Watanabe, también poetas de palabra viva y vehemente. Verástegui publicó En los extramuros del mundo *(1971),* Praxis, asalto y destrucción del infierno *(1980). Obtuvo la beca Guggenheim en 1975 y actualmente trabaja de periodista en Lima.*

LA EDUCACIÓN FORMAL

III. ESCUELA DE BELLAS ARTES

Con mi roja casaca granate de ángel moreno y
      rebelde
y el color sonrosado de tu piel en mis ojos yo he
      salido buscándote por estas calles terribles,
tu blusa ligera y oscura,
                  los carbones encendidos de tus ojos
eran el mar: no, por una vez,
como lánguidos botes en una tarde insoluble:
una furiosa tranquilidad como flores que se
      contemplan
en olas saladas, y frescas.
¿Qué somos nosotros, y cuál nuestro delirio?
Una ciudad furiosa bajo sus garras limpiadas
y afiladas ha de tener un bello estilo de ángel de
      cabeza levantada por estos pinceles
de la Escuela cuzqueña, una gracia elegante
en todos sus miembros —incluye aquí a tus alas
      levantándose como las de gorrión
al hacer el amor— cuando el demonio bosteza tallado
en la madera de una antigua iglesia barroca.

Ni amanerada ni descuidada: clásica
como todo arte disciplinado y creativo y todo este
        tumulto de flores —el otoño
como una palabra en la que tachas hojas marchitas—
        son el mar que mi disciplina gobierna.
¿Qué ha podido erguirse como garras de otorongo de
        monte tras estos ojos atreviéndose a arañar
        serenamente
a la tarde? Si como el sol tú volaras
de este hacia oeste donde eres un milagro del cielo
        levantándose para alumbrar
de azul dulce la noche tu vuelo será el origen
de la belleza que buscas, y está en ti,
estas flores se abrirán dulcemente a tus labios en lo
        alto de un barranco —y abajo
"Terrazas", otras playas permanecen cercadas
                por este amor límpido y fuerte—
como un libro donde aprendemos a comernos a besos,
o tú a ajustar tu mirada como pernos de un suspiro
        lentísimo.
Fuera de toda verdad lo inexplícito no es nunca cierto
y lo incierto se desenmascara aquí con poses
        escrupulosas y no naturales donde sólo
los elementos naturales poseen esta disciplina
que pocos hombres todavía conocen.
¿Para qué hablarte aún de fuerzas productivas? Saber
que nuestro poco exceso en desarrollo electrónico
        impide, por ejemplo,
que tú puedas dedicarte a crear, o amar,
                                esta atenta lectura
de lo que el visionario de ojos de flores proyecta
en su sueño es una verdad que obliga a todo un
        cambio de perspectiva en las cosas,
y a muchas interpretaciones posibles
                bajo una sola metáfora que explique
la dualidad de este tiempo donde, de todos modos,
las fuerzas productivas predominarán sobre ti y la
        historia.
El geranio de la lucidez se abre como tu cuerpo
bajo la luna y lo que no tiembla ni es susceptible ni
        responde es confusión
para toda verdad, o visión.

Conoces ya mi palabra: mi rostro tiene sudor
                              pero no maquillaje y ahora,
al volver, preferimos bordear el mar sembrado con
      abundantes rosales floridos y no introducirnos
                              entre los maniquíes
de Miraflores. ¿Por qué no nos vamos mejor a otro
      sitio?
Y hemos dicho que el mar y el cielo, las chacras,
      somos nosotros
y quienes han venido a lavar sus pecados reciben
      nuestra bendición ante el vidrio
                  y la niebla donde a veces te he visto
tan delicadamente como un puñado de azucenas
en mi taza. Este auto: no mío
                        y sin embargo capota negra
en el poderoso motor rojo, aparcó en un atractivo
      café con toldos de colores y una vez más
hubo que defender a Vallejo amenazado como un lirio
por polillas académicas. Así conversábamos.

IV. (TAZAS DE TÉ SOBRE ESTA MESA MIRANDO EL MAR)

—"Yo creo que el Inka Garcilaso es la síntesis
y Guaman Poma el leopardo que permanece en acecho
      como en un manto de Paracas, o tallado
en la piedra de un templo de Chavín,
            una sierpe a la que el propio Inka desenreda
según el cultismo de toda esa época.
Creo en la lucidez del Inka como en la energía de
      Guaman Poma y uno y otro son como ojos
de nuestro rostro: no somos un país de tuertos
ni de bizcos sin embargo
                        y algo más.
¿Qué nombre dar a la acción, definirla
como un Paraíso que pueda transformar a su tiempo?
Ya dije: toda diferencia entre Garcilaso y Guaman
      Poma es una absurda pérdida
de energía en hombres dedicados a nuestro pasado:
                        tuvieron una estrategia
—toda esa mitología en el trasfondo de la memoria—
                        y su acción

que no tenía por **qué ser un** libro de Rosseau en
       manos de Robespierre, pero sí
un libro de Marx blandido por Fidel Castro,
se llamó *Taki Onqoy*: Vilcabamba y su proyección
       comunista a toda
la tierra: Macchu Pichu, ciudad bella de los Inkas,
fue la fortaleza donde aún podemos encontrar un
       poco de paz.
Y yo me he puesto a pensar: ¿por qué no hemos
       escrito hasta ahora una tesis —partiendo
de la analogía entre el ábaco chino y el quipus
              de nuestro Inka— sobre el desarrollo
de las matemáticas entre nosotros? Sólo
encontrando esta ciencia perdida podemos hallar
también a una escritura afín a los menesteres de las
       relaciones simbólicas.
Un arte antropomorfo, como en los mochicas, debió
       haber producido una escritura cuneiforme
(como en los persas): un arte tan elegante
como el Nazca debió haber producido una escritura
       ideográfica comparable sólo
a los caracteres chinos. Donde hay lengua conocida,
y sistemas métricos decimales, debe haber escritura y
       ciencias matemáticas.
Y todo eso está perdido. Y todo eso parece
(y no es) una disquisición exquisita, una serie de
       comparaciones producto
de una fuerte pulsión mental.
¿Qué tiene que ver toda esa charlatanería

                                    conmigo?
En nuestras chacras, Huarochirí, Yauyos, sembrar y
       cosechar
son la constelación del viento, y la flor.
Saca tus propias conclusiones.
Nuestra literatura debió ser grande
y poderosa, debió poseer una escritura espléndida
       como todas estas ciudades donde aún
permanecemos amándonos. ¿Cómo no explicarse
       entonces que todos, absolutamente todos
nuestros cronistas hablen de un mismo origen
y los mitos que superviven —Inkarrí, Tutupaka— sean
       los mismos?"

Pero el motor **arranca y tu** exquisitez de chica de San
        Marcos, cabellos
de azucena, pelambre encendida y aleonada
en el viento llevándose al auto por un larguísimo
        precipicio al borde de un mar sembrado
con flores ha terminado leyendo este poema
que ahora revolotea, como un gorrioncillo,

                                    en tus manos.

RAÚL ZURITA

Santiago de Chile, 1951. Es uno de los jóvenes poetas más apreciados en América Latina, tanto por su persuasión miticopoética (la voz del poema reconstruye el espacio de la identidad puesta en crisis por la historia) como por su sistemático proyecto de reconstruir la voz tribal desde el salmo, la elegía, el versículo, la secuencia paralelística de un renominar para restaurar. Zurita sigue la lección nerudiana de una palabra cósmicamente situada, en una topología distinta, que ahora parte del malestar del sujeto en un mundo desustantivado. Así, su poesía testimonia los desajustes del sujeto histórico con un retorno a la tradición mística. Ha publicado Purgatorio *(1979) y* Anteparaíso *(1982).*

EL DESIERTO DE ATACAMA I

A LAS INMACULADAS LLANURAS

i. Dejemos pasar el infinito del Desierto de Atacama
ii. Dejemos pasar la esterilidad de estos desiertos

Para que desde las piernas abiertas de mi madre se
levante una Plegaria que se cruce con el infinito
del Desierto de Atacama y mi madre no sea entonces
sino un punto de encuentro en el camino

iii. Yo mismo seré entonces una Plegaria encontrada
    en el camino

iv. Yo mismo seré las piernas abiertas de mi madre

Para que cuando vean alzarse ante sus ojos los
desolados paisajes del Desierto de Atacama mi madre se

concentre en **gotas de agua y sea** la primera lluvia en
el desierto

v. Entonces veremos aparecer el Infinito del Desierto

vi. Dado vuelta desde sí mismo hasta dar con las
piernas de mi madre

vii. Entonces sobre el vacío del mundo se abrirá
completamente el verdor infinito del Desierto de
Atacama

EL DESIERTO DE ATACAMA II

> Helo allí   Helo allí
> suspendido en el aire
> El Desierto de Atacama

i. Suspendido   sobre el cielo de Chile   diluyéndose
entre auras

ii. Convirtiendo esta vida y la otra en el mismo
Desierto de Atacama   áurico   perdiéndose en
el aire

iii. Hasta que finalmente no haya cielo sino Desierto de
Atacama y todos veamos entonces nuestras propias
pampas fosforescentes carajas encumbrándose
en el horizonte

EL DESIERTO DE ATACAMA V

> Di tú del silbar de Atacama
> el viento borra como nieve
> el color de esa llanura

i. El Desierto de Atacama sobrevoló infinidades de
desiertos para estar allí

478

ii. Como el viento siéntanlo silbando pasar entre el
   follaje de los árboles

iii. Mírenlo transparentarse allá lejos   y sólo
    acompañado por el viento

iv. Pero cuidado: porque si al final el Desierto de
   Atacama no estuviese donde debiera estar   el
   mundo entero comenzaría a silbar entre el follaje
   de los árboles y nosotros nos veríamos entonces
   en el mismísimo nunca   transparentes   silbantes
   en el viento tragándonos el color de esta pampa

PARA ATACAMA DEL DESIERTO VII

i. Miremos entonces el Desierto de Atacama

ii. Miremos nuestra soledad en el desierto

Para que desolado frente a estas fachas el paisaje
devenga una cruz extendida sobre Chile y la
soledad de mi facha vea entonces el redimirse de
las otras fachas: Mi propia Redención en el
Desierto

iii. Quién diría entonces del redimirse de mi facha

iv. Quién hablaría de la soledad del desierto

Para que mi facha comience a tocar tu facha y tu
facha a esa otra facha y así hasta que todo Chile
no sea sino una sola facha con los brazos abiertos:
una larga facha coronada de espinas

v. Entonces la Cruz no será sino el abrirse de brazos
   de mi facha

vi. Nosotros seremos entonces la Corona de Espinas
   del Desierto

vii. Entonces clavados facha con facha como una Cruz
extendida sobre Chile habremos visto para
siempre el Solitario Expirar del Desierto de
Atacama

LAS CORDILLERAS DEL DUCE

Frente a la cordillera de los Antes
desde el oeste   como la noche
Las cordilleras del Duce avanzando

i. No son blancas las cordilleras del Duce

ii. La nieve no alcanza a cubrir esas montañas del
oeste

Detenidas   frente a la cordillera de los Andes
aguardando como un cordón negro que esperara la
subida final de todas ellas   allá en el oeste   solas
agrupándose tras la noche

iii. Porque frente a los Andes se iban agrupando
como la noche del oeste

iv. Por eso la nieve no cubre las cordilleras del Duce
Sus cumbres son la noche de las montañas

Ciñéndose de negro frente a las nieves de Chile como
si los nevados no fueran otra cosa que espinas
hiriendo la noche y ellas pusieran entonces la
corona sangrante de los Ardes

v. Por eso de sangre fue la nieve que coronó las
cumbres andinas

vi. Porque sólo la muerte fue la corona que ciñó de
sangre el horizonte

vii. Y entonces   ya coronados   todos vieron las
cordilleras del Duce ceñirse sobre Chile
sangrantes   despejadas   como una bandera
negra envolviéndonos desde el poniente

*México, 1951. Desde su primer libro Peces de piel fugaz
(1977), esta poeta introdujo en la nueva poesía de su país
una distinta entonación: la del poema reflexivo, que se pro-
duce en primer término como un ensayo de escritura ana-
lítica, desrepresentacional y fragmentaria. Frente a los
modelos dominantes en México de un coloquialismo ca-
llejero y vitalista y una discreción tradicional del decir,
estos textos de Coral Bracho apuntan a un espacio poéti-
co potencialmente rico. Su otro libro es El ser que va a
morir (1982).*

EN ESTA OSCURA MEZQUITA TIBIA

Sé de tu cuerpo: los arrecifes,
las desbandadas,
la luz inquieta y deseable (en tus muslos candentes la
      lluvia incita),
de su oleaje:
Sé tus umbrales como dejarme al borde de esta
      holgada, murmurante,
mezquita tibia; como urdirme (tu olor suavísimo,
      oscuro) al calor de sus naves.
(Tus huertos agrios, impenetrables) Sé de tus fuentes,
de sus ecos maduros y turbios la amplitud luminosa,
      fecunda;
de tu sueño espejeante, de sus patios:

Basta dejar a su fuego nocturno, a sus hiedras
      lascivas, a su jaspe inicial:
las columnas, los arcos;
a sus frondas (en un rapto suave, furtivo).
Basta desligarse en la sombra —olorosa y profunda—
      de sus tallos despiertos,
de sus basas vidriadas y suaves:

Distendida, la luz se adentra, se impregna (como un
      perfume se adhiere
a los limos del mármol) a este hervor habitable; en
      tus muslos su avidez se derrama:
En sus nichos, en sus salas humeantes y resinosas,
deslizar. Vino, cardumen, manto, semillero:
este olor. (En tu vientre la luz cava un follaje espeso
      que difiere las costas, que revierte en sus aguas)

Recorrer
(con las plantas ungidas: pasos tibios, untuosos: las
      faldas rozan en la bruma)
los pasajes colmados y palpitantes; los recintos:

En las celdas: los relentes umbrosos,. el zumo denso,
      visceral; de tus ingles:

(En tus ojos el mar es un destello abrupto que retiene
      su cauce
—su lengua induce entre estos muros, entre estas
      puertas) en los pliegues,
en los brotes abordables;

                Entregada al aroma,
a los vapores azulados, cobrizos; el roce opaco de la
      piedra en su piel.

Agua que se adhiere, circunda, que transpira —sus
      bordes mojan irisados— que anuda
su olisqueante y espesa limpidez animal. Médanos,
      selva, luces; el mar acendra.
    Incisión de arabescos bajo las palmas. Vidrios. La
      red
de los altos vitrales crípticos. Lampadarios
      espumosos. Toca con el índice
el canto, los relieves, el barro (en la madera los
      licores se enroscan, se densifican, reptan por los
      racimos alveolados, exudan);
el metal succionante de los vasos, el yeso, en el
      granito;
con los labios (lapsos frescos, esmaltados, entre la
      tibia, voluptuosa ebriedad);

los mosaicos, la hiel
de las incrustaciones.

La mezquita se extiende entre el desierto y el mar.
En los patios
El fulgor cadencioso (rumores agrios) de los
naranjos;
el sopor de los musgos, los arrayanes.

Desde el crepúsculo el viento crece, tiñe, se revuelve,
se expande en la arena ardiente, cierne
entre las ebrias galerías, su humedad. Aceites hierven
y modulan las sombras
en los espejos imantados. Brillo metálico en las
paredes, bajo los ígneos dovelajes.

(Agua: hiedra que se extiende y refleja desde su lenta
contención; ansia tersa, diluyente)

—Entornada a las voces,
a los soplos que cohabitan inciertos por los quicios—
Hunde en esta calma mullida,
en esta blanda emulsión de esencias, de tierra
lúbrica; enreda, pierde entre estas algas;
secreta, hasta la extrema, minuciosa concavidad,
hasta las hégiras entramadas,
bajo este tinte, la noción litoral de tu piel. Celdas,
ramajes blancos. Bajo la cúpula acerada. Quemar
(cepas, helechos, cardos
en los tapices; toda la noche inserta bajo ese nítido
crepitar) los perfumes. Agua
que trasuda en los cortes de las extensas celosías.
(Pasos breves, voluptuosos). Peldaños;
Azul cobáltico; Respirar entre la hierba
delicuescente, bajo esta losa; Rastros secos,
engastados; Estaño
en las comisuras; sobre tus flancos: Liquen y salitre en
las yemas.
De entre tus dedos resinosos;

ARTURO CARRERA

Buenos Aires, 1948. En 1968-1969 dirigió con César Aira la revista poética El Cielo; *ha traducido a Mallarmé, Höelderlin, Michaux. En 1966 recibió el premio de poesía "Testigo". Ha publicado* Oro *(1975),* La partera canta *(1982), por el cual recibió el Premio Sorete Café Einstein al mejor poeta del año;* Ciudad del Colibrí *(Barcelona, Llibres del Mall, 1980) es una antología de su trabajo poético. Carrera produce una escritura múltiple, brillante y enigmática, que está hecha como un diálogo con Artaud, el psicoanálisis y el arte posmoderno; sus textos rompen las convenciones discursivas y diseminan la fragmentación como su curso y recurso sígnico.*

ORO

arco iris
artefactos del ojo
maquinillas pulsantes
los ojos y detrás el sol
copiando el cuadrado de noche
si adviene (dos soles no)
arco iris negros

      y la Vía Láctea

en la vaina de tu cuerpo

magnitudes indistintas
con tu sangre   dichosísimos árboles

la noche en la parte que no brilla
opacidad que tañe para teñir sus aguas

"secreto de la vida" su no estar

—Observa con un ojo de lujo el ojo

simple, azul. Agua, sus cuerpos, entre
el universo mío y este sol.

las vibraciones   la opacidad   su rostro verde
en incienso   la voz   su verga roja
el cascabel   el vacío

agita llena tu casa de oscuro y penetrante humo

agita llena tu casa de oscuro y penetrante humo

estas niñas
estos cuerpos
tus cuerpos
tu cuerpo

                              estas hojas de oro
                              estas ramas de oro
                              estas flores de oro
                              estos frutos de oro
                              ya son nuestra mortaja

le responden pájaros rojos ojos ocelos
celo en tus ojos rojos un instante de
tus ojos bajan a mezclar la luz con el
mescal / las plumillas de plomo soplan
oro

          siempre soplan viento y son oro

en tus trazos no vuelven al libro
no hay soporte / los objetos zumban
giran en torno mío estrepitosamente

no hay soporte en tu cuerpo
no hay superficie en tu cuerpo
/ no lo sabrán los linces
atisbarán detrás de los visillos

ooteca de ceros

Dejaremos que se azorren en las uvas

Quieren vernos desnudos.
Quieren desenterrar los quipus.
Desatar sus nudos.

En el otro *Sahara*. Otros.
Microasis de ónix.
Dónde el escriba.
Arena dormirá. Apenas oro   huellas
huecas,

                                    sobreexpuestas *huacas*
de lo negro brotando finamente
con sus puntos al fin
signos ígneos

Boquiabiertas en la plenitud opaca.
Erizo. Puntas adentro. Color bofe.
Oro. Oro. Oro. Oro. Oro. Oro, *oro*.
En el erial de pantallas alúminas,
(boca) llena de sed.
Y las manos lentas por debajo
del texto. Allí:
las sombras sobradoras,
un coro sin marcas

una duna desplazándose
hacia un cuerpo, el cuerpo

su bella energía, el ocio.

Son blancas las zarzas.
El mono gramático está sobre ti.
Abre suavemente los muslos.
Deja que penetre con su verga de diamante.

Mientras escupes tinta. Jadeas.

Estás gozando. AHÍ ESTÁ EL AVE AZUL DE LARGO CUELLO.

Está erizada mientras canta. PERO NO LOS OYE.

SE ALEGRA CON LAS LETRAS QUE SE MANCHAN.

Ellos te comen con los ojos.

TE ESTAMOS COMIENDO CON LOS OJOS.

ÍNDICE DE PRIMEROS VERSOS

490

Llevo conmigo un abatido búho [SOSA]: 338

ÍNDICE DE AUTORES

505

impreso en editorial romont, s.a.
presidentes 142 - col. portales
del. benito juárez - 03300 méxico, d.f.
cinco mil ejemplares y sobrantes
30 de junio de 1987

Asamblea de poetas jóvenes [presentación de *GABRIEL ZAID*]

ADOUM, J. E. *Entre Marx y una mujer desnuda* (Premio Villaurrutia 1976) [2a. ed.]

ANDERSON IMBERT, E. *La locura juega al ajedrez*

ARLT, R. *Antología* [selección y prólogo de Noé Jitrik]

ASTURIAS, M. A. *El espejo de Lida Sal* [8a. ed.]

BENEDETTI, M. *La casa y el ladrillo* [5a. ed.]

BENEDETTI, M. *La muerte y otras sorpresas* [15a. ed.]

BENEDETTI, M. *El cumpleaños de Juan Ángel* [14a. ed.]

BENEDETTI, M. *Cotidianas* [2a. ed.]

BENEDETTI, M. *Con y sin nostalgia* [4a. ed.]

BORGES, J. L. *Nueva antología personal* [10a. ed.]

BRETON, A. *Antología* [4a. ed.]

CARDENAL, E. *Nueva antología poética* [2a. ed.]

CARPENTIER, A. *El recurso del método* [19a. ed.] [Rústica de bolsillo]

CARPENTIER, A. *Concierto barroco* [ed. de bolsillo] [10a. ed.]

CARPENTIER, A. *La consagración de la primavera* [9a. ed.]

CARPENTIER, A. *El arpa y la sombra* [6a. ed.]

CARPENTIER, A. *La novela latinoamericana en vísperas de un nuevo siglo, y otros ensayos*

CARVALHO-NETO P. DE. *Mi tío Atahualpa* [3a. ed.]

GAUDET, F. (comp.) *El Hijo Pródigo* (antología)

CIRULES, E. *Conversación con el último norteamericano*

CORTÁZAR, J. *Territorios* [Ilustrado] [2a. ed.]

CORTÁZAR, J. *La vuelta al día en ochenta mundos.* Vol 1 y 2 [15a. ed.]

CORTÁZAR, J. *Último round.* Vol 1 y 2 [15a. ed.]

DALTON, R. *Las historias prohibidas del Pulgarcito* [4a. ed.]

DEL PASO, F. *José Trigo* (premio Villaurrutia 1966) [6a. ed.]

FERNÁNDEZ MORENO, C. *Buenos Aires, me vas a matar*

FERNÁNDEZ RETAMAR, R. *A quien pueda interesar (poesía, 1958-1970)* [3a. ed. aumentada]
FERNÁNDEZ RETAMAR, R. *Circunstancia y Juana*
FLORES, Á. *Narrativa hispanoamericana 1816-1981. Historia y antología. I. De Lizardi a la generación de 1850-1879.*
FLORES, Á. *Narrativa hispanoamericana 1816-1981. Historia y antología. II. La generación de 1880-1909*
FUENTES, C. *Zona sagrada* [14a. ed.]
FUENTES, C. *Todos los gatos son pardos* [9a. ed.]
GARDEA, J. *Los viernes de Lautaro*
GLANTZ, M. *Onda y escritura en México (jóvenes de 20 a 33)*
HERNÁNDEZ, L. J. *Nostalgia de Troya* (Premio Magda Donato 1970)
IBÁÑEZ, S. DE. *Poemas escogidos*
LAVÍN, H. *La crujidera de la viuda*
LEANTE, C. *Los guerrilleros negros*
MIR, P. *Cuando amaban las tierras comuneras*
MONTEMAYOR, C. *Las llaves de Urgell* (Premio Villaurrutia 1970)
NAVARRETE, R. *Luz que se duerme*
NAVARRETE, R. *Aquí, allá, en esos lugares*
ONETTI, J. C. *La novia robada* [2a. ed.]
PACHECO, J. E. *Islas a la deriva*
PAZ, O. *Corriente alterna* [12a. ed.]
PAZ, O. *Postdata* [14a. ed.]
PAZ, O./CHUMACERO, A./ARIDJIS, H./PACHECO, J. E. *Poesía en movimiento (México, 1915-1966)* [14a. ed.]
PUGA, M. L. *Las posibilidades del odio* [2a. ed.]
PUGA, M, L. *Cuando el aire es azul*
RANDALL, M./MORENO, Á. A. *Sueños y realidades del guajiricantor*
ROA BASTOS, A. *Yo el Supremo* [9a. ed.]
SAER, J. J. *Nadie nada nunca*
SÁNCHEZ, H. *Los desheredados*
SCORZA, M. *La tumba del relámpago*
TRABA, M. *Conversación al sur*
VALDÉS, H. *Zoom*
VIÑAS, D. *Los hombres de a caballo* [5a. ed.]
VIÑAS, D. *Cuerpo a cuerpo*
VITIER, C. *De Peña Pobre*
WALSH, R. *Obra completa*
YURKIEVICH, S. *Fricciones*
ZAID, G. *Ómnibus de poesía mexicana* [8a. ed.]